议论文深度写作九讲

王克章 著

苏州大学出版社

图书在版编目（CIP）数据

议论文深度写作九讲 / 王克章著. -- 苏州：苏州大学出版社，2025.4（2025.5 重印）. -- ISBN 978-7-5672-5195-3

Ⅰ．H152.2

中国国家版本馆 CIP 数据核字第 2025F0H941 号

书　　名：议论文深度写作九讲

著　　者：王克章
责任编辑：万才兰
装帧设计：刘　俊
出版发行：苏州大学出版社（Soochow University Press）
社　　址：苏州市十梓街 1 号　　邮编：215006
印　　刷：镇江文苑制版印刷有限责任公司
邮购热线：0512-67480030
销售热线：0512-67481020
开　　本：787 mm×1 092 mm　1/16　印张：16　字数：305 千
版　　次：2025 年 4 月第 1 版
印　　次：2025 年 5 月第 2 次印刷
书　　号：ISBN 978-7-5672-5195-3
定　　价：40.00 元

若有印装错误，本社负责调换
苏州大学出版社营销部　电话：0512-67481020
苏州大学出版社网址　http://www.sudapress.com
苏州大学出版社邮箱　sdcbs@suda.edu.cn

议论文写作作为语文教学的重要组成部分,不仅肩负着传递真知灼见、阐述深邃思想的使命,而且是培养个体逻辑思维、批判性思维与深度洞察力的关键熔炉。尤其在当前新课标、新教材、新高考的背景下,高考加强了对"核心素养"中思维能力的考查,而侧重逻辑思维、批判性思维与深度思考能力的议论文写作在考查中所占的比重显然大大提升。

笔者长期身处高中语文教学一线,几乎天天都在阅读学生的习作或考场作文,与其他老师一样,有一种深切体会:许多学生的议论文写作,缺乏独到见解与深入剖析,内容苍白无力,读来真是味同嚼蜡。

造成这种现状的原因当然是多方面的,从阅读积累到归纳提炼、从个体思考到交流碰撞、从材料分析到逻辑训练等,任何一个环节的疏忽,都是写作乏力尤其是说理不够深刻的原因。很多同人包括诸多专家、学者,花了大量精力进行议论文写作研究,为当前议论文写作的全面展开与有序推进注入了活力。但在笔者看来,当前对议论文写作的很多研究,多是侧重其中某个或某些板块,如侧重结构、侧重语言、侧重论证方法或侧重审题立意及论据积累等。还有一类研究,虽然在审题立意、结构布局、论据素材、论证方法等方面做了系统梳理,但其着眼点只停留在"怎样做对"的层面,没能从"怎样做好""怎样写深"的维度做深入探究。拙作《议论文深度写作九讲》的构思,就试图弥补上述不足,力求在议论文的"深度写作"上做一些探索。

何谓深度写作?深度写作既是一种写作的追求目标,也是一种写作应有的方法与态度。深度写作中的"深度",表现维度有很多,不仅指常规意义上的透过现象看本质,挖掘事物背后的深层原因、内在逻辑,还应包括看待问题视域广,论点表达有创新,核心概念界定准,框架结构存"转"点,说理论证求严谨,论据新颖同类化,语言合规有个性,等等。本书即针对上述诸点,做分层而系统的探索,挖掘各环节向深度写作推进所涉及的重要因素,帮助读者领会议论文深度写作的突破点与相应方法,提升深度思维能力与深刻说理能力。

　　本书共含九讲,每讲围绕议论文写作的一个重要方面做深入探讨。从思维方式到审题立意、核心概念,从文章框架到论据素材、论证方法,再到辩证分析、语言修养等,每讲都力求理论与实践相结合。

　　第一讲立足"精准思维",思维是人类的一种高级认知活动。思维的种类有很多,新课标对学生的思维发展有清晰明确的要求。议论文写作,必须充分把握各种思维的特点,在创新思维、辩证思维、逻辑思维、批判性思维等多种思维上下功夫,为推进"深度写作"做好准备。

　　第二讲立足"主体立意",着眼于论点的深度提炼。论点是议论文的灵魂,通过对"深刻"立意的内涵把握和对论点进行"发现性"的讲解,引导读者在写作中提炼并确立富有新意与深度的论点。

　　第三讲立足"概念界定",着眼于概念的精准界定。核心概念是构筑议论文大厦的基石。要从形式逻辑学中概念的基本关系入手,引导读者寻找并确定核心概念,再通过分类举例法,讲解核心概念界定的角度与方法,为全文的深度写作奠定基础。

　　第四讲立足"大框小架",着眼于文章结构的优化。分析议论文的常见结构模式,提出"三问式""五步法"应与"起承转合"之"转"进行有机对接的观点。通过"转",让文章出新意,出深度。

　　第五讲立足"论据素材",着眼于论据材料的求新出彩。在阐述论据的基本分类与使用原则的基础上,探寻论据"出新意"的角度与方法,再通过注意论据繁简度、层次性的合理搭配来体现论据使用中的精心追求。

　　第六讲立足"论证方法",着眼于说理方法的多种选择。介绍因果论证、对比论证、类比论证等近十种论证方法,通过举例,剖析这些论证方法的使用要点与相关效果。要灵活使用与组合使用论证方法,以使论证过程更加严密有力,说理更为深透。

　　第七讲立足"辩证思考",辩证思考(辩证思维)本应归属于"精准思维",但因其内容丰富,在议论说理中常用,且在对文章分析的过程中也常单独使用,故本书将"辩证分析"设置为独立一讲。

相较于其他图书对议论文写作的研究,本书最后两讲比较特殊:第八讲立足"语言修养",分析议论文的外部表现、内在品质,用一种新颖的视角提醒读者对议论文的语言进行关注;该讲第三节讲述词语、修辞、句式的锤炼,从具体表达的角度做分类指导,具有实操性。第九讲立足"彩石玉屑",作为本书的收尾,就深度说理给出拾遗补阙之处,也对深度说理、完美说理做一些必要的强调与补充。

上述九讲在整体上可视为一个写作闭环,指向议论文的"深度写作";每讲内部也都有指向"深度写作"的路径与方法。换言之,进行"议论文深度写作",抓住其中任何一个环节,都能让议论文向"深度"更进一步。本书部分内容是笔者近年围绕议论文深度写作先后发表的若干论文,部分内容是笔者在日常教学中编写的指导学案。本书在内容编排上采用以下路径和方法:

一是按照写作常规程序与路径结构全书。当前的材料作文现场写作,常有审题立意、搭建框架、选择素材与论证方法等基本环节,本书也遵循这些环节排布相关内容,各讲内部节次依照由浅入深、由表及里的顺序安排,以便于读者按照逻辑顺序,推进阅读思考与写作实践。

二是注重理论阐述与案例分析相结合。在阐述议论文深度写作的理论知识时,多对高考佳作、各地模考佳作案例进行分析,旨在通过实例,使学生掌握议论文深度写作的角度与方法,从而写出具有思考深度和说服力度的议论文。

由于本书是指向"议论文深度写作"的写作,有关如何审题、如何积累材料、如何拟写题目等,相对来说属于议论文常规性写作技法,本书对此较少涉及。

议论文写作,是一个综合性、实践性极强的课题,"准确写作"是一种基本标准,而"深度写作"则是一种更高追求。虽然笔者并不奢望自身所做的这些探索和思考,能让读者读后有"一招鲜吃遍天"的奇效,但可做到以下几点:探索一套系统的议论文深度写作指导体系,引导读者掌握深度写作的方向与方法;促进读者提升关于议论文写作应追求深度表达的认识水平,坚定通过系统扎实的思考训练必能走向议论文思维深处的信念。

在书稿写作过程中,笔者参阅了众多的研究专著与课堂案例,引用了大量的考场佳作及日常习作,需要说明的是,部分被引用的佳作片段,因长时间、多渠道的积累,现在无法逐一查考出处,故文段末没有标注出处或考试类别,

敬请原作者谅解；另外，因考场特殊的写作情境，或因转载誊写，部分被借鉴的佳作片段，原稿中存在错别字、用词不准、语法不当或逻辑不畅等小问题，笔者于写作中，在尊重原作的情况下，也略做了细微修改。初稿完成后，多位方家从整体性的角度对全书体系及内容编排给出了指导性建议；在书稿校对方面，几位青年同事张梦雯、朱花蕾、蔡竹青、何文倩、张亦婕等，做了详细的修改；苏州大学出版社施小占、万才兰、曹晓晴、杨冉等编辑精益求精，在文稿审读、出版发行等方面耗费了大量精力，给出了很多修改意见，在此一并表示感谢。

"学海无涯苦作舟"——尽管笔者一直奉行"苦作舟"，但至今未能到达"学海"的彼岸，冷静后方悟得：不仅仅是因学海"无涯"，更是因笔者学养太浅疏。故而，在您打开本书时，请以批评与指正的态度对待之。

王克章

2024 年 10 月

第一讲　精准思维：贯穿写作的金梭银梭　/ 001

　　第一节　创造程度：常规思维与创新思维　/ 002
　　第二节　探索方向：发散思维与聚合思维　/ 009
　　第三节　表现方式：形象思维与逻辑思维　/ 015
　　第四节　缜密思考：辩证思维与批判性思维　/ 023

第二讲　主体立意：塑造一个有深度的灵魂　/ 034

　　第一节　立意追求：出新意于法度之中　/ 034
　　第二节　论点表述：追求应有的"发现性"　/ 039

第三讲　概念界定：构筑说理大厦的基石　/ 044

　　第一节　内涵外延：判定概念间逻辑关系　/ 044
　　第二节　材料分类：寻找并确定核心概念　/ 051
　　第三节　清晰界定：找准正确的行文方向　/ 056

第四讲　大框小架：强健骨骼与清晰脉络　/ 065

　　第一节　篇章框架：模式互参，"转"出深意　/ 065
　　第二节　主体语段：五句三层，层层递进　/ 074
　　第三节　参照模式：弄清症结，理性纠偏　/ 080
　　第四节　行文脉络：筋脉突出，点扣适切　/ 086

第五讲　论据素材：弱水三千只取一瓢　/ 092

　　第一节　基本认知：分类用，选准据　/ 092
　　第二节　常规使用：守原则，求新意　/ 100
　　第三节　出彩追求：繁简当，层次高　/ 105

第六讲　论证方法：鞭辟入里的思维艺术　/ 113

第一节　引证论证：权威声音的力量　/ 114

第二节　归纳论证：从点到面的逻辑　/ 119

第三节　因果论证：寻根究底的理性　/ 125

第四节　让步论证：以退为进的战术　/ 130

第五节　假设论证：反向求真的智慧　/ 135

第六节　类比论证：类同性共的推理　/ 139

第七节　比喻论证：生动形象的表达　/ 146

第八节　对比论证：直观鲜明的反差　/ 154

第九节　驳假想敌：苦心孤诣的设计　/ 159

第七讲　辩证思考：开启深层密室的钥匙　/ 166

第一节　普遍联系，莫持"片面观"　/ 166

第二节　发展观点，防止"近视眼"　/ 170

第三节　一分为二，不说"过头话"　/ 175

第四节　现象本质，切忌"吃浮食"　/ 181

第五节　量变质变，注意"度量衡"　/ 186

第六节　内因外因，杜绝"单打一"　/ 191

第八讲　语言修养：行之有格且言之有物　/ 198

第一节　外部表现：文体特有的语言规范　/ 198

第二节　内在品质：表意性与表现力共生　/ 205

第三节　千锤百炼：词语修辞句式的蝶变　/ 213

第九讲　彩石玉屑：深度说理的拾遗补阙　/ 227

第一节　自我意识："我在场"的四个维度　/ 227

第二节　时代站位：文章应合为时而著　/ 233

第三节　三重境界：不断超越的表达追求　/ 240

参考文献　/ 245

精准思维：贯穿写作的金梭银梭

思维是人类对事物进行认识和反映的能力，是人脑对客观现实的间接的、概括的反映，是认识的高级形式。其主要特征是具有间接性和概括性。间接性是指人们借助一定的媒介和知识经验对客观事物进行间接的认识；概括性是指人们在大量感性材料的基础上，把一类事物共同的特征和规律抽取出来加以概括。

思维的种类多，划分的标准也不一。按照思维的创造程度划分，有常规思维和创新思维；按照思维的探索方向划分，有发散思维和聚合思维；按照思维的表现方式划分，则有形象思维和抽象思维；等等。这仅是一级切分，还可进行二级切分，如创新思维又可分成延伸思维、逆向思维等。另外，还有综合前面这些思维的特点的其他形式的思维，如批判性思维、辩证思维等，具体如表 1-1 所示。

表 1-1　思维的分类

划分维度	思维种类		批判性思维	辩证思维
创造程度	常规思维		批判性思维，是针对相信什么或做什么的决定而进行的理性的反省思维。它是用一套系统的方法，对信息进行解释、分析、评估、推论、说明和校准	辩证思维的特点：全面性、发展性、矛盾性、联系性；辩证思维的方法：归纳与演绎、分析与综合、抽象与具体、系统与实践
	创新思维	延伸思维		
		扩展思维		
		联想思维		
		逆向思维		
		幻想思维		
探索方向	发散思维 （求异思维、辐射思维）	顺向思维		
		逆向思维		
		双向思维		
		多向思维		
	聚合思维 （收敛思维、集中思维、辐合思维等）			
表现方式	形象思维（直感思维）			
	抽象思维（逻辑思维）			

高中语文新课标中的"学科核心素养"与"课程目标"都有关于"思维"的具体表述。"学科核心素养"分为四个维度，即语言建构与运用、思维发展与提升、审美鉴赏与创造、文化传承与理解，其中针对"思维发展与提升"又做出这样的具体表述：思维发展与提升是指学生在语文学习过程中，通过语言运用，获得直觉思维、形象思维、逻辑思维、辩证思维和创造思维的发展，促进深刻性、敏捷性、灵活性、批判性和独创性等思维品质的提升。

"课程目标"部分共有十二个条目，其中第四条至第六条，分别表述为：第四条，增强形象思维能力。获得对语言和文学形象的直觉体验；在阅读与鉴赏、表达与交流、梳理与探究活动中运用联想和想象，丰富自己对现实生活和文学形象的感受与理解，丰富自己的经验与语言表达。第五条，发展逻辑思维。能够辨识、分析、比较、归纳和概括基本的语言现象和文学现象，并能有理有据地表达自己的观点和阐述自己的发现；运用基本的语言规律和逻辑规律，判别语言运用的正误，准确、生动、有逻辑地表达自己的认识；运用批判性思维审视语言文字作品，研究和发现语言现象和文学形象，形成自己对语言和文学的认识。第六条，提升思维品质。自觉分析和反思自己的语文实践活动经验，提高语言运用的能力，增强思维的深刻性、敏捷性、灵活性、批判性和独创性。

把新课标涉及的直觉思维、形象思维、逻辑思维、辩证思维和创造思维等几种思维与表1-1进行对照，我们可以发现新课标提到的几种思维应分属不同的划分维度。

弄清思维的种类及特点，有助于我们选取合理的思维方式。进行议论文写作，不应仅停留在组织论据以证明论点的浅层训练，还应从思维层面进行思维品质的提升。正确理解并运用各种不同的思维方式，有助于我们把文章写作向纵深推进。

第一节　创造程度：常规思维与创新思维

一、常规思维

常规思维，是指人们运用已获得的知识经验，按现成的方案和程序，用惯常的方法、固定的模式来解决问题的思维方式。

课前预备铃声响起，学生入座，拿出课本、纸笔，为上课做准备；考试期间，若某生偷偷拿出电子设备，监考老师就会怀疑其有作弊动机；在建筑施工现场，若闲散人员进入，则易出现安全风险；等等。这些日常学习、生活、工作里的相关思考，都属常规思维。如"看菜吃饭""量体裁衣"本就是正常的思维逻辑，若"看菜"而"裁衣"、"量体"而"吃饭"，岂不是精神有问题？

写作过程中的大部分思维，也属常规思维。议论文写作中的常规思维，就是在写作过程中遵循一套基本逻辑和思维框架，以确保文章结构清晰、论点明确、论据充分且论证有力。从审读材料到确定立意、从拟写提纲到挑选论据、从推敲语言到使用标点等，80%以上的思维方式属于常规思维。这种思维及其相应的行为方式，在日常学习中，可通过大量的反复训练习得，从而形成某种"肌肉记忆"。

写作时，在常规思维支配下进行了一些程序性思考之后，一定要有某种创新思维介入，否则就会陈陈相因。或者说，在常规思维支配下写出的议论文，或许只能叫写得对，未必就写得好。一篇优秀的文章，一定有某些超常之处，而这些"超常之处"就是超越"常规思维"带来的。

二、创新思维

创新思维，是指打破常规思维，以新的角度、新的方式思考，得出不一样且具有创造性的结论的思维方式。例如，齐白石一生五易画风，这"五易"其实就是不断创新，正是创新思维使齐白石最终登上了艺术的顶峰。

创新思维具有敏感性、独特性、能动性、变通性等特点。比较来看，创新思维的最大特点是独特性：一方面，面对同一个问题，创新思维有异于常规思维的思维过程与解决问题的办法；另一方面，不同人的创新思维的过程和解决问题的办法也有差异。有这样一道数学题：

请挪动其中一个数字，使"101-102=1"这个等式成立。

一说到挪动，很多人就会陷于一种横向思维之中，首先与最后想到的都是左右挪动，很少有人会想到答案是"$101-10^2=1$"，即产生"向上"维度移动的思考。将"102"稍微移动成"10^2"的思维就是创新思维。

创新是就思维过程或思维结果的特点而言的，若就创新的路径与方法来分，创新思维主要有延伸思维、扩展思维、联想思维、逆向思维、幻想思维等几种类型。

（一）延伸思维

延伸思维，即借助已有知识，沿袭他人的思维逻辑去探求未知的知识，将认识向前推移，从而丰富和完善原有知识体系的思维方式。其特征有二：一是前瞻性，能够预见某事物未来发展变化的趋势；二是深入性，能够洞察某事物在更深层次上的内涵。

以计算机迭代发展为例，科研人员在研发过程中，正是借助延伸思维，不断提高产品的性能与质量：第一代电子管数字机，体积大、能耗高、速度慢（一般每秒数千次至数万次）、价格昂贵、可靠性差，但为以后的计算机发展奠定了基础。第二代晶体管数字机，体积缩小、能耗降低、可靠性提高、运算速度加快（一般每秒数十万次，甚至可高达每秒三百万次），性能比第一代计算机有很大的提高。第三代集成电路数字机，速度更快（一般每秒数百万次至数千万次），可靠性有了显著提高，价格进一步下降，走向了通用化、系列化和标准化等。第四代为大规模集成电路机。1971年世界上第一台微处理器在美国硅谷诞生，开创了微型计算机的新时代。计算机的应用领域从科学计算、事务管理、过程控制逐步走向家庭。

运用延伸思维，不是简单地沿用前人的研究成果，而是要在使用原知识的基础上，使其产生全新而系统的发展。

在议论文写作中，延伸思维是一种重要的能力，它能帮助写作者从多个角度、多个层面深入剖析问题，使文章的内容更加丰富、深刻。例如，通过深化论点、丰富论据、细化论证等方式，使文章更加深入、全面且具有启发性和创新性。

对于论点，不能满足于表面的理解，而是要深入挖掘其背后的深层含义和潜在影响，提出新观点或新见解。新观点可以是对现有观点的补充、修正或反驳，但一定是基于深入思考和充分论证的。例如，针对"创新是推动社会进步的关键力量"这一论点，采用延伸思维可提出新论点，如：跨界融合是提升创新深度与广度的重要途径；持续学习与适应能力是个人创新的基石；创新生态系统构建是区域竞争力的重要支撑；等等。这些新论点都是基于原始论点，通过延伸思维，在不同维度上进行拓展和深化而得出的。

对于论据，要追求论据的丰富与多样，包括数据统计、案例分析、专家访谈等多种形式，在论证过程中可尝试运用跨学科的知识和理论来丰富论据。

对于论证，要追求过程的深入与细化，采用层层递进的论证方式，从现象到本质、由浅入深地展开论述；还可从多个维度进行分析，包括正面、反面、侧面等，这样不仅可以全面展现问题的复杂性，还可以使论证更加充分有力。

（二）扩展思维

扩展思维，就是对研究对象的范围加以拓展，从而获取新知识，使认识得到扩展。其核心目标是提升思维的广度，让"知识树"变得更加壮硕。

扩展思维有两个关键扩展方向：其一，举一反三，解决同类型的N个问题。举一反三的好处是用同样的知识和手段去解决相关联的几个类似的问题。

这种思维方式的特征是举一反三，触类旁通，相当于进行批处理，可以大大提高问题解决效率，避免重复处理。其二，寻求更多的可能性，拓展解决问题的不同手段。扩展思维常见的手段包括：多角度分析问题；运用创造性思维方法，如头脑风暴、逆向思维、设计思维等，采用不同的思考方式；借鉴跨领域经验，选用更多的解法；等等。

在议论文写作中，扩展思维是指通过拓宽视野、深化思考、引入新元素等方式，使文章的内容更加丰富、全面和具有说服力。

就"举一反三"而言，我们可从一个具体的事例或观点出发，通过类比、推理等方式，进入更广泛、更深刻的层面，从而使文章的内容更加丰富和有力。例如，从"某知名人士突然去世"的网络谣言案例入手，通过描述这个案例的具体情况，引出网络谣言的普遍存在及其对社会造成的严重危害。再如，针对"快与慢"的话题，可以把握"二元思辨性作文的审题与立意"，了解"二元"常存在先后关系、共存关系、因果关系等，举一反三，就能够对"三元"（如"树木·森林·气候""本手·妙手·俗手"）等材料作文进行审题与立意。

就扩展思维解决问题的手段而言，如写作中对核心概念的界定，首先我们可借助逻辑学上的欧拉图解，对命题材料中出现的群组概念做初步的区分；接着在行文中，我们可采取抽象法（下定义、作诠释等）或形象法（比喻法、类比法等）里的某一种，对核心概念进行具体理解。再如，针对写作中新颖论据缺失的问题，一方面，多关心现实生活，从现实中积累新鲜素材；另一方面，多阅读书籍，积累那些较少被他人使用的素材的侧面细节或事件背后的深层信息。

（三）联想思维

联想思维，就是通过一个概念，引出与之相关的其他概念，从而产生新的观点和见解的思维方式。联想思维是一种跳跃式的思考，能够将看似不相关的事物联系在一起，从而产生新的创意和思考角度。

联想与一般的自由想象不同，它是由概念之间的联系而达到想象的。因此，联想的过程有逻辑的必然性。联想思维有以下几种类型：

一是相似联想：指由一个事物的外部构造、形状或某种状态与另一个事物类同、近似而引发的想象延伸和连接。鲁班伐木时，手被路旁的野草划破，他仔细观察后发现那株野草的叶片两边长有许多小细齿，想到用铁条做成带小齿的工具，于是锯子被发明出来了。鲁班正是进行了事物间的相似联想。

二是相关联想：指人们在思维过程中，由于事物之间存在某种关联或联系，从而由一个事物联想到另一个与之相关的事物的心理历程。正所谓"物以类聚，人以群分"，可以由铅笔想到小刀、尺子、文具盒；可以由学生想到教师，由教师想到校长，由校长想到教育局局长。

三是对比联想：指联想物和触发物之间具有相反性质的联想，如看到白色想到黑色，由高想到矮，由胖想到瘦，由高兴想到忧伤，由自由想到禁锢，等等。例如，闻一多在《死水》中，从破铜烂铁联想到了翡翠、桃花，从油腻、霉菌联想到了罗绮、云霞，从"丑"的极致中产生了"美"的联想，形成了强烈的反差效应，增强了作品的表现力。

四是因果联想：源于人们对事物发展变化结果的经验性判断和想象，触发物和联想物之间存在一定的因果关系。例如，有一幅以"深山藏古寺"为题的画，全画只见一个老和尚从山下溪边挑水，沿着山路缓缓而上，而远处只有一片山林，根本无从寻觅寺庙踪迹。这幅画正是用因果联想来构思的：山中泉水边有和尚，说明山的深处必然有寺庙；和尚年迈还要亲自担水，一定是因为年轻的和尚不愿枯守古寺纷纷奔走他乡，只剩下这名老和尚留守寺院，老和尚所住的寺院也必定是一座年久失修、饱经沧桑的古寺。

在议论文写作中，联想思维的重要优势是能够帮助写作者拓展视域，即通过将不同领域的概念联系在一起来提高文章的质量。通过丰富观点、增加论证内容，让文章的广度和深度得以提升，既可增强文章的可读性，又可提升文章的说服力。

一般写作时文章立意的重心应在人或社会，所以，如果命题材料提供的是自然想象或寓言故事类材料，对这类命题材料的审题与立意，往往要用到联想思维。如下面这则命题材料：

> 一位农艺师告诉果农：杂草不要除。杂草与果树根系深浅不一，不会相互争夺营养。杂草让土壤保持湿度，防止土壤流失；割草作肥，可以增加土壤肥力。
>
> 我们习惯将事分利弊，物分贵贱……其实杂草或许是庄稼的敌人，却可以成为果树的朋友。稻农的经验，未必是果农的法宝。
>
> 以上材料，引发你怎样的思考，请联系生活实际写一篇文章，不少于800字。

这则命题材料，主体讲的是"杂草"与"果树"之间的关系。但命题者并不是要引导考生学习如何进行果树管理，我们可以由此"种植之理"推衍到"社会之理"。这种由"种植之理"推衍到"社会之理"的过程，其实就是运用联想思维中的相似思维。某考生在文章开篇写道："柳宗元曾在《种树郭橐驼传》中感叹：'吾问养树，得养人术。'同样，材料之中的'种植之理'

也蕴含着生活之理。"

写作中联想思维的运用比比皆是。在一个集中的语段中，围绕某个话题描绘一组现象，或为了论证某个观点列举系列论据，用到的都是联想思维。如下面的一个语段：

例 1-1 大海没有永远的风平浪静，蓝天也会有阴云密布之时，蜡梅也要接受寒风冰雪的洗礼。人生总是既有欢乐也有忧愁，昨天已经消逝，痛也好，喜也罢，已永不可追；今天正握在我们手中，或喜或悲，取决于我们自己。悟已往之不谏，知来者之可追。非淡泊无以明志，非宁静无以致远。朋友，当无名的烦恼来袭时，别忘了守住一颗宁静的心。

"问君何能尔？心远地自偏。"陶渊明有一颗远离世俗的宁静之心，因此才有了"采菊东篱下，悠然见南山"的闲适的世外桃源生活。

例1-1是2013年全国Ⅰ卷满分作文《守住心灵的宁静》的部分内容。写作者由大海没有风平浪静联想到蓝天的阴云密布、寒风冰雪中的蜡梅和人生的欢乐与忧愁，进而联想到陶渊明的隐逸人生，这是采用了相似联想。

（四）逆向思维

逆向思维，又称反向思维，就是对原有结论或思维方式予以否定，反向思维来寻求问题解决方法，从而获得新的认识的思维方式。它是创新思维中一种特别重要的思维方式。

1. 逆向思维的特点

逆向思维就是对于司空见惯，似乎已经有定论的事物和观点，反过来进行思考。它具有反常规性、创造性、批判性、多样性、挑战性、系统性等特点，能帮助人们打破常规的思维模式，发现新的机遇和可能性，从而在竞争激烈的环境中脱颖而出。

《淮南子》中的"塞翁失马，焉知非福"名言、刘禹锡《秋词》中的"自古逢秋悲寂寥，我言秋日胜春朝"诗句、成语"居安思危"等，都是采用逆向思维，表达了与他人不一样的认知。在丑陋中发现美丽、在美好中寻找不足、在一片赞同声里提出异议、在杂乱无章中发现统一、在群情汹涌时力排众议等，都是逆向思维的表现。

2. 逆向思维的切入角度

（1）突破定式思维，尝试从反向视角或更高维度看问题

要透过现象，突破常规思维或定式思维，看清事物的本来面目，不人云亦云，而是做出个性化判断。

在2018年全国Ⅱ卷作文材料中，幸存的飞机遮蔽了大多数科学家思维的

视角,沃德却从中跳出,提出了某些部位损坏严重的飞机是飞不回来的这一观点。这就是用逆向思维中的转换视角看问题。

对于生活中的有些现象,也可这样分析。比如,对于"老鼠过街,人人喊打",可以仔细探寻"喊打"是不是"打"?老人摔倒没人扶,坏人作恶没人管,小孩落水没人救,公益事业少有人做,种种不尽如人意的现实映射出光"喊"不"打"是不够的。光"喊"不"打"反而遮蔽了真正的"打",反而"保护"了"老鼠"。因此,"老鼠过街,人人喊打"这一说法便有可疑之处。这是反向思维的例子。

(2)挑战传统观念,从理所当然中质疑其合理性

对生活中的一些认知或行为,常规的判断是本该这样或理所当然,但其实,只要我们用质疑的态度——真该如此吗?这样认知是否合理?——思考,往往会发现原先的"理所当然"有某些不合理之处,从而有不一样的认知。

如"条条大路通罗马""良药苦口利于病,忠言逆耳利于行"这些至理名言,貌似无可反驳,但在现实生活中,良药是不是非得苦口?忠言是不是非得逆耳?也有原来认为不好的,我们可以从正方向重新做出思考,如对于"东施效颦",用逆向思维则有:无论长得美丑,都有追求美的权利,东施效颦无可非议;尽管东施的"效颦"是不成功的,但谁又是天生的成功者呢?类似的还有"王婆卖瓜,自卖自夸""三天打鱼,两天晒网",或许都可以通过逆向思维得出新解。

注重反向思维能力的训练,对于培养深度思考能力、写出创新作文是一条有效途径。不过,需要特别注意的是,逆向思维的运用也是有条件的,千万不能为了追求新颖而陷入偏激固执的泥淖。对于公认的恶人,我们不能为之翻案;对于已有定论的历史事件,从写作的角度,应尽量回避;至于科学定理、公序良俗等,则不容许"反弹琵琶"。

(五)幻想思维

幻想思维,就是一种基于个人或社会的理想、愿望,通过幻想的方式,在一定条件下虚拟出美妙的梦幻境界,以此来寄托自己或他人的向往与憧憬、追求与志向的思维方式。不仅仅是在艺术创作和文学创作中,幻想思维在科学研究、发明创造、宇宙探索、日常生活的情绪调节等多个领域也都发挥着重要作用。苏联就曾专门为学生开设"幻想课",目的就是引导学生进行各种形式的幻想,以提高学生的创造性思维水平。

幻想,由于暂时脱离现实,常被作为贬义词而打入另册。事实证明,这不公正。列宁讲过:"有人认为,只有诗人才需要幻想,这是没有理由的,这是愚蠢的偏见!甚至在数学上也是需要幻想的。"大量事实表明,幻想可以使人

产生创造的欲望，可以激发人们奋发向上，为人类做出贡献。古人的幻想如上天入地、有"千里眼、顺风耳"等，经过世世代代的努力，已变为事实。因此，幻想思维可以直接产生创造活动，创造活动一般也离不开幻想。

幻想思维最主要的特点是脱离现实，不受现实条件的限制，创造出超越现实的境界和情境。幻想思维还具有高度的创造性，能够激发人们的想象力和创造力。幻想思维具有寄托性，往往寄托着人们的理想、愿望和追求。此外，幻想思维还具有开阔性，通过幻想思维，人们可以开阔视野，拓展思维空间，发现新的可能性和机遇。

正因为幻想具有"脱离现实"的重要特点，所以，幻想思维可以在人脑中驰骋纵横，可以在毫无现实干扰的理想状态下进行任意方向的发展，它构成了创造思维的重要组成部分。在不反社会、不反伦理的情况下，我们应鼓励幻想，甚至有些看似"反科学"的东西在"胡思乱想"后得到了科学验证。

用幻想思维写议论文的几乎没有，一般都是用于写文学性很强的作品，其中最突出的就是一些科幻作品。英国科幻小说家阿瑟·克拉克的"太空漫游"系列作品，法国小说家儒勒·凡尔纳的科幻三部曲《格兰特船长的儿女》《海底两万里》《神秘岛》，中国作家刘慈欣的《三体》等，都是最重要的科幻代表作。

日常写作及考场作文，受作文命题题型特点的影响，以写议论文居多，运用幻想思维不是很普遍。2018年全国Ⅰ卷及2019年全国Ⅱ卷的作文命题，写作任务中分别有"据此写一篇文章，想象它装进'时光瓶'留待2035年开启，给那时18岁的一代人阅读""2049年9月30日，写给某位'百年中国功勋人物'的国庆节慰问信"要求，这种要求面向"未来"的写作，是对想象甚至是幻想思维的直接考查。

第二节 探索方向：发散思维与聚合思维

按照探索方向，思维可分为发散思维与聚合思维。这两种思维都是基于某一事物的原点，向另一个终点探求，探求的过程都具有创新性与创造性，不仅能够帮助我们发现新问题，还能为解决问题提供众多新设想。不过，这两种思维的思维模式截然相反。

一、发散思维

发散思维，又称求异思维、辐射思维，是在思维过程中，从一个思维基点出发，运用分散组合、引申推导、类比联想等方法，向四面八方进行全息思维，找出多种思路，求得多种可能答案和设想的思维方式。它有别于定式思维的一个起点、一个思维角度、一个思维指向、一个评价标准、一个思维结果的特征。发散思维有利于个体的个性表现，有利于鉴别能力和想象能力的培养，是创造思维的重要组成部分。心理学家认为，发散思维是测定创造力的主要指标之一。

（一）发散思维的分类

发散思维按方向类型，可分为四种：顺向（正向）思维、逆向（反向）思维、双向（辩证）思维、多向（辐射）思维，如表1-2所示。

表1-2 发散思维的分类

分类	具体表现	特点描述	目标效果
顺向（正向）思维	顺着常规而持续探索	一江春水向东流	深度思考
逆向（反向）思维	打破陈旧常规和惯性	反弹琵琶唱新曲	创新思考
双向（辩证）思维	全面客观和联系发展	不负如来不负卿	辩证思考
多向（辐射）思维	多角度、多层面、多元化	横看成岭侧成峰	立体思考

例如，针对回形针的可能用途，按照发散思维的各种方向来思考，思考结果如表1-3所示。

表1-3 回形针用途的发散思维

方法	思考方向	举例	思维方向
他用	现有事物有无其他用途	别相片，别床单，别衣物……	顺向思维
借用	能否引入其他领域的办法解决某个问题	将回形针磨尖，用来钓鱼	顺向思维
颠倒	正反互换会怎样	将回形针拉直成一个铁条	逆向思维
扩缩	现有事物能否扩大或缩小	生产超大号、超小号回形针，或可改变用途	多向思维
代替	现有事物能否用其他材料、工艺等代替	塑料等其他材料的回形针	多向思维
改变	改变现有事物的形状、颜色、意义、式样等	多颜色、多形状的回形针，组成新图案	多向思维
组合	能否把这一事物与其他事物组合起来	自带便利贴的回形针	多向思维

（二）发散思维的特点

发散思维具有多个特点，其中以下五个特点最为突出。

1. 方向具有多端性

发散思维不是沿着一个方向或角度进行的，而是从多个方向、多个角度去探索问题。这种多向性使人们能够全面、系统地考虑问题，避免片面和狭隘。

2. 过程具有流畅性

流畅性是指思维敏捷，能在较短时间内表达较多的观念，反应迅速且连续不断。这体现了思维活动的速度和数量，是发散思维的一个重要特点。

3. 思路具有灵活性

发散思维不受现有知识、经验的限制，不限于某一思路，能从不同角度、不同方向灵活地思考问题，不拘泥于一种固定的框架或模式。这种灵活性使人们能够打破常规，寻求新的解决方案和途径。

4. 结果具有独创性

发散思维可以产生不寻常的反应和打破常规的能力，即产生前所未有的、与众不同的新途径、新方法、新方案。这是其最本质的特点，它鼓励人们跳出常规思维框架，探索未知领域，创造新的价值。

5. 综合表现具有创新性

具有创新性是发散思维的核心和最终目的。通过在流畅性、变通性、独特性、多向性、开放性和综合性方面具有优势的发散思维，人们能够创造出新的理论、观点、方法和产品，推动社会进步和发展。

（三）议论文写作中的发散思维

发散思维是一种比较常见的思维方式，写作中普遍会用到发散思维。

议论文写作中发散思维随处可见，在审题立意、论据选取、论证方法选择、语言推敲等方面，或多或少都有所体现。运用发散思维写作议论文，能够显著提升文章的广度和深度，使论点更加鲜明有力、论据更加充分多样、论证更加严谨周密等。

就写作的具体环节而言，发散思维在写作中首先表现在审题立意上。就当下常见的命题作文、材料作文而言，发散思维的表现常分为以下两种。

1. "米字式"一物多写

"米"字的核心是一个物（或话题），围绕这个"物"（或话题），从题材角度思考，像"米"字笔画向四周辐射那样，做发散式思考。如围绕"水"，运用发散思维，沿着不同的方向、不同的角度、不同的层次，思考写作的切入口，选择写作素材或写作话题。用"米字式"对"水"进行一物多写，可从"水"的特点、种类、形态、用途角度入手，也可从情感、文化（成语）角度展开，如图1-1所示。

图 1-1　围绕"水"的"米字式"一物多写

2. "非字式"一题多解

"非字式"一题多解即围绕某个物（或话题），像"非"字笔画那样，运用发散思维，做平行式展开思考，从不同角度确立主旨。仍是围绕"水"的话题，运用发散思维，可以思考提炼多重的主旨立意。

通过"非字式"的联想，对"水"的主题进行思考，我们可有以下认知：①坚定目标和前进方向；②清洁自己，洗净他人，包容万物；③遵循规律，如人往高处走，水往低处流；④绕道而行，灵活变通；⑤团结就是力量；⑥遇到障碍物时，水能发挥百倍力量，愈挫愈勇；⑦不仅自己奋斗不息，还能推动别人前进；等等。（图1-2）

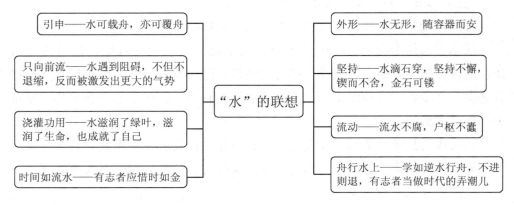

图 1-2　围绕"水"的"非字式"一题多解

二、聚合思维

聚合思维，又称收敛思维、集中思维或辐合思维等，是利用已有的知识和经验，把众多信息逐步引导到条理化的逻辑思路中，以便得出合乎逻辑的解决问题的方案的思维方式。例如，生物学家在生物试验中，要从已知的各种资料、数据和信息中归纳出科学的结论；企事业单位的合理化改革，要从许多方案中选出最佳方案；公安人员侦破案件时，靠运用聚合思维从各种迹象、各类嫌疑人中发现作案人和作案事实等。下面是一个经典案例：

> 1960年，英国某农场主为了节约开支，购进一批发霉花生喂养农场的10万只火鸡和鸭子，结果这批火鸡和鸭子大多得癌症死了。不久，我国某研究单位和一些农民用发霉花生长期喂养鸡和猪等家畜，也产生了上述结果。1963年，澳大利亚又有人用发霉花生喂养大白鼠、鱼、雪貂等，结果被喂养的动物也大多患癌症死了。研究人员从收集到的这些资料中得出一个结论：在不同地区，对不同种类的动物喂养发霉花生后，大多动物都患了癌症，因此发霉花生是致癌物。后来，研究人员经过化验研究发现：发霉花生内有黄曲霉素，而黄曲霉素正是致癌物质。

案例中研究人员最终得出"黄曲霉素是致癌物质"这一科学结论的过程主要运用了聚合思维。

（一）聚合思维的特点

聚合思维是一种有方向、有范围、有条理的收敛性思维方式，其功能包括：有一个明确的目标，一切思维活动都围绕这个轴心进行；在众多零散的知识之间建立起内在联系，从而把看似互不相关的知识贯穿起来，聚焦所要解决的问题。与发散思维相反，聚合思维是一种异中求同、由外向里的思维方式。具体地说，聚合思维的显著特点有以下三个。

1. 思路具有同一方向性

聚合思维是一种求同的思维过程，思维的目的在于寻找事物间内在的有共同性的问题。

2. 过程具有严谨的程序性

在解决问题的过程中，对于先做什么、后做什么，要遵循一定的顺序，使问题的解决有章可循。

3. 方法及结论具有可论证性

要解决的问题只有一个，但解决问题的方法有很多，需要在思考过程中通过比较而寻找到最佳解决方案。

（二）议论文写作中的聚合思维
1. 用聚合思维进行审题立意

材料一：

杨振宁先生曾对弟子翟荟说，做科研要"宁拙勿巧"。翟荟教授也说，"宁拙勿巧"是一种科研态度。一方面是说做科研不要投机取巧，必须诚实；另一方面是说做学问没有捷径可走，必须一步一个脚印。

材料二：

俄罗斯谚语："巧干能捕雄狮，蛮干难捉蟋蟀。"这句话道出了一个普遍的真理，即做事要讲究方法，巧干胜于蛮干。

读了上述材料，你有何看法，请写一篇文章，体现你的感悟与思考。

要求：自选角度，确定立意，明确文体，自拟标题；不要套作，不得抄袭；不得泄露个人信息；不少于800字。

此题是二元关系题，考查学生的基本思辨能力，审题立意需要用到聚合思维。

材料的关键词是"拙"与"巧"、"巧干"与"蛮干"等。要抓住这些关键词，注意它们彼此之间的关联，找到合适的写作角度。

材料一从"科研态度"的角度，提出"宁拙勿巧"的观点：诚实、不投机取巧、一步一个脚印、踏实肯干。需要注意的是，此处的"拙"作褒义解，相关的词语有"拙朴""拙诚""守拙""古拙""大巧若拙"。"巧"偏向于贬义的"取巧"：用巧妙的手段谋取利益（多指不正当的）或躲避困难。类似的词语还有"投机取巧""奇技淫巧""巧言令色""巧舌如簧""巧立名目""巧伪夸饰"等。

材料二从"讲究方法"的角度，认为"巧干胜于蛮干"，即要学会使巧劲，用巧力，巧妙行事，灵巧变通。需要注意的是，此处的"蛮干"（不顾客观规律或实际情况去硬干）是贬义词，和前面的"拙"有所不同，所以不宜立意为"巧干不如蛮干"。

根据命题任务"读了上述材料，你有何看法"，写作应结合两则材料。接下来可侧重"拙"与"巧"的某一方，辩证思考二者的关系，这样就初步"聚合"出"宁拙勿巧，脚踏实地""灵巧处事，灵活变通""亦拙亦巧，因时因事而异"等观点。

2. 用聚合思维进行论证分析

例1-3 "中国肝胆外科之父"吴孟超院士从医70多年，完成了1.6万余台肝脏手术，自主创新了30多项重大医学成果。脱贫战场上的"当代愚公"——黄大发，36年来带领群众在绝壁上凿出一条长9 400米的"生命渠"，结束了长期缺水的历史。"80后"工程师陈亮刻苦攻关，把模具精度控制在1微米之内，相当于头发丝的1/60。高级技师周家荣三十年如一日研究钢丝绳，世界排名前100的大桥中有40多座使用了他们团队生产的产品。这些来自不同行业的一组组独特的数字，确有相同的温热灵魂在创造。这份热，这份爱，让他们精益求精，专注自我，让他们不忘初心、牢记使命。"数字化"的时代，他们才是真正的"中国芯"。这些数字的背后，不是靠冰冷冷的笔在书写，而是靠温热热的魂在创造。

这段文字就是在若干事实论据、数字论据的基础上，运用聚合思维，归纳提炼出其共性结论，即"这些数字的背后，不是靠冰冷冷的笔在书写，而是靠温热热的魂在创造"。

第三节　表现方式：形象思维与逻辑思维

按照表现方式，思维可分为形象思维与抽象思维（逻辑思维）。因新课标中出现的名称皆为"逻辑思维"，故本节以"形象思维与逻辑思维"为一组概念。

一、形象思维

形象思维，又称直感思维，是一种本能思维，是人们凭借头脑中储存的表象，结合主观的认识和情感进行识别（包括审美判断和科学判断等），并用一定的形式、手段和工具（包括文学语言、绘画线条色彩、音响节奏旋律及操作工具等）创造与描述形象（包括艺术形象和科学形象）的一种基本的思维方式。

对"形象"可以有三个层面的理解：一是动词，谓之描绘事物；二是名词，即通过描绘而得到的具体事物；三是形容词，即描绘出来的事物的特点是具体、生动。因此，形象思维既有对思维活动的描述，也有对思维活动效果的评价。例如，对于抽象的"伦理"概念，可通过"长幼尊卑"等现实关系，赋予其具体形象的内涵。

我们从低幼启蒙阶段开始，就是用形象思维学习大量的知识，如有趣的图片、大量的形声字、寓言和成语故事、较为简单的古诗词及富有趣味的数学加减法等。随着知识的增加和思维能力的不断提升，我们的思维方式也变得越来越丰富，但形象思维方式及形象思维能力在学习与研究中仍必不可少。爱因斯坦曾这样描述自己的思维过程："我思考问题时，不是用语言进行思考，而是用活动的跳跃的形象进行思考，当这种思考完成以后，我要花很大力气把它们转换成语言。"可见形象思维不仅仅是艺术家的思维方式，也是科学家的思维方式。

（一）形象思维的特点

1. 形象性

形象性是形象思维最基本的特点。形象思维所反映的对象是事物的形象，思维形式是意象、直感、想象等形象性的观念，其表达的工具和手段是能为感官所感知的图形、图像、图式和形象性的符号。形象思维的形象性使它具有生动性、直观性和整体性的优点。

2. 非逻辑性

形象思维不像逻辑思维那样，对信息的加工是一步步、首尾相接、线性地进行的，而是可以调用许多形象性材料，一下子合在一起形成新的形象，或由一个形象跳跃到另一个形象。它对信息的加工不是系列加工，而是平行加工，是平面性或立体性的。它可以使思维主体迅速从整体上把握住问题。形象思维是或然性或似真性的思维，思维的结果有待逻辑的证明或实践的检验。

3. 粗略性

形象思维对问题的反映是粗线条的反映，对问题的把握是大体上的把握，对问题的分析是定性的或半定量的。所以，想象思维通常用于问题的定性分析。逻辑思维可以给出精确的数量关系，所以，在实际的思维活动中，往往需要将逻辑思维与形象思维巧妙结合，协同使用。

4. 想象性

想象是思维主体运用已有的形象形成新形象的过程。形象思维并不满足于对已有形象的再现，它更致力于追求对已有形象的加工，而获得新形象产品的输出。所以，想象性使形象思维具有创造性的优点。这也说明了一个道理：富有创造力的人通常都具有极强的想象力。

（二）形象思维的方法

1. 模仿法

模仿法以某模仿原型为参照，在此基础之上加以变化产生新事物。很多发明创造都建立在对前人或自然界的模仿的基础上，如模仿鸟发明了飞机，模仿鱼发明了潜水艇，模仿蝙蝠发明了雷达。

2. 想象法

想象是在头脑中对已有表象进行加工、改造、重组，形成新形象的心理过程。想象与形象思维的过程是一致的。想象是形象思维的高级形式，具有形象性、新颖性、创造性和高度概括性等特点。

3. 组合法

组合法是从两种或两种以上事物中抽取合适的要素重新组合，构成新的事物的创造技法。有哲学家说过，组织得好的石头能成为建筑，组织得好的词汇能成为漂亮的文章，组织得好的想象和激情能成为优美的诗篇。

（三）议论文写作中的形象思维

形象思维在记叙、描写、抒情类文章写作中用得多，如记叙文、散文、诗词等。议论文写作，主体要用逻辑思维，但这不等于说，议论文写作非得"板着面孔说理"。美学家朱光潜说："说理文要写好，也还是要动一点感情，要用一点形象思维。"从古至今，很多典范的议论文，常常即物明理，借象喻理，寓情于理，形象思维融合在文章始终，使文章色彩斑斓，富有感召力。

例如，苏洵的《六国论》，在论证的严密性、语言的生动性上堪称典范。开篇亮出观点："六国破灭，非兵不利，战不善，弊在赂秦。"论证中的语段，如"思厥先祖父，暴霜露，斩荆棘，以有尺寸之地。子孙视之不甚惜，举以予人，如弃草芥。今日割五城，明日割十城，然后得一夕安寝。起视四境，而秦兵又至矣"就充分体现了形象思维的特点。

再如，如何对待中外文化遗产是一个抽象繁难的话题。鲁迅在《拿来主义》中把中外文化遗产比作"一所大宅子"，面对这些文化遗产，先正面提出"不管三七二十一，'拿来！'"，强调"拿来"要果敢，要坚决，不要畏首畏尾，犹豫不决。然后，反面设喻批判对待文化遗产的三种错误态度：把怯于借鉴、害怕污染、不敢占有的逃避主义者说成是"孱头"；把割断历史、盲目排斥、标榜清白、反对继承占有的虚无主义者说成是"昏蛋"；把顶礼膜拜、全盘继承的右倾复古主义者比作"废物"。他举重若轻，化繁为简，运用比喻说理，化抽象为形象，化深奥为浅显，变枯燥为风趣，增强了说理的形象性和感染力。

在议论文写作中，可具体从三个方面展开形象思维。

1. 对议题（核心概念）做形象化的界定

议论说理，很多时候说的是某种"定理""公理""大道理"，这些"理"本身"大而化之"，如不加以选择匆匆下笔，就会似"盲人摸象"。心理学家鲁道夫·阿恩海姆认为，所有概念都有形状，都能被"翻译"成可见的形式，都能被"画"出来。也就是说，在人们的心理经验中，某种抽象无形的概念、意义、观念、思想等，总能与一定的感性形象相对应。说到"总统"，我们立即想到"克林顿""布什"；说到"品德"，我们立即想到捐款捐物，想到学生的诚实与撒谎等具体情境。这就是将抽象无形的概念转化成具体有形的知觉形象。

对议题（核心概念）做形象化的界定，可以从两个方面着手：

第一，对于范围广的议题，选择小切口。例如，对于"仪式"，可以选择"18岁成人仪式的意义"；对于"坚守与变通"，可以选择"共产党员扶贫攻坚、坚守奋斗的初心与变通解决问题的路径和方法"；对于"本手·妙手·俗手"，可以选择艺术创作中的做法思辨。

第二，对于抽象化的议题，用形象化的事物来表达。例如，"巧与拙""平凡与伟大""文明的韧性""博采众长与独出机杼"等议题，不仅范围大，而且词面上还比较抽象，这时我们就必须用形象思维，把它们具象化到生活的某个领域，甚至到某个人与某件事上。把"点"说透了，抽象的"面"上的论旨也就得到了表达。2015年江苏卷涉及"智慧"的话题。何为智慧？写哪方面的智慧？这是审题立意之初必须深思的问题。若不加以选择，泛泛而谈，上到治国理政，下至待人接物，左涉说学逗唱，右及行军用兵，无所不谈，则不仅一篇短文不能尽意，而且考场作文时间也不允许。因此，要对"智慧"的议题做具体的选择与界定，也即做到选材切口的"窄"而"微"。有的考生把"智慧"的切口定为"学术研究不冒进"，选择学术界的复旦大学中文系原主任朱东润老先生、历史学家汪衍振老先生等两人"偏执"的学术言行，以《"倔"和"笨"的力量》为题，写出了满分作文；有的考生以"城市建设的追风"为切口，选择将"故乡"所在的城市与布拉格进行对比，以《布拉格不说话》为题，写出了满分作文；等等。这些都是典型的运用形象思维把论题缩小，化抽象为具象的例子。

2. 选择形象化的论据

议论说理的"理"可能是抽象的，但对于议论文写作中的论据，则可以在实际生活中找到丰富而具体的实例。苏联著名教育家赞可夫说："只有从抽象上升到具体，才是更完整地认识事物以及它与其他事物之间的有机联系。"用事实论据来论证，无疑可以产生形象化的说理效果，这方面成功的范例比比皆是。

例 1-4 人生来平凡，却仍然能够使平凡变得不平凡。杭州快递小哥李庆恒，从客服到转运员，从一窍不通的快递"小白"到熟记全国邮编、区号、航空代码的"老司机",他将普通的工作做到了极致;来自浙江的马宏达,把不起眼的"刮腻子"做到极致,摘得世界技能大赛桂冠,拼成了生活的主角;曾获全国五一劳动奖章的李文强,手握"不起眼"的焊枪,却凭借不服输的韧劲,成功掌握核工业生产精密设备的自主加工制造技术,填补了国内技术领域的空白。无论自己生来多么平凡,我们都要靠勤奋和汗水去搏一把,创造非凡。(2022年河南模考佳作《从平凡走向伟大》)

例1-4语段中,写作者列举"快递小哥李庆恒""'刮腻子'的马宏达""获得全国五一劳动奖章的李文强"等具体人物,他们都是从普通的职业、低微的起点,成为行业翘楚。写作者正是用这些具体而形象的实例,诠释从平凡走向伟大的题旨。

2016年江苏卷命题材料是"话长话短",一名考生以《我言秋日胜春朝》为题写了一篇68分(满分为70分)的佳作。写作者用"留白""唱反调""叫板""独辟蹊径"等词,生动地诠释了命题材料中的"有话则短,无话则长"。然而"留白""唱反调""叫板""独辟蹊径"等词所指向的含义,还是略显抽象。于是,在论证中,写作者又选取古今史料,分别以马远、夏圭、韩干、陈寅恪、鲁迅等人物典例为论据,恰到好处地加以分析论证。阅卷者评价:材料援引丰富而妥帖,尽显风流。……作者胸中有墨,故涛词丽句汩汩而来,行文从容,又节奏分明。

形象化的论据,不全指具体而典型的事实论据,有些理论论据自身的表达就充满形象生动的特点,所以,这类理论论据的使用同样也可产生形象化的效果。例如,对子"墙上芦苇,头重脚轻根底浅;山间竹笋,嘴尖皮厚腹中空"及谚语"闭塞眼睛捉麻雀""瞎子摸鱼"等,都非常形象生动,毛泽东在《改造我们的学习》中加以引用,恰当地指出了党内"学习"中存在的问题。

3. 采用形象化的论证方法

分析说理的方法很多,归纳论证法、因果论证法、辩证分析法等都偏重抽象的分析说理,而比喻论证法、类比论证法等则偏重用形象思维进行分析说理。

《荀子·劝学》通篇以比喻说理,如"青,取之于蓝,而青于蓝;冰,水为之,而寒于水",以其说理的形象贴切而成说理圭臬。鲁迅在《拿来主义》中,把文化遗产比成"一所大宅子";把文化遗产中的精华部分比成"大宅子"里的"鱼翅";把文化遗产中的糟粕比成"大宅子"里的"姨太太",从而把继承文化遗产要取其精华、去其糟粕的大道理阐述得生动形象,浅显易懂,增强了文章的艺术性和感染力。《谏太宗十思疏》中的类比说理比较典型,魏征用"臣闻求木之长者,必固其根本;欲流之远者,必浚其泉源;思国之安者，必积其德义"类比得出"以德义治国"的重要性。

此外，就修辞使用而言，拟人修辞、排比事例、引用形象化语言等，也都可以使说理形象化。

当然，形象思维的特点也是其缺点，即有模糊性。概念是模糊的，思维是模糊的，对事物的认知也是模糊的。这种思维特别依赖感觉，重视直观和经验。长于运用直观思维的人，往往满足于通过直觉得到一个整体的粗浅印象，而不去对事理做直击本质的周密详细的分析，缺乏逻辑推理，对未知事物带有某种笼统推断和猜想成分，因此往往很难把握事物的内在规律。也因此，在议论文写作中，对形象思维的运用应把握一个合适的度，应将形象思维与逻辑思维搭配起来使用。

二、逻辑思维

逻辑思维也称抽象思维，其基本特征是以概念、判断和推理为思维的基本形式，以分析、综合、比较、抽象、概括和具体化为思维的基本过程，从而揭露事物的本质特征及其相互之间的联系。

逻辑思维不同于以表象为凭借的形象思维，已摆脱了对感性材料的依赖。抽象，从字面上解释，就是抽走了"象"，抽走了"象"之后就什么也不留下了吗？不是的。抽走了的是个性，但同时留下了共性。抽走了的个性，就是"象"。树干是形象，直线就是树干的抽象。桌面是形象，平面就是桌面的抽象。这里的"象"，其实也是一个抽象的概念。从这个角度讲，抽象是有层次的：从一个角度来说是形象的，从另一个角度来说就是抽象的。桌面，相对于平面是形象的，相对于写字台桌面就是抽象的。再具体拿鲁迅《孔乙己》的一个文句来分析：

> 他（孔乙己）从破衣袋里摸出四文大钱，放在我手里，见他满手是泥，原来他便用这手走来的。

若把孔乙己手上的泥抽走，结果是"孔乙己用手走来"。再把走来的工具即手抽走，结果是"孔乙己走来了"。再把孔乙己这个皮囊抽走，结果是"物质从 A 运动到 B"。若再把运动方向抽走，那就只能是"物质是运动的"。以上依次是文学家说的，一般读者说的，物理学家说的，哲学家说的，这些表达一层比一层抽象。

因此，我们可以说，文学作品是现实世界的典型化、本质化，也就是现实世界的抽象，它只有相对于理论概念来说才是形象的，相对于现实世界来说仍然是抽象的。鲁迅创造出孔乙己这个形象，恰恰是他对当时底层知识分子典型化、本质化的结果，因此也是抽象的结果。只要对现实世界有加工、取舍，抓取典型特征、抓取共性，就必然要抽象。

（一）逻辑思维的分类

1. 按照涉及内容，分为经验型逻辑思维与理论型逻辑思维

经验型逻辑思维，即在实践活动的基础上，以实际经验为依据形成概念，进行判断和推理。日常生活中运用经验解决问题，多属于这种类型。比如，"鸟是会飞的动物""果实是可食的植物"等都属于经验型逻辑思维。当然，由于生活经验的局限性，经验易出现片面性和引导出错误的结论。

理论型逻辑思维是以理论为依据，运用科学的概念、原理、定律、公式等进行判断和推理。概念是人反映事物本质属性的一种思维形式，因而逻辑思维是人类思维的核心形态。

2. 按照思维的凭借及所处阶段，分为形式逻辑思维与辩证逻辑思维

形式逻辑思维就是凭借概念和理论知识，按照形式逻辑的规律进行的思维。这种思维的形式是概念、判断和推理。在学习中，形式逻辑思维的作用十分重要。从某种意义上说，掌握知识的过程，就是运用形式逻辑思维即掌握概念、判断和推理的过程。

辩证逻辑思维就是凭借概念和理论知识，按照辩证逻辑的规律进行的思维。辩证逻辑思维摆脱了形式逻辑思维的直观性、具体性。如果一个人的辩证思维能力比较强，那么他的智力会比较高，创造能力会比较强，学习也就会有效得多。如果不断发展和坚持运用辩证思维，那么这个人有可能取得较大的成就。

（二）议论文写作中的逻辑思维

逻辑思维主要在议论说理类文章写作中用得多，而当下高中的日常练笔及考试写作，恰恰以议论说理文为主体，因此，应该特别重视逻辑思维能力的培养。

当前，议论文写作中存在一种顽疾，即在论点或者分论点之后，便简单地堆叠相关事例，缺少有效说理分析。这种现象的根源主要就是形象思维占优，而逻辑思维弱或缺失。议论文写作的重要目的是说理，逻辑的分析说理不到位，就等于买了票没进电影院。在议论文写作中加强逻辑思维的运用，主要可以从以下四个方面入手。

1. 学习抽象与概括的方法，提升抽象概括能力

抽象与概括都是建立在比较、分析、归类的基础上的。抽象是高级的分析，概括是高级的综合。抽象与概括是相互依存、相辅相成的。抽象与概括的角度和方法主要有由现象到本质、由表及里、由分层到归类、由行为到品质、由事件到哲理、由含蓄到直白等。

2. 狠抓作文的深刻立意

立意是否深刻是衡量一篇作文是否优秀的重要标准，而立意深刻离不开抽象思维。因此，要想使文章写得深刻，就必须透过现象深入本质，就必须对事物有一个抽象与概括，平时要多做由此及彼、由表及里、去粗取精、去伪存真、由个别到一般的抽象思维训练。

3. 加强对概念的理解与运用

概念，本身就是对某个领域的某种现象的抽象与概括。加强对抽象概念的理解，一方面可以提升学生对抽象概念的理解力；另一方面可以让学生学习借鉴抽象概念的概括形式，并把这种概括形式运用到自己的写作中。下定义、作诠释等，都是对核心概念进行抽象界定的较好方法。如下面的高考满分作文片段：

> **例 1-5** 何为工匠精神？工匠精神是精益求精、不断创新的精神理念。（下定义）具有工匠精神的人，喜欢不断雕琢自己的产品，不断改进自己的工艺，享受着产品在自己手中升华的过程。（作诠释）就如宣纸技师周东红，为了提高宣纸的质量，不惜花费时间、精力，孜孜不倦，反复改进产品，追求完美和极致，努力打造本行业最优质的产品。（举例法）（2018 年云南考生佳作《筑梦者的精神坐标》）

4. 加强对抽象类论证说理方法的使用

抽象类论证说理方法，主要包括引证论证法、因果论证法、假设论证法、驳假想敌法、辩证分析法等。如前所言，此处所言"抽象"也是相对的。就针对事理的分析说理而言，此处所指的各种说理方法，是抽象的；但若把此处就事论事的说理分析，与深奥的哲学、科学等概念比较来看，这里的几种论证说理方法当然算不上抽象，还是切实具有"形象"的特点。

可以通过对引证论证法、因果论证法、假设论证法、驳假想敌法、辩证分析法等论证说理方法的学习，对具体现象展开理性的分析，增强思维的张力与灵活性。在这几种论证说理方法的训练中，对于辩证分析法的训练，诸如发展观、联系观、一分为二观、量变与质变、内容与形式等涉及先后、并列、主次、条件、因果、表里等辩证关系的，要多下功夫分专题研究。例如，高考作文题"树木·森林·气候"就包含着量变与质变、事物之间普遍联系的原理；2012 年江苏卷的"忧与爱"命题，体现矛盾的对立统一；2021 年全国新高考Ⅰ卷的有关毛泽东的"体育之效"命题，则隐含着对矛盾强弱转化、事物先后关系的哲学思考；2024 年新课标全国Ⅰ卷的"科技发展与问题多少"命题，涉及全面观点、用发展观点分析问题等。

第四节　缜密思考：辩证思维与批判性思维

辩证思维和批判性思维，在认识事物和解决问题上各有侧重，但又相互依存、相互促进。辩证思维，帮助人们更深入地理解事物的本质和规律，推动知识的更新；批判性思维则是一种敢于质疑、有理性逻辑的思考方式，对现象、观念和想法保持一种不迷信权威、敢于质疑的态度，帮助人们提高思考的质量，从而做出更加明智和合理的决策。

辩证思维强调联系性和整体性，注重发展的阶段性和过程性；批判性思维则强调质疑和反思，寻找证据和论据，避免偏见和盲从。辩证思维为批判性思维提供更充足的素材和基础，批判性思维也可以通过对信息和观点的批判性思考，推动辩证思维的进一步发展。

一、辩证思维

辩证思维是一种反映和符合客观事物辩证发展过程及其规律性的，通常被认为与逻辑思维相对立的思维方式。辩证思维是唯物辩证法在思维中的运用。它要求人们在观察问题和分析问题时，从对象的内在矛盾的运动变化中，从各个方面的相互联系中进行考察，以便从整体上、本质上完整地认识对象。辩证思维的基本观点包括：联系的观点，即世间万物之间是相互联系、相互影响的；发展的观点，即强调事物是不断发展变化的，而不是静止不变的；对立统一的观点，即认识到事物内部及事物之间都存在着对立统一的关系。

（一）辩证思维的特点

辩证思维要求人们在分析问题和解决问题时，保持开放的心态、灵活的思维和严谨的态度，以更全面、深入和理性的方式把握事物的本质与规律。辩证思维的特点有以下几个。

1. 整体性

辩证思维注重从整体上把握事物，而不是孤立地看待事物的某一个部分。

2. 动态性

辩证思维强调事物是不断发展变化的，要求用发展的眼光看待问题。

3. 矛盾性

辩证思维认为事物内部存在矛盾，矛盾是推动事物发展的动力。

4. 联系性

事物之间是相互联系、相互影响的，辩证思维要求从这种联系中认识事物。

（二）辩证思维的方法

辩证思维的方法是一个整体，由一系列既相互区别又相互联系的方法组成，主要包括以下几组。

1. 归纳和演绎

归纳是从个别上升到一般的方法，即从个别事实中概括出一般原理；演绎则是从一般到个别的方法，即从一般原理推论出个别结论。两者相互依赖、相互渗透、相互促进。

2. 分析和综合

分析是在思维过程中把认识的对象分解为不同的组成部分、方面、特性等，对它们分别加以研究；综合则是把分解出来的不同部分、方面、特性等，按其客观的次序、结构组成一个整体。两者是统一的，相互联系、相互转化、相互促进。

3. 抽象和具体

抽象是对客观事物某一方面本质的概括或规定；思维具体或理性具体是在抽象的基础上形成的综合，它不同于感性具体，而是对事物多方面属性或本质的把握。

（三）辩证思维的实践意义

辩证思维能够帮助我们全面、多角度地认识和理解事物，抓住事物的本质和内在联系，从而做出正确的决策和行为。在当今复杂多变的世界中，辩证思维显得尤为重要，它能够帮助我们把握和应对各种机遇与挑战，推动个人和社会的持续发展。在科学研究中，辩证思维方法能够帮助科研人员从多个角度、不同层面去思考问题，推动对复杂科学现象的深入探索；在社会问题解决中，辩证思维方法则能够帮助人们进行全面的思考和分析，从而找到更加全面和准确的解决方案。

在议论文写作中，运用辩证思维能对问题有深入的理解和全面的思考，可使文章更加深入、全面、有说服力。辩证思维的内容繁复，且在议论文写作的各个维度都有运用，因此，第六讲将专门对辩证分析内容进行分节讲解。

二、批判性思维

对于批判性思维，很多学者都给出了定义，而最被广泛接受的是美国哲学家罗伯特·恩尼斯提出的：批判性思维，是合理的、反思性的思维，其目的在于决定我们的信念和行动。批判性思维是一个威力巨大的思维工具。

批判性思维容易让人望文生义，简单地理解为对一切说"不"。实际上，它绝不是极端地、激烈地"怀疑一切""否定一切"，不是发一些愤世嫉俗的牢骚，而是要以一种善于探索、乐于质疑、敢于批判的良好的思维品质，加之逻辑清晰、顺理成章的推理，使自己的表达趋向"智性"。这种思维品质在当下信息泛滥的舆论生态里，是可贵的独立思考精神，是独立人格的表现。

批判性思维不仅用来对通常为人所接受的结论提出疑问和挑战，而且用来以理性分析和建设性的方式对自己的疑问和挑战做出合理解释。换句话说，批判性思维不仅要打破一个旧世界，还要建设一个新世界。若将批判性思维用在个人身上，积极进行自我批判，则能大大提高思维质量和认知水平，让自己的思想前进一大步。

中国先秦哲学著作《礼记·中庸》中有一句话："博学之，审问之，慎思之，明辨之，笃行之。"虽只有短短15个字，却是对批判性思维的最好概括。"博学之"，是指要有思维的开放性和包容性，广纳百家之长。"审问之"，是指要仔细观察、思考学习的对象，最重要的就是要有怀疑和否定的精神，敢于提出问题。"慎思之"，是指对于自己提出的问题，要谨慎思考、小心论证，以使自己的认识水平真正有所提高。"明辨之"，即在前面三个步骤的基础上，认真辨析"慎思"所得的各种初步认识成果，得出清晰、可靠的结论。"笃行之"，是指要努力践履所学，把深思熟虑的结果应用到生活实践中，做到"知行合一"。

（一）批判性思维的特点

1. 决定知识和行动

按照恩尼斯的定义，批判性思维是决定我们应该相信什么和我们应该做什么的思考。知识是我们确认为符合事实的信念，就是说知识来源于批判性思维；生活方方面面的决策和行动，都需要用批判性思维来做出合适的、优化的、有效的选择。批判性思维适用于一切需要获得知识、解决问题、做出合适决策和行动的地方。

2. 合理性

批判性思维要求我们能理性思考，即不管是信念还是行动，都要建立在合理的基础上。什么是合理性呢？就是基于对客观事物有充分认识的独立思考，即人们为了获得预期结果，有信心与勇气冷静地面对现状，快速全面地了解现实，分析出多种可行方案，判断出最佳方案且对其拥有有效执行的能力。简单来说，就是遵循方法与规则，而不是乱来或凭运气。其实质就是尽可能综合考虑各方面因素，不因某一方面的信息畸变而改变对全局的理解。其思想内核，是一种思维上的开放性和包容性，具有系统性思维的特点。

3. 反思性

批判性思维是关于思考的思考，特别要包括对自我思考的思考：思考自己的思考是否符合实际，是否细致、深刻，是否充足、多样和全面，等等。使用批判性思维的最终目的是通过质疑、分析、反思来评估某个言论的合理性，并对其进行二次思维，完善结论。确定的思维目的、深入连续的思维过程、实证主义和怀疑精神，是反省思维的最核心要素。

4. 建设性

批判性思维并非只用来发现缺点。首先，一开始批判性思维的目的就是找到正确的思想和知识，最初的意思就是根据标准来分析和判断——把论证、观念、断言拆成部分，探索各部分之间的关系，在此基础上根据相应的标准来判断它们的真假和优劣。其次，辨别和分析思想的缺点本身也是识别好的思考、接受知识的途径。发现缺点和不足并不是目的。批判性思维的目标一直是建设性的，是吸收不同观念并寻找一个综合完善的结论、决策的思考过程。

（二）批判性思维的价值

培养批判性思维，能给我们的思维质量带来极大的提升，大约表现在以下几个方面。

1. 增长知识和提升认知能力

人们可以超越直观经验得到深刻的知识，而对经验和理性的批判又可推动知识的发展。因此，批判性思维也是得到知识的方法和过程的必要构成，最终也促进认知能力的提升和知识的增加。

2. 形成独立思考的品质

独立思考的本质，不在于结论，而在于论证过程；不在于观点对错，而在于努力方式；不在于是否受人影响，而在于怎么受人影响；不在于受到什么影响，而在于是否意识到影响和局限；不在于和哪一种观点不同或相同，而在于怎么和它相同或不同。结论的正确并不表明一定不是盲从，结论的不正确也不表明一定不是独立思考的结果。

3. 提升思维深度和广度

就思维深度而言，批判性思维强调对观点、论据或问题的深入理解与分析，包括探索观点的背景、产生的原因、可能的后果及局限性。通过深入分析，挖掘出隐藏在表面现象之下的深层含义和内在逻辑。就思维广度而言，批判性思维要求我们具备多元化的视角，思考问题时需要考虑到不同领域、不同文化、不同立场下的观点和看法，以便更好地理解问题的复杂性和多样性。

4. 提升决策和行动质量

提升决策质量主要表现在全面分析信息、深入剖析问题、评估不同方案、预测潜在风险等。提升行动质量的几个重要环节是明确行动目标、制订详细计划、灵活应对变化、反思与总结。

5. 奠定创造性思维的基础

批判性思维在探究本源、奠定创造性思维的基础方面扮演着至关重要的角色。它通过深入剖析问题、质疑与反思，基于证据与逻辑推理，去探究本源；通过拓宽思维视野、激发创新思维、提升问题解决能力，奠定创造性思维的基础。没有批判性思维的人，无法进行伟大的创新和创造。

（三）批判性思维与议论文写作

1. 批判性思维在议论文写作中的核心价值

批判性思维在议论文写作中举足轻重，它不仅是文章深邃与广博的基石，还是确保论点稳固如山、论证过程严丝合缝的核心驱动力。批判性思维在议论文写作中的核心价值体现在以下几个方面。

（1）强化自主思考，深化观点认知

在信息洪流中，批判性思维引领人们超越浮于表面的认知，深入挖掘问题的核心与根源。在议论文写作中，写作者需要不断挑战自我，勇于质疑既有观点，通过多视角、多维度的深刻剖析，通过反复验证与反思来巩固或调整立场，使论点饱满而富有洞见。这一过程深刻塑造着写作者独立思考、拒绝盲从的卓异品格。

（2）严密论证逻辑，锻造反驳利刃

批判性思维犹如精益求精的工匠，注重逻辑推理的丝丝入扣。在议论文写作中，它促使写作者精心搭建起论据与论点之间的坚固桥梁，确保每一个环节都紧密相连、逻辑清晰。此外，议论文写作中常有不同观点的交锋，批判性思维为写作者装备了锐利的反驳之剑，通过预先布局，对可能遭遇的挑战进行精准反击，不仅加固了自身论点的阵地，还彰显了自身思维的全面与深邃。

（3）增强读者共鸣体验，培养批判性读者群

经批判性思维"雕琢"后的议论文，不仅可以清晰传达写作者的观点，还可以通过深刻的剖析、严谨的论证与有力的反驳，激发读者的思考与共鸣。可以通过批判性思维的写作实践，激励读者以审视的目光探索文章内容，学会剖析、质疑并精准评估信息的真实性、效用与价值，从而在全社会范围内形成理性思考与独立判断的风气，推动社会思维水平的整体跃升。

（4）跳脱出常规框架，提升问题解决能力

在议论文写作中，批判性思维激励写作者跳脱出常规框架，以新颖的视角审视问题，全面评估解决方案的优劣，最终做出基于事实与逻辑的合理抉择，提出独到的见解与解决方案。这种能力不仅是学术探索的利器，还是日常生活中应对挑战、把握机遇不可或缺的软实力。

2. 批判性思维在议论文写作中的运用

过往教学中缺乏对学生批判性思维的培养，导致部分学生在写作过程中难以养成观察、质疑、分析的良好意识，所创作出的文本内容中空话、套话盛行。教师要有意识地将批判性思维的培养渗透到写作教学之中，帮助学生直达思维深处，纵向揭示矛盾发展的复杂规律，使文章内容更加真实、深刻。具体来说，在议论文写作中，可以从以下几个环节或角度进行批判性思维。

（1）审题与立论

审题时，批判性思维能帮助我们筛选出具有价值、值得探讨的议题。立论时，我们需要运用批判性思维来审视自己的观点，确保其既符合逻辑又具有现实意义。同时，我们还需要考虑对立观点，以便在论证过程中进行有针对性的反驳。例如，对于"生命在于运动"，假如有人提出"不运动也可以长寿"，你会相信吗？但如果用批判性思维展开思考，可以这么分析：这里的"不运动"主要指静养，"静养"也不能简单地理解为不运动，应该是"养心"，古人云"精神内守，病安从来"。这就是通过批判性思考，在立论上得到新观点。

（2）论据的搜集与评估

论据是支撑论点的重要材料。在搜集论据时，我们需要运用批判性思维来辨别信息的真伪和可靠性。在评估论据时，我们需要关注其相关性、充分性和可信度，确保它们能够有效地支持我们的论点。仍如"不运动也可以长寿"，在搜集论据时，可以选择讲述和尚、道士大多健康长寿与他们长期坐禅入静不无关系；可以选择讲述被人们视为长寿象征的龟和鹤也是不做剧烈运动的。

（3）论证的展开与反驳

在论证过程中，我们需要运用批判性思维来构建合理的论证结构，确保各个部分之间逻辑严密、条理清晰。同时，我们还需要关注对立观点，并对其进行有针对性的反驳。反驳时，我们需要持有客观公正的态度，避免情绪化或攻击性的言辞。通过合理的反驳，可进一步巩固我们的论点，增强论证的说服力。仍如"不运动也可以长寿"，前面选择了健康长寿的和尚、道士为论据进行例证，接着还可以这么分析：事实上，任何人都不能缺少运动，否则组织器官就会衰竭，只是要求人们在"动"的基础上适当静养，养身保健的"静"与"动"是对立统一的。这样展开与补充论证，就显得思维缜密。

（4）结论的推导与总结

在得出结论时，我们需要运用批判性思维来审视整个论证过程，确保结论的合理性和可靠性。同时，我们还需要对结论进行深入的剖析和解读，以便读者能够更好地理解和接受我们的观点。在总结时，我们需要回顾整个论证过程，强调论点的核心意义和价值所在。

3. 批判性思维的提问方式

批判性思维始于自我设置问题，提出高质量的问题，在实际运用中，常见的方法有三种。

（1）5W 提问法

这是一种相对简单但很有效的提问方式，最开始产生于美国著名的咨询公司麦肯锡，相关人员发现问题的本质常常深埋于复杂的表象之下，仅仅通过简单的提问，很难触达问题的实质，于是发明了这样一种提问方式，结果非常有效，于是大规模推广开来。

5W 提问法中的"5W"，即"5Why"（5个"为什么"），就是对于某个不清楚的问题或信息，连续问 5 个"为什么"——前一个问题的答案或解释，又作为下一个问题的设问，如此往复多次。当然，这里的"5"并不是确数，可能六七次甚至更多，至少也要三四次。连续多次发问，刨根问底，基本上能触达问题的核心。

例如，丰田自动车工业株式会社前副社长大野耐一，有一次在生产线上发现机器总是停转，虽然修过多次，但仍不见好转，于是询问工人机器停转的原因。让我们通过表 1-4 看看他是怎么通过运用 5W 提问法找到工厂机器停转的根本原因的。

表 1-4　工厂机器停转原因寻找的 5W 提问法

顺序	问题内容	相应回答
问题 1	为什么机器停了？	因为机器超载，保险丝烧断了
问题 2	为什么机器会超载？	因为轴承枯涩不够润滑
问题 3	为什么轴承会润滑不足？	因为油泵失灵吸不上来润滑油
问题 4	为什么油泵会失灵？	因为它的轮轴耗损了
问题 5	为什么油泵的轮轴会耗损？	因为油泵未装过滤器而使铁屑杂质混入了

大野耐一通过连续多次追问，最终得到"油泵未装过滤器而使铁屑杂质混入了"是"机器停了"的根本原因。如果不连续追问，只停留在问题表面，很明显查不出"机器停了"的根本原因；再从思维的逻辑性、连贯性来看，如果不通过中间若干"问与答"的衔接，而直接用"油泵未装过滤器而使铁屑杂质混入了"来回答"机器停了"的原因，也有点匪夷所思。因此，"5W"的逻辑连贯性与思维走向的深入性，是其显著特点。

（2）苏格拉底式提问法

苏格拉底式提问法，是一种连续提问方法，通过连续提出问题，让被提问者通过理性思考、发现谬误、拓宽思路获得真相。苏格拉底式提问，包括 6 个步骤。例如，针对前几年"××遭逼捐"是不是道德绑架的话题，可做如表1-5所示的提问。

表1-5 "是不是道德绑架"话题的苏格拉底式提问

思维步骤	概念描述	所提问题	相关回答
澄清问题	确保对话双方对概念有共同理解	有钱人一定要捐款吗？娱乐明星捐款了，××就要捐款吗？	××不一定要捐
挑战假设	询问背后的假设是什么	假如××被逼着真的捐款了，你还赞赏××吗？	不一定
理性分析	探究背后的原理	那些要求××捐款的人自己捐款了吗？	肯定有人没捐
拓宽思路	引导对方从不同角度重新审视问题	××没捐款，网上都在一边倒地声讨他？	有人在冷静地分析，理性地提出建议
探究结果	考虑可能的后果	如果没捐款都要被逼捐，会带来怎样的后果？	人人自危，社会风气变坏
回归原问	总结讨论成果，回到最初的问题	"××遭逼捐"是不是道德绑架？	网友要求××捐款的情绪化反应，实则是一种道德绑架

用苏格拉底式提问法对"××遭逼捐"进行各个方向的设问，并进行冷静思考，我们即可独立得到理性的认知，也就不会陷入人云亦云的舆论旋涡。由此看来，苏格拉底式提问法不仅有助于个人深入思考和理解问题，还能促进人与人之间的对话和理解。通过提问和回答，人们可以挑战自己的假设和偏见，开阔视野和拓宽思路，从而更接近真理。这种方法在学术研究、工作场合及日常生活中都具有广泛的应用价值。

（3）思维结构提问法

思维结构提问法，是在苏格拉底式提问法的基础上发展出来的。现代的批判性思维学者认为，人的思维是有结构的，一共包含8种元素，如图1-3所示。

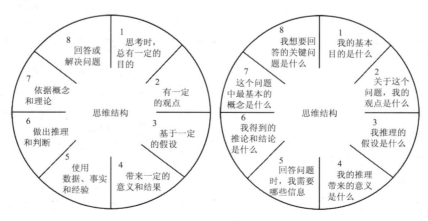

图1-3 思维元素

8种思维元素分别是目的、观点、假设、结果、信息、推论、概念和问题。任何一种思维，都包含了这8种思维要素。思维结构提问法，就是针对这8种思维要素，分别进行提问，逐一检验和思考诸要素，查看某一要素是否有缺陷，是否有更好的思路。经过对思维的详细解构和分析，往往能找到一个较好的答案。批判性思考者经常用思维结构提问法分析他们的思维，挖掘对事物的深度认知。

　　当然，思维结构提问法的运用比较难，要求对思维本身有非常深的认识，要完整掌握，需要长时间的学习和锻炼。一个人不可能一夜之间就成为一个优秀的篮球运动员或者舞蹈家，同样，我们也不能期望自己一夜之间就变成一个熟练的批判性思考者。思维的进步，需要大量精力的投入和持续的练习。

　　4. 议论文写作中的批判性思维

　　批判性思维与其他种类的思维有着广泛的交叉、包容关系，因此，既然其他种类的思维在议论文写作中比较常见，批判性思维在议论文写作中也就必不可少。我们以2024年新课标全国Ⅰ卷的作文为例，看看批判性思维在议论文写作中的具体运用：

　　　　随着互联网的普及、人工智能的应用，越来越多的问题能很快得到答案。那么，我们的问题是否会越来越少？
　　　　以上材料引发了你怎样的联想和思考？请写一篇文章。

　　此作文题在批判性思维能力的考查上体现明显，尤其着力考查学生探索性、创新性的思维品质，激发学生崇尚科学、探索未知的兴趣。从批判性思维写作思考的角度，可以做以下探究：

　　互联网的普及和人工智能的应用，极大地拓宽了知识的获取渠道，使许多原本需要长时间研究和探索的问题能够迅速得到答案。然而，对于"我们的问题是否会越来越少"这一问题，答案并非简单的"是"或"否"，而是需要更深入的分析。

　　单就信息获取的速度来看，互联网和人工智能确实极大地提高了我们解决问题的效率。这种便捷性无疑减少了人们在寻找答案过程中所面临的直接问题数量。然而，从更深层次和更广泛的角度来看，这种技术进步并不必然导致问题数量的减少。相反，它可能引发更多新的问题和挑战：首先，新的问题领域不断涌现，如人工智能技术的快速发展带来了隐私保护、伦理道德、就业替代等一系列新问题。其次，问题的复杂性和深度提升，不仅复杂的问题和深层次的原因分析仍然需要我们深入思考和研究，而且如何从海量信息中筛选出有价值的内容并形成自己的见解也成为一个挑战。另外，问题越来越多样性和个性化，互联网和人工智能往往只能提供普适性的解决方案，难以满足个性化的需求。

这里我们可以用苏格拉底式提问法来对问题做初步梳理，如表1-6所示。

表1-6 "我们的问题是否会越来越少"的苏格拉底式提问

思维步骤	所提问题	相关回答
澄清问题	"越来越多的问题"在所有问题中的占比是多少？"越来越多的问题能很快得到答案"是否等于"问题越来越少"？	越来越多的问题很快得到解决，不等于"问题越来越少"
挑战假设	假如互联网、人工智能能解决越来越多的问题，我们以后能够把问题都留给互联网和人工智能来解决吗？	肯定不能
理性分析	互联网、人工智能解决问题的基本原理或依据是怎样的？	互联网、人工智能是基于程序解决问题的，它们无法处理非程序性的问题
拓宽思路	互联网、人工智能主要解决哪些问题？哪些问题是它们难以解决的？	互联网、人工智能主要解决知识性、程序性、规律性的问题，对社会、文化、伦理等方面的个性问题、发展性问题难以给出较好答案
探究结果	如果所有问题的解决都参照互联网、人工智能给出的答案，结果可能怎样？	社会会成为一个大的运行模块，没有创新，也无法进步
回归原问	随着互联网的普及和人工智能的应用，越来越多的问题能很快得到答案，我们的问题是否会越来越少？	有些问题会很快得到解决，但可能只是特定方面的问题减少，其他领域的问题并没有得到解决，且解决了某一问题后随之又可能产生新的问题

结合上述分析，下面选取一篇考场佳作，围绕"批判性思维"做简单批注，如表1-7所示。

表1-7 考场佳作的批判性思维分析

考场佳作	批注
科技浪浪澎湃，问题意识不息 ① 新时代云程发轫，互联网与人工智能的爆炸式增长使科技的滚滚浪潮汹涌澎湃，许多问题只需轻轻按下"搜索"一键便可获得答案。那么，我们的问题是否会越来越少？私以为，我们的问题不会越来越少，也不应该越来越少。 ② "问题"，是人类对未知的探索，对已知"从来如此，便对吗"的深刻反思，人类知识的产生、智慧的集聚与思想的深邃都是在提出、分析与解决问题的征途中实现的。"问题"有很多种。科技能回答知识型问题，但无法回答"我是谁，我从哪里来，要到哪里去"的智慧型问题。试想一个由数据与算法堆砌而成的人	第①段紧扣命题材料提出问题，并通过"私以为"，明确给出个人的观点，体现出批判性思维中的个人独立思考。 第②段先通过对核心概念"问题"的界定与分类，体现出批判性思维中的知识性；后几句仍体现出

第一讲　精准思维：贯穿写作的金梭银梭

续表

考场佳作	批注
工智能，如何去思考、去回答后验的具有人类本体性意义的终极命题？如何给出"生命、自由与爱"的答案？ ③与此同时，真理的具体性、条件性决定着社会实践的发展，"问题"将以不同的形态、不同的内涵不断产生。认识的无限性，决定"问题"是无限的。 ④由是观之，不是所有"问题"，科技都可以给出答案，不是所有"问题"都有答案，科技也许可以使我们知识型问题减少，但它无法阻止我们对问题的深度挖掘，再挖掘。 ⑤既然问题必不可少，问题意识更不可在信息的横流中黯淡熄灭。问题意识，是人类学家项飙敏锐观察年轻人生存状态后提出"附近的消失"精神窘境，尝试"重建附近"来阻止个体间连通性与互渗性的消亡；是电影学家戴锦华在洞察科技危机后深入思考人文与人工智能的关系，呼吁对人文情怀与价值理性的唤醒……他们都在时代的宏大叙事下细致入微地观察现实，以特有的敏感性与高度的问题意识尝试提出、分析和解决问题——这背后，是高度的人文关怀与社会责任感，是对时代命题与人生母题孜孜思考的向上精神的奔赴性。 ⑥然反观当下，多少人已被信息的"过滤气泡"裹挟，信息充斥、异化成丧失精神独立性的"单向度人"？有人浑浑噩噩，沉湎于低级肤浅的泛娱乐化潮流而忘却严肃的深度思考；有人丧失质疑精神，在回音室效应中磨灭自身的特殊性，被物化为群体的单一原子，只会情绪化思考，沦为偏激易怒的狂热分子。究其病因，是问题意识的懈怠，是积极思考方式与实事求是思考态度的缺位。 ⑦因此，欲稳立于信息爆炸的历史节点，我们应保持审慎的态度，善于发问，高举问题意识的火炬，驱散"理所当然"的黑暗，构建起自己的精神岛屿，完成陀思妥耶夫斯基笔下"人不是齿轮"的自证。 ⑧阿伦特曾言："用思考和发问来恢复我们作为人的存在本质。"科技浩浪澎湃，我们仍应"思考和发问"，来寻得"问题"的意义，寻得人的本质。（2024年新课标全国Ⅰ卷浙江考生佳作）	独立思考的深刻本质，也体现出批判性思维的反思性。 第③段体现出思维的广度与深度。 第④⑤段体现出批判性思维中的强化论证逻辑。 第⑤段运用批判性思维，选择两则真论据：项飙、戴锦华都用"高度的人文关怀与社会责任感"去"尝试提出、分析和解决问题"。 第⑥段用反面对比的方式，列举当下不良现象，并深究原因，既体现出批判性思维中的独立思考，又在逻辑论证上体现出缜密性。 第⑦段提出当下应有的做法，体现出批判性思维中的建设性。 第⑧段总结全文，点扣文首，结构严谨。

033

主体立意：塑造一个有深度的灵魂

近几年，考场作文命题倾向于新材料作文，新材料作文也以其独特的灵活性、新颖性与开放性，激发了考生思维的主动性与创新性，有效避免了无话可说的尴尬与空洞无物的编造，使考场作文焕发出新的生命力。

审题与立意是写作的前奏。新材料作文的审题是写作的重要环节，常规的审题步骤有：仔细阅读材料，标记出关键词、关键句；提炼材料核心，用一个简短的句子或短语概括材料主题；尝试从个人、社会、文化、历史等不同角度解读材料；根据个人兴趣、知识储备和写作能力，选择一个既符合材料主旨又具有深度和新颖性的立意。也有人就不同命题材料，总结出一套审题"秘籍"，如由果溯因法、分层次法、提炼中心法、求同存异法、关键词句法等。这些步骤与方法在审题中确实都非常实用。

相较于传统的作文命题，总体来看，当前新材料作文的审题难度有所下降。对于千万人同场竞技的作文命题材料，就"审题立意"这一大环节而言，困难的不是"审题"，而是"立意"，即如何立意，立什么意。

第一节　立意追求：出新意于法度之中

立意之"立"，既有"确立"之义，也应有"树立""独立"之解。若要文章有深度，首先就应是立意有深度，而立意有深度，不仅表现在有立意，还表现在观点具有"树立""独立"之特点。

一、立意原则：从批阅细则定位立意标准

一般性的议论文写作是一种公共性说理，即一种面向广泛公众，旨在通过理性、客观、公正的方式，阐述观点、分析问题和提出解决方案的写作方式。这种写作方式强调公共性、普适性和可讨论性，旨在促进社会达成共识、增进

理解和尊重差异。公共性说理，绝不可被理解成"人云亦云，言他人已言"，也不能被理解成为追求新奇卓异、与众不同而"满嘴跑火车"。

议论文写作的"公共性说理"，遵循理性、客观、公正，即"正确"的原则。在此原则下，议论文写作特别强调独到和深刻：

一是独到。观点新颖，能从常见话题中挖掘出不同的角度或切入点，展现深度思考；论据新颖独特，运用了他人少用的论据材料或观察视角；论证方式创新，有独特的逻辑推理链条，引导读者从新的视角理解问题；语言个性化，以富有个人特色的语言风格来阐述观点。

二是深刻。分析透彻，从多个层面、多个角度对问题进行剖析，展现全面的思考能力；逻辑严密，逻辑结构清晰严密，各段落之间有良好的逻辑关系；思想深刻，深入挖掘问题的内涵和外延，提出具有启发性和思考价值的观点；导向明确，在引导读者思考的同时，传递正能量和社会责任感。

从上面的分析来看，独到和深刻关涉议论文写作的多个方面。但在实际写作与作文批阅中，独到和深刻所指范围大大缩小。

（一）批阅细则

议论文的批阅，涉及文章的方方面面、各个维度。各个层面、不同维度也有各自的标准。别的暂且不谈，单就立意而言，其主要强调独到和深刻，如表 2-1 所示。

表 2-1　批阅细则

分类	切题	立意	结构	语言	议论文
一	切题	独到深刻	精巧严谨	精辟生动	★紧扣材料中的核心观点进行深入分析，★对重要概念有准确界定，★论证有合理的逻辑性；★或者能敏锐地就材料的某一要害处进行立论或反驳，★且有相当的思想和写作的智慧
二		准确正确	完整有特点	准确恰当	★能就某一角度形成自己的正确观点，能对判断中的重要概念进行"分解"和"剖析"，能在论证中进行"比较"，并能在此基础上得出有一定意义的结论
三	基本切题	基本正确	基本完整	通顺平实	能形成基本正确的观点，或在论证（反驳），或在论据选择和分析上，或者在逻辑联系上★有某一方面的特色
四		略有牵强		基本通顺	▲观点熟套，仅限于常识常理，且说理止于浅表；▲或者论证方法单调，缺少变化，只会一味"例证"

续表

分类	切题	立意	结构	语言	议论文
五	不切题	牵强贴标签	逻辑层次不清	不通顺，有明显语病和多个错别字	基本没有论证，关键概念"整体打包"；或者一味例证且止于一个层面，缺少逻辑性；或者篇段分离，硬贴标签
六		不正确	无章无法	低幼稚嫩，粗劣庸俗	完全不会写议论文，无阐说，无论证，没有条理和逻辑

通过表 2-1 可直观看出，在把作文等级分为六类的划分中，一、二类文对应的是审题"切题"；"基本切题"则已是三、四类文。在"切题"中，立意"独到深刻"属于一类文，立意"准确正确"则为二类文。由此看来，要想作文够标准、上档次，在立意"准确正确"的前提下，应努力追求"独到深刻"。

（二）立意原则

立意，有的讲"正确、新颖、深刻"三原则，有的讲"正确、明确、新颖、深刻"四原则，有的讲"正确、明确、新颖、集中、深刻"五原则。其实，原则有几个是次要的，关键是要包含以下几点：

一是准确、鲜明。立意准确就是准确提炼材料的主旨，做到"思想健康，中心明确"。"思想健康"就是要体现时代正能量，抒发积极健康的情感。

二是理性、稳妥。所持观点要中肯，不走极端。用联系的、发展的、全面的观点来分析问题，行文缜密妥当。

三是深刻、集中。深刻指论证触及事物或问题的本质，能揭示问题产生的原因，能提出解决问题的思路或方法，观点具有启发性。集中指作文围绕一个主题深入开掘，不旁敲侧击，不零乱分散。

四是新颖、独到。这指观点、材料、论证过程新鲜有创意，有个性特点，能给人以新鲜的心灵感受与教益。但"新"建立在写作者对社会、生活、事物所具有的独到、深刻的认识与理解之上，行文有度，不弄巧成拙。

在这些原则里，"准确、鲜明""理性、稳妥"是立意的基本要求，而"深刻、集中""新颖、独到"显然是就立意的高标准而言的。

二、立意追求：变"高大上"为"高小声"

文章到了一定地步，常以意取胜。形如水墨画，为大师级作品，撼人心魄的，总是在于有形无形之间存在的"意"。虽然我们文字里的这种"意"，不能等同于绘画的那种"意"，但有一点是相通的——都是统摄全篇足以撼人心魄的情感、意境，或是某种认知。

"意"是文章的灵魂与统帅。好文章之所以有震撼力，能引起读者的关注，是因为有立意方面的密码：审题立意"高境界"，选点组材"小切口"，表达阐释有"个性化声音"；概括起来，就是"高""小""声"。

（一）高境界：大气而实在

文学作品或影视剧中大人物出场时，即便他没有过多的言语，也能让人感觉他有将帅风范或不凡气度。同样，好文章的立意境界要高，要大气，要让人能从你的文章里感受到你是一个有民族自豪感、国家兴亡感、人类责任感的人，是一个有远大抱负和宏阔视野的"大我"，而不是"小国寡民""小家碧玉"之类的小小之"我"。尤其是考场作文，这种受特定时空限制的在某种意义上有一定"体式化"的文章，是国家选拔人才的一种方式与手段，不是我们日常书写个人性情。阅卷者怎会看中一篇境界低下、格调庸俗的文章呢？因此，考场作文立意首先要大气。

如2018年天津卷，为有关"生活中有不同的'器'"的材料作文，一考生以《"器"之断想》为题写出一篇佳作，其文以"想起与'器'有关的几个成语"为开篇首句并独立成段，然后以"怀才抱器""不器之器""随才器使"三个成语构思全文。阅卷老师认为，此文成功的原因是选择了逻辑上有递进关系的三个成语，高端大气，且对这三个成语解释得很好，比较准确。

再如2023年苏州高一期末考卷，一考生《看客，还是投枪？》中的片段："而我辈青年所要做的，便是睁了眼看，识透互联网时代所淤积的恶、残忍、暴力，在公共热点事件产生时，抗拒群众疯狂，对问题进行理性客观分析，从更高的角度重新审视，在保持个人独立判断的同时，不做看客，而要磨砺思想的刀锋，在太平盛世里举起投枪。"虽然还只是高一的学生，但文字里显露出的这种卓见与勇气，显然在气势上已先声夺人——是为大气。

由上面例子看出，"大气"不是装腔作势唱高调，不是好高骛远显格局，而是文字背后透露出写作者的情怀与胸襟之大。当然，除去"大气"，立意还要做到"实在"。

所谓"实在"，即具体而不玄虚。具体说来，就是文章表达的观点可理解、可参考、可操作，而不是只可意会不可言传，更不要说践行了。我们经常读到一些故弄玄虚的禅学佛理、哲理玄思等文章，或无病呻吟，或生搬硬扯，如2020年浙江某考生《生活在树上》一文，在网络传播后就备受挞伐。

（二）小切口：具体而新颖

对于材料作文的审题立意，除了要做到"高境界：大气而实在"外，更关键的是应做到"切口小而新"。一篇不足千字的考场作文，不可能让我们对材料进行各个层面的辨析与说理，我们只需抓住其一即可。其实，也只有做到立意的切口"小而新"，才能做到立意深刻。

2024年天津卷，情境材料是"在缤纷的世界中，无论是个人、群体还是国家，都会面对别人对我们的定义"，要求就"被定义"与"自定义"来谈体验和感悟。由情境材料即可看出，涉及个人、群体、国家的都可以谈，但下笔若面面俱到，就会顾此失彼，此时，择其一，深挖之，则效果很好。如某考生以"一曰：名我固当，以进取之我匹配之""二曰：名我不当，以奋发之我批驳之""三曰：自我定义，以笃行之我闪耀之"为提纲，从三者中择"个人"的角度切入，这是"小切口"的一种典型入手方式。

"小切口"，还可以表现在就某一领域、某一话题入手。如2013年江苏卷，作文材料是大家已熟知的"蝴蝶与探险者"的故事。就审题立意来看，阅卷组在当年批阅时给出了"含义边界"：人与自然，人与社会；和谐，美；大与小，互动；等等。显然，考生在审题时选取其中一个角度来立意即可。但仔细思考，即便选取"人与社会"这一角度来立意，是不是还"包罗万象"？要想做到八百字的文章表意集中、言之凿凿，那就必须对立意的"切口"进行再限制、再定位、再切分，力求做到全文只谈一个方面，只解决人生中或社会上的一个问题。切口小了，视角新了，立意也就深刻了。如当年满分作文《不可惊扰的寂静》，"不可惊扰的寂静"本可以写个人的生活、学习及事业等很多层面，也可从社会很多层面入手。但写作者非常聪明，只选取"学术不可惊扰"这一角度立论，不仅做到了境界"高端大气上档次"，而且"切口小"，只谈"学术"，做到了"具体而新颖"。这不是很好地达到了审题立意之"深刻"吗？

（三）声音异：独抒己见显个性

有些文章，通篇是大话、套话，换句话说，通篇说的都是别人的话，没有自己的声音——个性化的观点与情感，这样的文章缺乏震撼力与感染力。

写文章，引用他人的言论或观点当然可以，但文章的核心处、紧要处一定要有自己说的话，而不能一味地"鹦鹉学舌"，失去自我。分析优秀作文可以发现，它们之所以优秀，是因为它们还有很多个性化的语言与观点。如下面几篇佳作中的经典语句：

例2-1 "谁说千里马需要伯乐？《马说》不过是韩愈为求统治者关注人才的一家之言而已。真正的千里马不愿伏于槽枥间，也不见得就愿意供人驱使、日行千里。为千里马考虑，最好的方法是放归自然。野马来自山间，餐风饮露，本来就不该受束缚。人为的驯化，从马的角度考虑，是对原始自然的奔放美的束缚、惊扰。"（2013年江苏卷满分作文《放下纱幔》）

例2-2 我仿佛看到了高加索山脉托尔斯泰隐绰的身影，听到了多瑙河畔大诗人荷尔德林的吟行，还有美国瓦尔登湖旁的梭罗，在"最好的时代，最坏的时代"里的狄更斯……文学、哲学与科学相比看似没有什么大的用处，但正是这些看似"无用"的文人和哲人，却用文学、用思想的力量托起了一个个时代。这正是所谓"无用之用"，甚至"无用大用"。这种深厚的人文思想建筑起来的高墙任一万个好莱坞也是击不破的。正是"无用于事，却有用于心"。（2022年某地模考佳作《"无用"实为"大用"》）

例2-3 然反观当下，多少人已被信息的"过滤气泡"裹挟，信息充斥、异化成丧失精神独立性的"单向度人"？有人浑浑噩噩，沉湎于低级肤浅的泛娱乐化潮流而忘却严肃的深度思考；有人丧失质疑精神，在回音室效应中磨灭自身的特殊性，被物化为群体的单一原子，只会情绪化思考，沦为偏激易怒的狂热分子。究其病因，是问题意识的懈怠，是积极思考方式与实事求是思考态度的缺位。（2024年新课标全国Ⅰ卷佳作《科技浤浪澎湃　问题意识不怠》）

这几篇文章中信手拈来的几个句子，不仅表达流畅、语词优美，而且富有个性与思想。他们不是亦步亦趋地跟在别人后面，通篇说"世有伯乐，然后有千里马""'无用'实为'大用'"这些常规观点，而是表达了"真正的千里马不愿伏于槽枥间，也不见得就愿意供人驱使、日行千里……人为的驯化，从马的角度考虑，是对原始自然的奔放美的束缚、惊扰""无用于事，却有用于心""是问题意识的懈怠，是积极思考方式与实事求是思考态度的缺位"等富有个性化的见解。

第二节　论点表述：追求应有的"发现性"

议论文立论的"发现性"，是福建师范大学潘新和教授在《"议论文三要素"的重构》中首先提出来的。尽管该文对议论文三要素所做的功能、本质上的规范，提出的议论文的新"三要素"（价值性、发现性、说服性）的见解还有待进一步研究，但该文提出的立论应具有"发现性"，即论点应具有新颖性、想象性及逼真性的观点，对议论文写作具有很好的指导作用。

社会生活中的理论类、科技类等各种议论说理文章，论点具有"发现性"是基本要求——没有"发现性"则无写作价值。对于同场竞技的万千学生而言，不可能因写不出"惊天宏论"就拒作；既然写，立意表达就不能"千人一面"，论点总要具有一定的"新意"，即有一定的"发现性"。我们可以从三个角度来落实论点的"发现性"。

一、对泛化材料，表达具体精细认知

泛化材料即立意角度多、指向不具体的命题材料。在实际写作中，泛化材料有多种，常见的有话题型、寓意型、多元型等。无论是哪种类型，命题材料显性层面鲜有论点倾向性的文字。这时，强调"发现性"，即强调立意表达切口应"小而具体"，要体现写作者在某方面或某层面的具体而精细的认知。

（一）话题型

此"话题型"不单指"话题作文"，而是包含"话题作文"在内，命题材料只给出相对宽泛的写作范围或写作方向，对观点几乎没有显性预设的命题类型。这类作文既包括如 2004 年江苏卷"以'水的灵动，山的沉稳'为话题"的话题写作，也包括如 2010 年江苏卷"以'绿色生活'为题"的命题写作，2022 年新课标全国Ⅱ卷"以'选择·创造·未来'为主题"的主题写作，以及 2023 年新课标全国Ⅱ卷"'安静一下不被打扰'……青少年在学习、生活中，有时希望有一个自己的空间，放松，沉淀，成长"这样的指向写作。

"话题型"作文的立意，最紧要的是在充分阅读命题材料的基础上缩小写作范围——缩小范围是关键。如前面的"水的灵动，山的沉稳"话题，写自然山水、人物性情、书法绘画、园林建筑等，或许都可以，但不能因都可以就拉拉杂杂地写，必须在深思熟虑后缩小范围，选择自己擅长的领域，甚至指向具体的人物或艺术作品，然后拟写出适切的论点。如某考生将话题切口窄化到蜀汉王刘备、梁山好汉宋江上，然后拟写出"为人沉稳，稳中求胜"的论点，其"发现性"的体现自然就具体而精细。

（二）寓意型

"寓意型"命题多以自然界事物为表述对象，通过其蕴含的比喻义或象征义来表达深层次的逻辑意图。如 2006 年全国Ⅰ卷"乌鸦学老鹰捉小羊"、2009 年浙江卷"绿叶对根的情意"等，还有的可能是通过漫画表达寓意。

"寓意型"泛化材料具有"话题型"泛化材料的特点，但比"话题型"泛化材料的审题立意要多绕个圈。因此，对"寓意型"作文的审题立意，要基于其比喻义或象征义的特点，先"由物及人"，再回到"话题型"作文的"缩小范围"上。如"乌鸦学老鹰捉小羊"考题，某考生以《绕树三匝，何枝可依》为题，开篇引用曹操诗句和命题所给的寓言材料，然后通过"物犹如此，人亦然"的话题过渡，接着提出"找准自己的位置，找到适合自己依附的枝头，生命才能达到极致"的论点。此论点提出的过程及结果，就体现了"发现性"。

（三）多元型

"多元型"泛化材料与"话题型""寓意型"泛化材料也不矛盾，"多元"重在说明命题材料中涉及的"元"（对象、角度）不止一个。如前面的"乌鸦学老鹰捉小羊"，在材料的审读角度上，可以从"乌鸦"角度，也可以从材料中的"牧羊人"或"孩子"角度去思考。再如 2024 年天津卷的认真对待"被定义"，勇于彰显"自定义"的命题，材料中有二"元"，也涉及对"定义"的态度与方式。"多元型"材料审题立意，最突出的特点是"横看成岭侧成峰"，既然"多元"，就有多个角度可以写，但须考虑两点：哪个角度最精准？哪个角度"我"能写好？此后，可再回到"话题型"或"寓意型"方式中去推敲。

二、对经验论断，体现思辨性认知

经验论断，是人们基于生活经验、实验观察而得出的并被人们普遍认可的结论，如"失败是成功之母""一屋不扫何以扫天下""付出总有回报""毅力是战胜困难的法宝"等。智慧的人类总结出很多经验判断，也正是依赖这些经验判断，人们在生活里才能对所接触的事物迅速做出精准判断。但事理的判断与观点的表达，总有一定的话语情境或判断背景，即对于经验论断，我们虽不能绝对地推翻，但在具体应用时，可辅之以思辨。

思辨，一指思考辨析，一指哲学上的纯逻辑思考。它是一种思维方式，而思辨力是一种抽象思维能力。对于陌生事物、新生现象，我们总会提高警惕，认真地分析鉴别；而对于经验判断，似乎因"公""定"，人们往往也就不再详辨。其实，这些经验判断在具体应用中也应被分而待之。

（一）社会人事类

这类经验论断，总结的前提与尺度大多在人类经验或情感范畴，偏于主观，如"事实胜于雄辩""有志者事竟成""当局者迷，旁观者清""成大事者不拘小节""常问路的人不会迷失方向""心底无私天地宽""人微言轻""机会只给有准备的人"等。这些观点正确存在的前提，是遵从其普遍性的背景，若背景或情境变化，则结论就会有偏差。如"事实胜于雄辩"，在非科技时代，这句话听来有理，但在今天科技极速发展的人工智能时代，AI 换脸换声已悄然走进生活，这时你看到、听到的"事实"，未必就是"事实"，既然不一定是"事实"，怎么又能"胜于雄辩"？这时的文章论点或可为"事实需要雄'辩'"，把"辩"换为"辨识"的"辨"，这样的观点即隐藏着"发现性"。再如"人微言轻"，这是一种社会常态——地位低的人说话自然分量小，但若把它放到"法律"的天平上——再卑微的证人证言也具有同样的法律效

果，若把它放到"政治制度"的平台上——最基层的人大代表也享有至高无上的建言献策权利，则我们或可把论点拟为"人微言不轻"或"'人微'不等于'言轻'"等。因此，写作中若将这类经验判断作为论点，则要以思辨性来实现其"发现性"。

（二）自然科技类

自然科技类经验判断，是人类基于对自然界的认知，通过提炼而获得的结论，侧重客观事实，更显理性，如"一山不容二虎""近水楼台先得月""生命在于运动""万有引力定律""阳光总在风雨后""青出于蓝而胜于蓝"等。面对这类经验判断，也应有思辨。这里的思辨，不是怀疑前人的认知，而是要明白这个"自然科技类"的结论被用到"社会人事类"材料里了。比如"木秀于林，风必摧之""青出于蓝而胜于蓝"，命题者不是拿这些话来考查考生在自然科学领域的研究能力，而是用这些话来教育警策考生立身处世。这些话一旦被主观地"移花接木"到另一个领域，就脱离了原生的语境，因此对原先的经验判断，也就有必要做出思辨性分析——论点也就自然地具有了一定的"发现性"。

三、对固有表述，重构个性化言说形式

除去变泛化到具体精细、为经验判断赋予思辨性，要让论点具有"发现性"，还可以在表述形式上做点文章。

"弼马温"是孙悟空在天庭被封的一个养马的官，说白了，不就是"养马的人"吗？但用"弼马温"取代"养马的人"，也是一种"发现"。生活中有很多说法原本意思很近甚至相同，换了一种表述后，不但外在的形式上有了"发现性"，有时对其内涵也有所增补。如把"躲避计划生育"说成"超生游击队"，把"做事拖拉懒散"说成"磨洋工"，把"自己有能力处理好，别人莫干涉"凝练成"我的地盘我做主"，把"并肩战斗"用"岂曰无衣？与子同袍"来取代，等等。替换后的表述，观点明确，形象生动。在议论文写作中实现论点的"发现性"，也可用此"招"。

命题材料明示或蕴藏的"理"（论点），无论怎样新巧，都是符合人伦、符合常道的，那些离经叛道、颠倒黑白、触及公序良俗与科学道义底线的，绝不会存在。如2024年全国甲卷"坦诚交流才有可能迎来真正的相遇"、2023年新课标全国Ⅰ卷"故事是有力量的"、2023年天津卷"使命与担当"等，无论命题材料怎样表述，其内部蕴含的"大道理"的指向基本上是确定的。再加上考场作文，乃千百万人同场竞技，如果开篇的论点没有一点"发现性"，就会落入众口一词、人云亦云的俗套。此时，对固有的观点、认知的表述，可

采用个性化的言说形式进行重构。

（一）用解说式语言进行替换

对命题材料所给的观点，用自己理解且经过反复推敲锤炼的语言去替换。如命题材料要求就"在'量力'与'尽力'之间做好选择与平衡"写一篇文章，要求中已体现基本观点，考生能做的就是在既有的观点上做一点发挥——若不发挥，就会陷入"千人一面"的窘境。而某考生以"量行稳之能，尽求索之力；以中正圆融的站位，成就整体的云蒸霞蔚"为论点，用自己的方式来强化对观点的理解，就显得准确而独到。再如 2023 年新课标全国Ⅰ卷"故事是有力量的"，"故事有力量"是命题材料已设定的观点，该观点容不得考生去"反弹琵琶"，此时，若想作文的论点具有"发现性"，就只好对"故事有力量"进行外部重塑。如将其重构为"好故事是照亮人生前行之路的明灯""好故事是民族复兴的引擎"等，这样的立意既体现了考生对材料的精准理解，又对写作角度进行了具体窄化，为接下来的顺利写作奠定了基础。

（二）用现成诗文俗语等替换

用诗文俗语等替换命题材料中的观点，是一把双刃剑。利的一面是既有对命题材料、蕴含观点的理解，又让人觉得有文采；不利的一面是有些替换不一定与原观点意同，下笔时须谨慎——当然，如果意义相近但有别，可在行文开始时适当做界定或补充。如 2024 年新课标全国Ⅰ卷"人工智能应用与人类问题的多与少"的思考，虽然命题材料中的观点并未确切指向人类问题是"多"或"少"，留给考生拟写"发现性"论点的空间很大，但这并不影响考生对"发现性"论点的包装，如有考生将论点拟为"他山之石可攻玉，好风借力上青云""假舆马者致千里，假舟楫者绝江河"等，这些论点先肯定"互联网""人工智能"对人类发展的辅助作用，然后化用诗文来表达自己的论点，这种"发现性"则显得富有文采。

泛化材料、经验判断、固有表述之间不是泾渭分明的，所采取的立意措施也不是孤立的。在实际使用中，应全面观察，综合考量，灵活变通，以求得论点具有"发现性"。当然，"发现性"应合乎逻辑，不能为了"发现性"而追求"发现"。有一点可以肯定，写议论文，从确立论点开始就追求一点"发现性"，可以在避免"千人一面"的同时，使文章走向"深刻"。

概念界定：构筑说理大厦的基石

核心概念是论述的基础和核心，为论述提供了方向引导与框架支撑。在构筑说理大厦的过程中，核心概念在统领全局、支撑论点、提供框架、引导推理、增强说服力方面起到了非常重要的作用。

第一节 内涵外延：判定概念间逻辑关系

概念是反映对象的本质属性的最基本、最简单的思维形式，是构成判断和推理的基本要素。人类在认识过程中，从感性认识上升到理性认识，把所感知的事物的共同本质特点抽象出来加以概括，就形成了概念。表达概念的语言形式是词或短语。

概念包括两个逻辑特性：一是这个概念所指的事物的本质特点，即内涵；二是这个概念所指的事物的范围，即外延。界定概念，主要就是界定概念的内涵和外延。

客观事物是相互联系的，反映事物的概念之间当然也是相互联系的。生活中充满概念，不同的概念之间，尤其是临近的概念之间，其关系既表现在内涵方面，也表现在外延方面，而逻辑学主要从外延方面研究概念之间的关系。在一篇议论文中，核心概念往往有多个。如果掌握一些形式逻辑方面的知识，就能为文章的精准思考与深度写作奠定坚实基础。

根据概念在外延上是否重合，形式逻辑学将概念之间的关系分为相容关系和不相容关系。其中，相容关系包括同一关系、从属关系和交叉关系；不相容关系包括矛盾关系和反对关系。

概念的外延所反映的是一类一类的事物。从外延方面考虑，两个概念所反映的两类事物可能是重合的，也可能是毫无重合之处的。而重合与非重合的情况也是各种各样的。为了形象地表示概念外延之间的各种关系，人们常用欧拉图解法进行分析示例。

一、相容关系

相容关系是指外延至少有一部分重合的两个概念之间的关系。相容关系共有三种：同一关系、从属关系和交叉关系。

（一）同一关系

同一关系又称全同关系，是指外延完全重合的两个概念之间的关系。概念 A、B 的同一关系可定义为：凡 A 是 B，并且，凡 B 是 A。

例如，"秦始皇"与"嬴政"这两个概念就是具有同一关系的概念。因为这两个概念所反映的是同一个事物，即它们的外延是完全相同的。两个概念之间的同一关系可用图 3-1 表示。

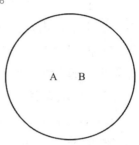

图 3-1　两个概念之间的同一关系

具有同一关系的概念虽然在外延上是等同的，但是就内涵来说有某些不同。如"秦始皇"这个概念较"嬴政"这个概念，就侧重从"历史上的第一个皇帝"这个角度来反映"嬴政"这个客观对象。

正因为两个外延相同的概念在内涵上有所不同，所以我们才说它们是两个概念。否则，如果不仅外延全同，而且内涵也完全相同，那就不是两个概念，而是表达同一个概念的两个不同语词了，如"土豆"与"马铃薯"、"番茄"与"西红柿"。

由于具有同一关系的概念在外延上是重合的，即指向同一事物，因此，我们在讲话和写作过程中，将两个概念互换使用，一般不违反逻辑要求。不仅如此，有时我们有意识地进行这种代换，如《阿房宫赋》："燕赵之收藏，韩魏之经营，齐楚之精英，几世几年，剽掠其人，倚叠如山。"其中的"收藏""经营""精英"这几个词，虽然字面不同，但都是指金玉珍宝等物，概念内涵完全相同。在我们需要多次使用某一概念时，这样做可避免用词的重复，从而增加言语和文章的修辞色彩。

需要特别注意的是，一定要避免将实质上不具有同一关系的概念当作具有同一关系的概念来互换使用，否则就会犯混淆概念或偷换概念的逻辑错误。如一则作文命题：

> 毕淑敏《星光下的灵魂》中有这样一段话："自然的东西大都是缓慢的。太阳一点点升起，一点点落下。花一朵朵地开，一瓣瓣地落下，稻谷成熟，都慢得很。那些急骤发生的自然变化，多是灾难。"

所以你只管定好目标，做好眼前的事，有一天你就会发现，你想要的，已经来了……

以上材料引发了你怎样的联想和思考？请写一篇文章。

有考生在写作过程中，把"缓慢"与"踏实""静心"等概念混淆等同，这显然是错误的。材料中的核心概念"缓慢"，既是事物发展的过程，也指事物的习性与运作规律，而"踏实""静心"只侧重习性特点，它们绝不可被画上等号。即便是近义词、临近概念，也不等于具有同一关系。

一般来说，这种具有同一关系的概念，大多不会出现在精短的命题材料中。事实上，出现偏题、跑题现象，常常就是因为考生不自觉地混淆了临近概念，如把"困难"等同于"窘迫"，把"合作"等同于"联合"，把"挑战"等同于"冒险"，把"博采众长"等同于"兼收并蓄"，等等。

（二）从属关系

从属关系是指一个概念的外延包含着另一个概念的全部外延的这样两个概念之间的关系，如"文化"与"艺术"这两个概念就具有从属关系，因为"文化"概念的外延包含着"艺术"概念的全部外延。

在具有从属关系的两个概念中，外延大的概念称为属概念，外延小的概念（被包含的概念）称为种概念。两个概念之间的从属关系可用图 3-2 表示。

概念之间的从属关系，实际上又包含着两种不同的关系：真包含关系与真包含于关系。

如果一个概念的外延包含着另一个概念的全部外延，并且另一个概念的外延仅仅是前一个概念外延的一部分，那么，这两个概念之间的关系就是真包含关系，亦称属种关系。

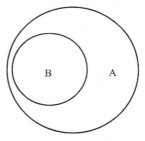

图 3-2 两个概念之间的从属关系

如图 3-2 中，概念 A、B 的真包含关系可被定义为：凡 B 是 A，但是有 A 不是 B。如"违法行为"与"犯罪行为"，所有的"犯罪行为"都属于"违法行为"，而有些"违法行为"则不是"犯罪行为"。"违法行为"与"犯罪行为"之间就是属种关系，也即真包含关系。

如果一个概念的全部外延包含在另一个概念的外延之中，并且仅仅作为另一个概念外延的一部分，那么，这两个概念之间的关系就是真包含于关系，亦称种属关系。如图 3-2 中，概念 B 之于 A 即为真包含于关系。仍如"犯罪行为"与"违法行为"，前者是种，后者是属，此二者之间是种属关系，也就是真包含于关系。

写作中发现有两个甚至多个概念有属种或种属关系的可能时，应做好以下两个方面的推敲：

第一，弄清概念之间是属与种的关系，还是整体与部分的关系。属与种的关系和整体与部分的关系很相似，极易令人混淆。属与种的关系中概念的外延包含，而整体与部分的关系则只是某种大小关系，不存在外延间的包含与被包含。如"学校"与"教室"，是整体与部分的关系，"学校"的外延不包含"教室"的外延——不能说"教室是学校"。而对于具有属与种关系的概念，如"学校"与"高等院校"，我们就可以说"高等院校是学校"。

属与种关系，主要关注的是类别之间的层级关系，即一个类别如何被归到更广泛的类别中，强调的是类别间的共性和差异性。而整体与部分的关系，则侧重事物内部的结构关系，即一个事物如何由其各个部分组合而成，强调的是事物内部的组成和构成方式。

第二，推敲概念间是否存在属与种的关系，以及是怎样的属与种关系。如"逆境"与"挫折"，前者是属，后者是种，即所有的"挫折"都是"逆境"，但不是所有的"逆境"都是"挫折"。如"贫寒""残疾"等是"逆境"的一部分，而"贫寒""残疾"等却不应该归属于"挫折"，因为"挫折"主要是指前进中的失败、失利等。再如"钉子精神"与"工匠精神"，前者是种，后者是属。"工匠精神"是一种追求卓越、精益求精的品质，体现为对工作的热爱、专注和敬业精神，是工匠在工作中所展现出的一种境界，是从行动中涵养出的精神财富；"钉子精神"指的是一锤接着一锤，一颗接着一颗，钉实、稳固工具的品质，是"工匠精神"的具体体现。

弄清属与种的关系，有助于避免概念上的模糊和混淆，避免一些常见的逻辑谬误，如"偷换概念""以偏概全"等，以确保论证过程中概念的一致性和逻辑的连贯性。弄清属与种关系，以此对不同概念进行归类和排序，可构建出一个层次分明的论证体系，使论证过程更加有条理、清晰。

（三）交叉关系

交叉关系就是外延有并且只有一部分重合的这样两个概念之间的关系，也称部分重合关系。

概念 A、B 的交叉关系可被定义为：有的 A 是 B，有的 A 不是 B，有的 B 不是 A。两个概念之间的交叉关系可用图 3-3 表示。

如"共产党员"与"模范"，这两个概念之间就具有交叉关系。因为是不是共产党员是根据是否入党划分的，模范是指某个人优秀或者说是榜样，这两个词语的划分角度是不同的，并且两

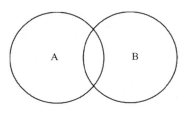

图 3-3　两个概念之间的交叉关系

者中有的共产党员是模范，有的模范是共产党员，有的共产党员不是模范，有的模范不是共产党员，两者之间是交叉关系。

二元概念之间具有交叉关系的，在生活中特别常见，如"立体化战争"与"数字化战争"：有些立体化战争是数字化战争，有些数字化战争是立体化战争。再如"文物"与"建筑"：有的文物是建筑，有的建筑是文物。

还有三元概念之间存在交叉关系的，如"政治家""文学家""作家"：有的政治家是作家，有的作家是政治家，有的文学家是作家，有的作家是文学家，等等。再如"领军人物""新闻人物""公众人物"：有些领军人物是新闻人物、公众人物，有些新闻人物是领军人物、公众人物，有些公众人物是领军人物、新闻人物。三个概念之间的交叉关系可用图3-4表示。

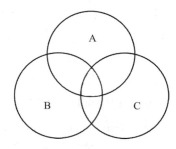

图3-4　三个概念之间的交叉关系

甚至还有更多的概念交叉，如"长征精神""抗美援朝精神""雷锋精神""老黄牛精神""特区精神""载人航天精神""钉子精神"等，显然，这些概念各自的内涵不同，但这些"精神"内涵相互间也有交叉重叠，甚至如务实、坚韧、执着等品质或都存在着。在实际写作中，只有把它们区分清楚，才不至于在表达中出现逻辑混乱。

交叉关系是一种特殊且复杂的逻辑关系，对于丰富文章内容、展现多维度思考具有重要意义。在议论文写作中，这种关系允许写作者从不同角度审视问题，展现问题的复杂性和多面性。写作中辨析交叉关系的好处如下：

一是体现缜密思维，增强文章说服力。交叉关系要求写作者综合考虑多个因素，通过揭示不同概念之间的交叉点，增强论证的全面性；同时，也使得论证过程更加严谨、有力，体现写作者思维的缜密，增强文章的说服力。

二是促进思维创新。交叉关系的存在，鼓励写作者跳出传统思维框架，寻找新的视角和切入点。这种思维方式有助于写作者发现新问题、提出新观点，从而推动知识的进步和发展。如"钉子精神"与"创新精神"之间就是交叉关系，我们可从多个维度出发，提出新见解：将"钉子精神"融入创新过程中，可激励人们在遇到困难时不轻言放弃，最终实现创新突破；"钉子精神"中的"钉准位置"，可以帮助创新者避免盲目行动，以提高创新的成功率；等等。

二、不相容关系

不相容关系是指外延相互排斥、没有任何重合部分的两个概念之间的关系，因而也称全异关系。不相容关系可以分为两种：矛盾关系和反对关系。

（一）矛盾关系

矛盾关系是指两个概念的外延是相互排斥的，不能同时为真，而且这两个概念的外延之和穷尽了它们的属概念的全部外延。

也就是说，只有当A、B两个概念的外延相互排斥，并且A、B两个概念的外延之和等于它们的属概念C的外延时，A、B两个概念才具有矛盾关系。如"金属"与"非金属"、"无产阶级"与"非无产阶级"、"哺乳动物"与"非哺乳动物"，都具有矛盾关系。两个概念之间的矛盾关系可用图3-5表示。

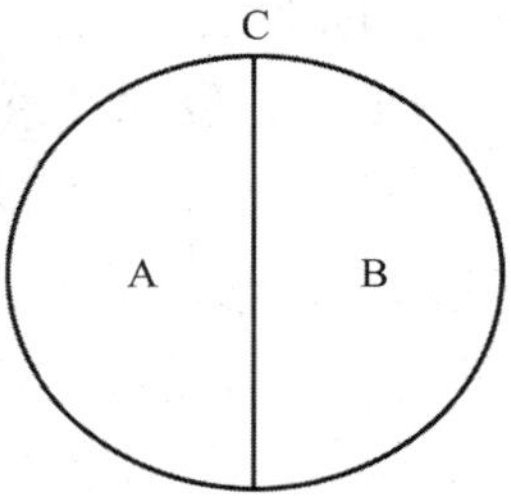

图3-5 两个概念之间的矛盾关系

具有矛盾关系的两个概念往往一个是正概念，一个是负概念，但也有具有矛盾关系的两个概念都是正概念的。例如，"男人"与"女人"、"生"与"死"、"唯物论"与"唯心论"等。

以矛盾关系类核心词进行作文命题的，时有出现。就写作而言，命题材料中具有矛盾关系的核心概念，"矛盾"只是其表象，要想厘清矛盾关系，我们还要挖掘具有矛盾关系的核心概念背后的深层内涵，同时借助哲学中的辩证思维：矛盾是指事物之间既对立又统一，一方的存在是以另一方的存在为前提的，同时又有所侧重，维持一个动态的平衡。基于核心概念是矛盾关系的命题与写作，辨析这样的核心概念的好处如下：

一是强化论证。通过揭示矛盾关系，写作者可以展示不同观点或立场之间的冲突和碰撞，进而通过合理的论证来化解这些矛盾，从而强化自己的论点。这种论证方式比单纯的陈述和解释更具说服力。

如2010年北京卷"仰望星空与脚踏实地"的命题写作。题中"仰望星空"和"脚踏实地"，讲了两种极端行为表现，即为具有矛盾关系的两个核心概念。再具体到"星空"与"实地"，矛盾关系就更为明晰："星空"和"实地"相距甚远，"星空"在某种意义上代表的是一个未知的、神秘的、美好的世界，"实地"象征着一个客观的、现实的、冷峻的世界。理解了这些概念的内涵之后，就可将命题中的矛盾关系转化为对立统一关系，其立意则可为：既要有远大的理想、崇高的追求，又要踏实务实、从小事做起、戒骄戒躁。转化为"统一关系"只是对概念在写作中具体理解的转化，即写作者将概念的不同维度理解集中统一在某件事上或某个人身上，若就"概念"本身而言，矛盾关系不能转变。

二是深化讨论。矛盾关系的存在使得问题不再是一个简单的非黑即白的选择题，而是需要深入探讨、综合分析的复杂议题。这有助于引导读者从不同角度审视问题，形成更全面、更深刻的认识。如某材料作文的命题，要求考生围绕"有用"与"无用"两个核心概念写作。"有用"与"无用"从字面看是矛盾关系，审题难度不大，但很多"无用"在后来的发展中，恰恰变成了"有用"，甚至是"大用"。因此，写作中必须辩证地看待它们之间的关系，在概念的理解上获得较好的认知。

（二）反对关系

具有反对关系的两个概念的外延是相互排斥的，且这两个概念的外延之和没有穷尽它们的属概念的全部外延。也就是说，只有当 A、B 两个概念的外延相互排斥，并且 A、B 两个概念的外延之和小于它们的属概念 C 的外延时，A、B 两个概念才具有反对关系。如"猫"与"老鼠"，这两个概念就具有反对关系。因为"猫"与"老鼠"这两个相互排斥的概念的外延之和小于它们的属概念"动物"的外延。两个概念之间的反对关系可用图 3-6 表示。

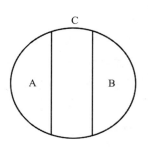

图 3-6　两个概念之间的反对关系

从上面的叙述可知，A、B 两个概念之间是矛盾关系还是反对关系，就看它们相对于属概念 C 来说是否具有排中性（非此即彼，没有中间可能性）。如果具有排中性，那么 A、B 两个概念之间是矛盾关系；如果不具有排中性，那么 A、B 两个概念之间是反对关系。

矛盾关系与反对关系都属于全异关系，但应注意对二者进行区别。矛盾关系是指两种情况是对立的，没有第三种情况存在，也就是"不是 A，就是 B"的关系。反对关系是指两种情况是对立的，但是还可能存在第三种情况，是"非此不一定彼"的关系，如"红色"和"白色"是反对关系，不是"红色"，不一定就是"白色"，还可能是"黑色"。

另外，在全异关系中，无论是矛盾关系，还是反对关系，仅仅是相对于属概念是否具有排中性来说的，跟现实中的矛盾关系与反对关系是有区别的。

如广州高三调研作文命题，要求以"前行中的终点与起点"为主题写一篇文章。这里包含两组具有反对关系的概念，审题时应关注到两个层次的逻辑关系：

第一层次："起点"与"终点"是一组具有反对关系的概念。写作前应首先厘清"起点"与"终点"概念的内涵和外延，并阐述二者之间的紧密联系。"起点"是指"开始的地点"，可理解为出发点或基础；"终点"是指"一段行程结束之处"，可理解为结果或成就。当然，"起点"与"终点"之间也是相互接续、你中有我、我中有你的关系。

第二层次:"前行中"与"起点""终点"是另一组具有反对关系的概念。"前行中"即艰苦努力、全力奔赴的过程。"起点"是"前行中"的开端,决定前行的方向、质量等;"终点"是"前行中"的结局。形如一条直线,"起点""前行中""终点"各自正是这条直线上的某个点位或片段。

第二节 材料分类:寻找并确定核心概念

在现实写作中,命题者给出材料,很少明确或主动要求考生区分某些概念,考生一般是针对材料隐藏的内涵,先归纳主旨或提炼观点,然后再进行具体写作。因此,就作文命题材料而言,其只是客观地呈现材料,本无所谓"概念""核心概念"之说,所谓"核心概念",是就已写或将写的文章而言的。

什么是核心概念?即一篇文章的主要观点中对全文的思路起统领作用的一两个词语。如《中国人失掉自信力了吗》中的核心概念是"自信力",鲁迅在文中紧扣此核心概念做文章:先澄清中国人早就失掉"自信力"了的谬说,再阐明的确有一些中国人由"他信力"发展到"自欺力",最后提出中国人的"自信力"之所在。他还对"自信力""他信力""自欺力"等概念之间的关系做了区分。文章层层推进,逻辑严密。

由此来看,议论文写作,要区分"核心概念",准确把握其内涵与外延,首先必须有明确且正确的论点,因为核心概念往往就在观点句中。反向推理,若要有明确且正确的论点,则就应仔细地阅读命题者所给的写作命题材料,把命题材料看全读细,这是提炼正确论点的前提。再进一步反向推理,要想把命题材料看全读细,做到快速地提炼出正确且深刻的观点,就要能把握命题材料的特点。

考场作文,命题的方式方法不同,所给写作材料的形式不一,进而使"核心概念"在材料中的表现有显、隐之别。换句话说,有的命题材料,其"核心概念"是显而易见的,甚至是命题者明确告知的;而有的命题材料,其"核心概念"在字面上根本看不到,需要考生在阅读理解后进行提炼概括。根据命题材料的表达方式及"核心概念"显、隐等特点,可把写作命题分为以下两大型、四小类。

一、描写叙述型

命题材料的主体是采用叙述或描写的方式,介绍某个故事或现象,本身呈线性,不会在某个重点内容上停留,更不会出现某个核心词语。说白了,材料本身只是简单告知某种表象、故事或现象，需要考生透过表象看本质，体悟内涵，然后提炼观点，进而在提炼的论点中确定某个或某些词（或短语）为文章的"核心概念"。

（一）故事类

故事类，即命题材料用一定篇幅的文字，叙述某个故事。故事本身只是讲述，命题者也不给过多的评点。如下面两道作文题。

例 3-1 阅读下面的材料，根据要求写作。（2020年全国Ⅰ卷）

春秋时期，齐国的公子纠与公子小白争夺君位，管仲和鲍叔分别辅佐他们。管仲带兵阻击小白，用箭射中他的衣带钩，小白装死逃脱。后来小白即位为君，史称齐桓公。鲍叔对桓公说，要想成就霸王之业，非管仲不可。于是桓公重用管仲，鲍叔甘居其下，终成一代霸业。后人称颂齐桓公九合诸侯、一匡天下，为"春秋五霸"之首。孔子说："桓公九合诸侯，不以兵车，管仲之力也。"司马迁说："天下不多（称赞）管仲之贤而多鲍叔能知人也。"

班级计划举行读书会，围绕上述材料展开讨论。齐桓公、管仲和鲍叔三人，你对哪个感触最深？请结合你的感受和思考写一篇发言稿。

要求：结合材料，选好角度，确定立意，明确文体，自拟标题；不要套作，不得抄袭；不得泄露个人信息；不少于800字。

例 3-2 阅读下面的材料，根据要求写作。（2020年某地模考作文题）

1946年，17岁的梁再冰报考清华建筑系，差两分。对一手创建了清华建筑系的梁家而言，女儿报考清华建筑系是一种理想，也是一种家族情怀。父母决定调出女儿的试卷，核实无误（当时是学校完全自主招生）。

梁再冰转身去了北大西语系，一生便与建筑再无瓜葛。

三年后，梁从诫如宿命一般，离清华建筑系的录取线差两分。母亲林徽因再次调取试卷，发现有几道题像是故意做错的，试卷上一行小字："我不喜欢建筑，我喜欢历史。"

那一刻，林徽因半晌没有吱声，梁从诫如愿去了北大攻读历史。

梁再冰成为新华社记者，为中国的新闻事业做出了杰出的贡献；梁从诫毕业后赴云南大学历史系任教，后来领导创建了中国第一家民办环保组织"自然之友"。

这是一个普通的家庭，父母对孩子寄予殷切的期望；也像普通的家庭，孩子要经历高考的筛选。这又是一个特殊的家庭，一手创立了清华建筑系，有能力为儿女的前程铺路搭桥，儿女却先后被"拒"之门外。

此时，十七八岁的你和你的家庭也将迎来属于你的高考，或许，梁家的高考故事可以带给你一些触动，一些思考。请你选择一个角度，谈谈你读了故事以后的思考和感慨。

要求：明确文体，标题自拟，字数800以上。

这两道作文题，各用数百字讲述故事，让故事引发"你的思考"。就故事本身而言，"横看成岭侧成峰"，不同的人会有不同的感悟，但这并不等于考生就可天马行空，心骛八极，而是应先潜入故事的内部，品味故事的内涵，然后再根据材料后简短的要求或提示，如围绕"齐桓公、管仲和鲍叔三人，你对哪个感触最深""梁家的高考故事可以带给你一些触动，一些思考"等，把自己感悟概括提炼成一个明确且简洁的观点，而这明确且简洁的观点中的某个或某些词语，就是接下来需要深挖的核心概念。

例3-1的全国卷，故事涉及三个人，有三个理解与立意角度，假如考生从管仲的角度深入故事内部，挖掘内涵，则可以形成如"不拘小义而循大道终成大事""能力为上，智谋为先""只有自身为珠玉方能赢得别人的认可"等立意。一篇文章只能有一个核心观点，假如考生选择第一个"不拘小义而循大道终成大事"，则此时观点中的"小义""大道""大事"就是文章需要准确理解与具体界定的核心概念。所谓"小义"，是指管仲心目中的"忠君思想"；"大道"则为"以社稷百姓为重"；"大事"则指匡扶天下，成就事业。如某考生以《心怀韬略报恩主，不拘小义匡天下》为题，写出了一篇非常好的文章。

与例3-1一样，对例3-2的材料中故事的解读，也有多个角度，即父母、孩子、高考、家庭等。假如从父母的角度审题，立意会有：敬畏制度，维护公平，不为儿女前程铺路搭桥，预设人生；尊重孩子的兴趣，给孩子充分的自主选择权；等等。从孩子的角度审题体悟，立意则有：遵从自己的兴趣，坚持自己的选择；自主独立，不依赖父母；在即将成年的人生节点上，更好地做好人生抉择；等等。从高考、家庭等角度亦可有诸多立意，不再赘述。考生若在实际写作中，从"孩子"中的"自主独立，不依赖父母"角度立意，则写作前与行文中，就必须弄清楚此处的核心概念"自主独立"的内涵，它在文中不是"自己动手，丰衣足食"，更不是"特立独行，没有教养"，而是"自主思考，独立选择"。

（二）现象类

现象类作文，就表现形式而言，一类是文字，一类是图表漫画；就表达方式而言，文字形式的主要是描写，图表漫画形式的主要是线条与文字注解；就题材而言，一类是自然现象，一类是社会现象。当然，粗略来看，把现象类材料作为故事的某个片段，归口到故事类里也未尝不可。

例 3-3 阅读下面的材料,根据要求写一篇不少于 800 字的文章。

杭州图书馆允许拾荒者、无业游民入馆,让他们在设有空调的图书馆内免费阅读、看影视剧、上网、听音乐。图书馆对他们的唯一要求,就是把手洗干净再阅读。这个做法已经坚持了十余年。因此,杭州图书馆被称为"史上最温暖的图书馆"。

曾经有读者对身边的流浪者散发异味而感到不满,无法接受,说允许他们进图书馆是对其他人的不尊重。对此,馆长回答,我无权拒绝他们入馆读书,您如觉不便可更换座位,或者选择离开。

要求:你对上述事件有何看法?请就图书馆或读者一方表明你的态度,阐述你的看法。不要脱离材料内容及含义的范围作文。

例 3-3 给的材料貌似只是一件孤立的事情,其则是在介绍一种普遍的社会现象:管理者与被管理者、弱势群体与常规群体等,如何做到和谐共生。材料的立意角度当然很多,假如是从读者角度确立"弱势群体的权利也需要尊重"论点,则构思与行文就务必在核心概念"弱势群体""尊重"上深思熟虑:何为"弱势群体"?"尊重"的方式有哪些?等等。

二、议论型

相较于描写叙述型,在议论型命题材料中,核心概念往往有相对明显的表现。当然,因命题材料的不同,表现也不一。按照议论型命题材料的外在连贯性,我们暂把它们分成条目警句类与语段论述类。

(一) 条目警句类

条目警句类命题材料,由单则或多则简短的名言警句组成。名言警句本身比较简洁凝练,富含深邃的哲理,其含义往往是含而不露,具有很强的隐喻性或象征性。单则名言警句对核心概念的标识不是很明显,我们往往只能根据句子,先由表及里、由此及彼地理解句意,然后回头寻找原命题材料中是否有贴近句意的"关键词语",若有,则确定其为"核心概念";若没有,则要像前面"描写叙述型"那样,进行自我概括提炼。对于多则材料,我们可以采用"求同存异法",寻找并确定核心词。

例 3-4 阅读下面的材料,根据要求作文。

人生的一切变化,一切魅力,一切美都是由光明和阴影构成的。

——列夫·托尔斯泰

请根据阅读后的感悟和联想,写一篇不少于 800 字的文章。

第三讲 概念界定：构筑说理大厦的基石

例 3-5 阅读下面两则材料，写一篇议论文，题目自拟，不少于800字。

① 佛罗伦萨诗人但丁的名言："走自己的路，让别人去说吧！"
② 波兰谚语："常问路的人不会迷失方向。"

例 3-4 是一个单则名言警句命题，可以按顺序确定核心概念，明确话题：讨论的是人生的美、人生的意义。再厘清关系，弄清喻义：光明和阴影应该是喻体，我们需要找到合适的本体。然后确定"光明"和"阴影"为核心概念："光明"当指人生中的鲜花、顺境、功成名就或生活平静幸福、友情真挚等一切令人兴奋、欣喜的事件与方面；"阴影"当指人生中的挫折、磨难、厄运等令人消极、痛苦的经历和遭遇。

例 3-5 是多则名言警句命题，我们可以采用求同存异法来确定核心概念。首先，求同。明确共同的话题：这两则材料讨论的是坚持走自己的路还是要向他人问路的问题。路应该是一个比喻。同时，弄清喻义：路应该指的是人生之路，问路应该指的是听取他人的建议。其次，存异。两则材料表达的是两种相反的观点。对于人生道路，一个强调要有坚定的信念，一个强调要虚心求教，二者孰是孰非？应该说都很有道理，但都只是就某一方面而言的，二者具有很强的互补性，若将二者结合起来，就既全面又很合理了。因此，可以有第三个立意的角度：既要有"走自己的路"的坚定信念，又要有"常问路"的虚心精神。我们可以把"坚定信念"和"虚心精神"作为立意与说理的核心词。

（二）语段论述类

对于论述语段中的核心词，可以结合"条目警句类"的方法来确定。也就是说，如果把论述语段看作一个稍长的条目，就观察该条目中的论述重点（话题）；若是对论述语段中的句子层次进行切分，则可看前后语句间的逻辑关联，采用求同存异法。当然，表面上我们也可把出现频率高的词语初步确定为核心词（话题），然后再根据整体含义，回头进行验证并做最后确认。

例 3-6 心流，在心理学中是指一种人们在专注进行某行为时所表现的心理状态，是一种将个人精神力完全投注在某种活动上的感觉。心流产生的同时会有高度的兴奋及充实感，通常在此状态时，人不愿被打扰。你的心流导向哪里，你的专注就到了哪里，你的成就也就会顺流而至。当然，是不是有所成就，往往取决于专注的对象。

以上材料对我们颇具启示意义。请结合材料写一篇文章，体现新时代青年的思考。

要求：选准角度，确定立意，明确文体，自拟标题；不要套作，不得抄袭；不得泄露个人信息；不少于800字。

例 3-7 一滴水，虽小却有无穷力量；一滴水融入大江大河，才不会干涸；一滴水顺大江大河而流淌，顺势才有为。当个体的青春肩负起时代的使命，当奔涌跳跃的生命浪花汇入时代前进的滚滚洪流，人生才有了非凡的意义，也才能创造属于这个时代的光荣。

以上材料对我们颇具启示意义。请结合材料写一篇文章，体现你的感悟与思考。

例 3-6 的材料中出现了高频词语"心流""专注""成就"，材料整体强调心流的长短（"专注"）决定成就的大小，因此，写作时我们要围绕核心词"专注"，即在"专注"的对象及如何"专注"等方面进行思辨。

例 3-7 的材料前后可切分为两层，前一层是由头或引子，前后两层间有比喻或类比的关系：水如果不融入群体、不顺"势"，就可能无所为；青春要勇于肩负时代使命，要主动汇入时代洪流，要顺"势"而为，人生才有意义。综合前后两层的核心，求同可知，"顺'势'而为"既是观点也是核心词。写作中不仅要对"顺'势'而为"的方式方法予以界定，而且要对"势"进行界定。

第三节 清晰界定：找准正确的行文方向

从某种意义上说，我们所有的写作都涉及概念，都要从对概念的理解与界定开始。比如谈"青春不朽"，就要分别弄清"青春""不朽"各指什么；谈"天下兴亡，匹夫有责"，就要弄清何谓"天下兴亡"，何谓"匹夫有责"；谈"刻苦努力是成功的保障"，就要弄清怎样才算"刻苦努力"，什么才是"成功"；等等。

对核心概念的界定，是文章说理的起点与边界，也是说理方向与逻辑重心。没有对核心概念的界定，行文容易陷入天马行空、渺无边界的泥沼。

一、界定核心概念的重要意义

考场作文，起点是对材料的审读，但随着思考的深入，最终会聚焦一两个核心概念。对这一两个核心概念的理解是否准确，决定了立意的高低甚至成败。

所谓"准确理解",就是要对核心概念进行"定义"理解。而"定义",就是界定概念的内涵和外延。理解了其内涵,也就决定了立意具有深刻性;把握了其外延,也就确定了写作的范围与题材,决定了选材的独特性与新颖性。在议论文写作中,核心概念界定的重要意义表现在以下几个方面。

(一)作为议论文的基石,直接决定文章的主题和论述方向

界定概念的内涵,就能抓住概念的本质,就能提炼出正确的中心论点;界定概念所属的范围,找到这个概念所属的上位概念,则易于从更高的角度、更深的深度来论证中心思想。在写作之初明确核心概念,可以帮助写作者确立文章的中心思想,确保整篇文章围绕中心思想展开,避免写作过程中出现偏离主题或论述不集中的问题。如《微时代里微表达》一文,写作者在分析"微表达"的概念时,就洞察其本质上是一种民主性与艺术性充满悖论关系的"大众艺术";再如《拿来主义》一文,鲁迅在开篇就通过列举"先送一批古董到巴黎去展览,但终'不知后事如何'""几位'大师'们捧着几张古画和新画,在欧洲各国一路的挂过去""还要送梅兰芳博士到苏联去,以催进'象征主义'"等不同表现,界定概念"送去主义"崇洋媚外的内涵,也为后文"拿来主义"的提出确定了逻辑方向。

反之,若没有界定核心概念,则容易导致议论不集中甚至偏题,这样在作文评判中就会吃大亏。如考题的核心概念为"青春",何为"青春"?没有紧扣"青春"的内涵会如何?当年江苏高考作文阅卷组在作文评判中有这样的要求:

> 看"青春"的界定是否恰当。"青春不朽"或者"不朽青春"为题,均建立在精神层面的"青春"之上,因此,必须判断其所写内容是否体现"精神青春"的特质,如"靓丽""朝气""纯真""冲动""张扬""青涩""梦想""好奇"等相关特质。如果全文没有对"青春"精神特质的描述或诠释,则视为概念模糊、判断失当。这类文章,原则上不能及格。

(二)增强论证的准确性、逻辑性和条理性

议论文写作,通过清晰界定核心概念的内涵和外延,通过对核心概念的层层剖析和逐步推导,可以构建出清晰、有序的论证体系,增强文章的逻辑性和条理性,使文章的说理更加透彻、更具说服力。如有关"人工智能对就业市场的影响"的议论文写作,如果能够深入剖析人工智能的技术特点、发展趋势及其对劳动力市场的潜在影响,同时清晰界定"就业市场"包括哪些行业、岗

位及就业者的构成等，论证就会更加充分和有说服力。比如，我们可以举例说明某些行业因人工智能技术的引入而减少了低端劳动力需求，但同时也创造了新的高技能岗位，从而引导读者理解人工智能对就业市场的双重影响。这样的论证不仅增强了文章的说服力，还展现了写作者对问题的深入思考和理解。

（三）避免误解和歧义

由于概念和词语之间既有联系又有区别，且概念本身具有抽象性、模糊性和丰富性等特点，因此在写作过程中容易出现误解和歧义。通过对核心概念的明确界定和辨析，写作者可以消除这些潜在的误解和歧义，确保文章的观点和论述得到准确、清晰的表达。如有关"网络隐私保护"的议论文写作，对核心概念"网络隐私"和"保护"的界定尤为重要。如果我们对"网络隐私"的理解仅限于个人信息不被泄露，而忽略了网民在网络空间中的不法行为，论证就可能存在漏洞。同样，如果我们对"保护"的理解仅限于技术手段的加强，而忽略了法律法规、社会监督等方面的综合作用，我们的建议就可能显得片面。因此，清晰界定这些核心概念，有助于我们全面、准确地理解问题，并避免在论述过程中出现误解和混淆。

二、界定核心概念的常用方法

紧扣材料分析出核心概念的含义后，语言的组织、精彩内容的阐释是重中之重。怎样准确界定核心概念，阐释清楚概念呢？常见方法有两类共八种：形象化类，包含举例法、类比法、比喻法、比较法；抽象化类，包含下定义、作诠释、拆分法、引用法。

（一）形象化类：具体生动

1. 举例法

举例法是通过列举具体实例来界定概念的方法。这种方法通过提供具有代表性的具体例子，帮助读者或听众更直观地理解抽象概念的内涵和外延。举例法也是议论文写作中最常用的论证方法。对核心概念阐释所用的例证法，其目的不是像后文那样对观点进行论证，而是通过列举实例（或类别，或现象），对核心概念做直观性、形象化的界定，能够降低复杂或抽象概念的理解难度，便于读者迅速把握概念的核心特征。如下面两个片段：

> **例 3-8** 什么是"工匠精神"？"工匠精神"是翻译家草婴始终遵从六道工序，一生追求像原著一样的艺术标准而翻译作品的严谨；是高凤林 35 年如一日专注于火箭发动机焊接工作的敬业精神，也是宁允展 24 年来作为高铁列车转向架"定位臂"首席研磨师所展现出的精益求精的态度。

例 3-9 道德滑坡指的是什么，并不容易界定，但如果列举毒奶粉、瘦肉精、地沟油、染色馒头，则意思变得具体而清楚。/当别人不小心弄坏了你的东西的时候，你对之一笑："下次小心点"，这便是宽容。/什么是平凡？譬如一粒细沙、一滴水珠、一只蚂蚁，虽不甚惹眼，但对他人、对社会有用，这就是平凡。/文字要写得简练。简练就是词约义丰。简练就如陆游"小楼一夜听春雨，深巷明朝卖杏花"寥寥十四字，呈现的却是意味无穷的江南春色之美，是一幅绝妙的南国风情画。

例 3-8 按照"工匠精神"的内涵，列举不同身份的人对"工匠精神"进行阐释。相对来说，"工匠精神"一词本身还显得具体而形象，而例 3-9 中"道德滑坡""宽容""平凡""简练"等几个核心词，多是表示风气现象或为抽象的形容词，若对它们仍采用"抽象化原则"中的诸如下定义、作诠释等方法做核心概念界定，抽象对抽象，显然不会取得较好的效果。因此，例 3-9 中的几组句子都做到了化抽象为具象，用实例代阐释，因而显得形象而生动。

2. 类比法

在对核心概念的界定中，通过联想与核心关键词相似同理的物，用类比的方式来阐释，也是一种很好的方法。如用类比法界定"工匠精神"：

例 3-10 艺术家在创作时，对每一个细节都力求完美，不断雕琢、打磨，直至作品达到自己心中的理想状态。他们专注于自己的领域，对技艺有着近乎痴迷的热爱和执着，不断追求创新和突破。正如工匠在制造产品时，同样展现出对品质的极致追求、对工艺的精湛掌握及对创新的持续探索。

3. 比喻法

比喻的主要特点是形象生动，能化抽象为形象。议论说理文中抽象概念比比皆是，除去前面的举例法，比喻法也是得到高频使用的一种方法。

例 3-11 工匠精神犹如一位匠人精心雕琢的艺术品，每一刀、每一凿都蕴含着对完美的无尽追求与不懈努力。它仿佛是一座巍峨的灯塔，在浩瀚的职业海洋中引领着每一位从业者向着卓越与精益的方向航行。

以上用比喻法来界定"工匠精神"，将其视为一位匠人精心雕琢的艺术品、一座巍峨的灯塔。这些比喻共同构成了"工匠精神"的内涵：追求卓越、精益求精、不断突破、引领未来。

例 3-12 新时代是什么？新时代宛如一艘崭新的巨轮，它有令人耳目一新的外表，配有前卫尖端的设备，它满载着前人的殷切期盼、今人对明日的无限憧憬，驶向未来更广阔的海洋；而"新青年"，则是这艘船上最年轻的舵手，他们有着睿智的头脑、敢拼敢闯的斗志，继往圣之绝学，怀揣美好畅想，誓要驾着这巨轮驶向更深远的蔚蓝。

该段把"新时代"比作"一艘崭新的巨轮"，把"新青年"比作"这艘船上最年轻的舵手"，具体且形象生动。

4. 比较法

比较法就是把两个相近或相反的概念放在一起比较辨析，同中求异，异中求同，从而使概念更为明晰，使论证走向深入。采用比较法界定核心概念，往往要具备一定的辩证知识和辩证思维，要能体察核心概念间的细微差别。

例 3-13 何为韧性？"韧"即为一个人、一个民族、一个国家的坚固程度。然而，"韧"并不同于"刚"，因为"刚"意味着不被折断；而"韧"在"刚"的基础上又体现出即使面对曲折亦能恢复如初的强劲抵抗力与品性。也许"刚"意味着不屈，而"韧"更有曲而不断、敌强我更强的意味。（2019年北京卷佳作《文明的韧性》）

该段文字把"韧"与"刚"做了比较，"韧"是在"刚"基础上的辩证提高。精准的分析比较，不仅能体现理解的准确性，还能体现思维的缜密性。

在采用比较法的过程中，常可使用"不是……不是……而是……""是……是……并不是……""不仅是……而且是……"等句式，在不断的肯定或否定中，寻求核心概念外延的最小化与内涵的最深化。

（二）抽象化类：深刻透彻

1. 下定义

揭示概念的内涵靠定义。"被定义概念＝种差＋邻近属概念"，"种差"是指同一属概念下的种概念所独有的属性（和其他种概念的本质差别），"邻近属概念"是指包含被定义概念的最小的属概念。如"民歌是直接表现劳动人民思想感情和要求愿望的、劳动人民创作的诗歌"，其中，"诗歌"是邻近属概念；"直接表现劳动人民思想感情和要求愿望的、劳动人民创作的"是民歌和其他诗歌的本质差别，即种差。再如给"盲从""道德绑架"下定义：

例 3-14 何为盲从？顾名思义，盲从就是指那些对某件事缺乏亲身感受，没有自己的独立见解，从而盲目跟从别人的行为。

例 3-15 道德绑架，是指人们以道德的名义，利用过高的甚至不切实际的标准要求、胁迫或攻击别人并左右其行为的一种现象。

2. 作诠释

作诠释就是通过深入的解释和阐述来揭示概念的内涵、外延、特征、作用，以及与其他概念的关系。一般来说，作诠释多是把内涵和外延综合起来进行思考。

例 3-16 "工匠精神"体现为从业者对工作的高度专注与执着，他们面对即使是最微小的瑕疵也绝不妥协，追求精益求精；这种精神彰显了从业者对工作的敬业与奉献，促使他们不断探索新方法和技术，从而推动产品和服务的持续创新与突破。

例 3-17 谦虚不是虚伪，不是懦弱，而是一种修养，一种品质，一种境界。谦虚做人不是委曲求全，不是妄自菲薄，而是恬淡从容的心境、亲切平和的胸襟，是卑微时的安贫乐道、豁达大度，是显赫时的持盈若亏、不骄不枉。

3. 拆分法

拆分法，即按照会意字的构字部件，把字的偏旁结构拆解开来分别理解；或者，按照词或短语的内部单元，把词拆成字或把短语拆成词来分别理解。

（1）拆字法

按照造字法，汉字有六书之分，即象形、指事、会意、形声、转注及假借。除象形字多为独体字外，因其他造字法而形成的汉字，则大多为合体字。既是合体字，则其内部有两个或更多的构字部件。尤其是对一些会意字，做巧妙而适当的切分，既有助于文意表达，又能彰显文采。

例 3-18 有人用拆字法来阐释"悟"：

"悟"由"心"和"吾"组成，因此，可以将其理解为：用心来认识自己。在我看来，人无聪愚之分，贵在能"悟"。

例 3-19 对于文题《"信"与"伪"》，亦可用拆字法来分析：

"伪"字充分揭示了人性的卑劣，"人""为"的行为即是"伪"，"伪"是专属于人类的行为，是"人"为钱、为权、为名、为利、为不可告人的私欲而刻意"为"之的行为。"伪"是诚信的敌人，更是人性的敌人。

这种类似说文解字的概念分解法，会使抽象的概念具体化、平实的概念生动化，令人耳目一新。

汉字中有大量的会意字、形声字，分析字形、字义本来就是理解汉字的方法。若照搬字典解释字义，往往有很大的局限性。所以，运用阐释概念的拆字法，有时候还要对字形展开合理的联想，多角度地丰富字义，以得到更多的灵感和启示。比如，在议论文《成为人生"赢"家》中，写作者着力阐释"赢"这个概念：

例 3-20 "赢"由"亡""口""月""贝""凡"这几个字构成。"亡"是有牺牲精神，"口"是学会沟通，"月"是日积月累，"贝"是善于利用资源，"凡"是有平常心。

写作者别具匠心，对"赢"字进行巧妙的分解及个性化的解读。对于如何"成为人生赢家"这个问题，通过对"赢"字的分解阐释，自然有了论证的五个角度：有牺牲精神、学会沟通、日积月累、善于利用资源、有平常心。构思巧妙，内容充实。

(2) 拆词法

更多的时候，概念是一个词，而不是一个字。对于一个词而言，构词的方式就是我们分解概念时要仔细揣摩辨析的地方，是我们思维细化的一个方向。认真分析每一个语素，辨字析理，往往会让概念的阐释更有逻辑上的说服力。

例 3-21 "修养"，顾名思义指人的行为和涵养，即内心和外在的完美优秀品质。它更注重外在行为。古人说："修犹切磋琢磨，养犹涵育熏陶。"显而易见，"修"有"锻炼""提高""完善"之意，而"养"正是"修"所要达到的状态和结果，更可以说成是一种"大悟"和"境界"。而这种大境界也并非所有人都能达到，只有经过"切、磋、琢、磨"才有望得到"涵育熏陶"，可见实现修养也并非易事。虽然如此，从古至今还是有很多人去努力、去尝试，"圣人"的大彻大悟的高境界不是一般人所能及的，如果像孔孟和老庄这样的"大圣""大贤"多如牛毛，恐怕"修养"二字的韵味会很暗淡，正因为圣贤人少，以"圣贤"为载体的修养的人格外化才更加让人仰慕。正是在这种理念的引导下，人们才前赴后继、摩肩接踵向圣人学习，以便提高自身修养。出于对"修养"的仰慕和期待必然会产生"修养"的动力并获得相应的成果，从而实现自我发展和完善。

此处通过分解辨析"修""养"二字，找到了二者之间的因果关系——"修"是"锻炼""提高""完善"，"养"正是"修"所要达到的状态和结果——概念瞬间明晰化。

再如 2008 年江苏卷要求以"好奇心"为题完成作文。某考生的文章是这样安排的：

文章首段，用我们童年的"十万个为什么""这个是什么呀？"等表现，引出"好奇心"的话题。接着，第二段写道："何为好奇心？于我来说，不过三字而已：好，奇，心。"这里，考生把"好奇心"，一分为三，进行拆词理解。接下来第三段写道："'好'，是一种欲望，求知欲学的愿望。……"第四段是："何谓'奇'？不过是遇到'奇'，发现'奇'，使之不'奇'。……"第五段写道："'心即理也。'明代的王阳明是这样解释心与理的关系的。虽有夸张和唯心主义的色彩，却能看出人们对于"心"的重要性的认识。……"尾段写道："好而不奇是庸才，奇而无心是蠢材，只有用心好之奇之，才会有所发现，有所收获。人生凭'好奇心'兴旺发达，永续发展。"

全文把一个词拆开进行诠释，并将先后顺序作为文章的说理思路，使得文脉清晰自然。

上面的"好奇心"是当年命题材料给出的，也可对自己提炼的核心概念中的字词进行拆分。如2020年湖北卷佳作《"协和"方为君王之道》，考生即对自己提炼出的"协和"一词进行了拆分：

例3-22 开篇：我感触最深的，却是深知"协和"之道的齐桓公，"春秋五霸之首"实乃名不虚传也。

拆分1："协和"方为君王之道，"协"指妥协，在困难时刻积蓄力量，以退为进……

拆分2："协和"方为君王之道，"和"乃和谐，以宽阔的胸怀不计前嫌，追求"大同"……

4. 引用法

一般的引用法多指行文中的论证方法。其实，对核心概念的理解与界定，也可用引用法。引用文献典籍、文史哲人的语言，对核心概念进行解释，既能做到精准，又能表现出文采。如下面两例：

例3-23 何谓"工匠精神"？"工匠精神"是《庄子》中所言的"庖丁解牛，游刃有余"的专注与熟练；是华中师范大学教授严鹏所提出的"工匠精神是工匠对自己生产的产品精雕细琢、精益求精，追求完美和极致的精神理念"的行业标准；是《政府工作报告》所指导的"工匠精神的培育要以'精益求精'为目标"的宗旨。

例3-24 何为"新时代"？它既有"相知无远近，万里尚为邻"的国际交流合作，也有"白首相知犹按剑"的竞争对抗；不仅有堪称"万古云霄一羽毛"的丰富信息资源，还有层出不穷的创新科技，让不少领域"天堑变通途"；在"一万年太久，只争朝夕"这样迫切发展需求之下，又难以回避"晓山眉样翠，秋水镜般明"的生态保护矛盾。收益与风险齐飞，挑战共机遇一色，立于时代潮头，长缨在手，只待缚住苍龙。

例 3-23 用三则引文，对"工匠精神"的内涵进行解释；例 3-24 则引用六则诗文对"新时代"的表现予以界定和诠释。

第四讲　大框小架：强健骨骼与清晰脉络

　　一篇优秀的议论文，一定有强健的骨骼框架和清晰的行文脉络，换言之，议论文或说理的文章，唯有结构清晰、表达严谨、逻辑层层递进，才能使深度说理成为可能。

第一节　篇章框架：模式互参，"转"出深意

　　议论文写作，不是格律诗创作，讲究精细的平仄拗救，不过总有大致的结构框架。按照框架写作，基本上符合常规的写作思路，也容易把道理说清楚。但凡事应从两面看，若只按照固有的框架写作，则又会"千人一面"。那么，在遵循常规模式的前提下，怎样才能写出深意呢？

　　从对实践的总结来看，在依照"三论式""层进式""五步法"等常见模式的前提下，过程中贯穿"起承转合式"，关键处落实"转"的内容，即便不能"惊鸿一瞥"，也可以"峰回路转"，则文章常可写出深度，"转"出新意。

一、"三论式""三问式""五步法"

　　一篇完整的议论文，往往由"引论""本论""结论"三部分构成（简称"三论式"），对应的就是常说的"提出问题""分析问题""解决问题"三个板块（简称"三问式"）。

　　"引论"属于"提出问题"，表达"是什么"（提出观点）或"不是什么"（驳斥观点）。

　　"本论"主要是"分析问题"，主要从"为什么"角度展开分析。本论是文章的主体部分，占整篇文章的大部分篇幅。"本论"部分的展开方式，总体可分成横式、纵式两类；细分还可分成并列式、对照式、层进式等几类。

　　"结论"在文章结尾，属于"解决问题"部分，具体内容也常分为两种：

一是针对前面的"是什么""为什么"的分析，最后给出"怎么办"的具体方法；二是对前文阐释的内容做总结或进一步强调。

在议论文的写作指导中，还有一种大家常提的"引、提、析、联、结"的"五步法"。"引"即引述命题材料，"提"即明确提出论点，"析"即把论点与命题材料结合起来分析，"联"即联系现实，"结"即总结。

我们试用表格形式，对上述的议论文各板块和主体部分的展开方式做一个直观的对照，具体如表 4-1 所示。

表 4-1　议论文各板块和主体部分展开方式的对照

引论	提出问题（是什么或不是什么）			引+提
本论	分析问题（为什么）	平面式	立体式		析+联
		并列式	对照式	层进式	
		分论点 A	正面论证 A	浅层/现象	
		分论点 B	正面论证 B	中层/内涵	
		分论点 C	反面论证-A	深层/本质	
结论	解决问题（怎么办）			结

在上述表格中，"引论"对应"提出问题（是什么或不是什么）"与"引+提"，"结论"对应"解决问题（怎么办）"与"结"，总体一目了然。

比较复杂的是"本论"对应的"分析问题（为什么）"与"析+联"，尤其是对应表格中间"分析问题（为什么）"的"平面式"与"立体式"，需要我们特别加以辨析。文章写得是否有深度，重点就体现在这一环节。

（一）平面式结构

所谓"平面式"，即文章主体部分的思路是按横向的平面的方式展开的，换句话说，主体部分的各个小论点之间没有轻重、深浅之分，它们是处于同一个层面的并列关系。这种结构模式，从整篇文章的角度看，就是常说的典型的"总—分—总"结构。如对于上述表格中的分论点 A、B、C，即便在行文中按照 C、B、A 或别的什么顺序展开，往往也不是特别影响文章的说理逻辑。

主体部分的平面式结构，只是说若干分论点处于同一平面，至于这若干分论点是如何提炼出来的，还值得我们深究。如下面几篇文章的内容：

例 4-1　总论点：善思方能成功。

分论点 A：善思，才能把头脑用活。

分论点 B：善思，才能把疑惑钻透。

分论点 C：善思，才能减少走弯路。

例 4-1 的分论点处于同一平面，但"善思，才能……"显然是从"为什么"角度来阐释论点的。

例 4-2 总论点：诚信就是财富。
分论点 A：诚信是做人的底线。
分论点 B：诚信是处事的原则。
分论点 C：诚信是立身的根本。

例 4-2 的分论点也处于同一平面，但"诚信是……"，显然是从"是什么"角度来进一步剖析论点的。

例 4-3 总论点：为人沉稳，才能稳中求胜。
分论点 A：沉稳从志而来。
分论点 B：沉稳从难而来。
分论点 C：沉稳从无欲而来。

例 4-3 是 2004 年江苏高考满分作文《稳中求胜》的提纲。该文的三个分论点显然也是并列式，它们同时用"沉稳从……而来"来回答论点，是从"怎么办"角度来思考的。

议论文的主体部分采用平面式展开，对"平面"的选择应有所讲究：分论点 A、B、C 等必须是基于同一个问题展开的，也就是说，都是基于"为什么"（或"是什么或不是什么""怎么样"）展开的，假如分论点 A 就"为什么"展开，分论点 B 就"是什么或不是什么"展开，分论点 C 基于"怎么样"展开，则即便分论点 A、B、C 在形式上看似并列，实质上也应该是层进式。

例 4-4 总论点：善思方能成功。
分论点 A：善思，主动思考，迎难而上。（是什么）
分论点 B：善思，弄清疑惑，少走弯路。（为什么）
分论点 C：善思，广泛听取，独立研判。（怎么样）

例 4-4 虽与例 4-1 的总论点"善思方能成功"相同，形式也接近，但此处的分论点 A、B、C 之间，不是并列式，而是纵式结构中的层进式。分论点 A"善思，主动思考，迎难而上"就"（善思）是什么"展开；分论点 B"善思，弄清疑惑，少走弯路"是论"为什么（善思）"；分论点 C"善思，广泛听取，独立研判"，则是就"怎么样（善思）"而思考的。

平面式结构行文，优点是全文的层次非常清晰，考生在写作中很容易搭建起文章框架，收到纲举目张之成效，易仿易学。

当然，平面式结构的缺点也很突出。一方面，形式上让人感觉呆板；另一方面，并列的分论点到底是否已"穷尽"所言之理，往往让人存疑。因此，真正出彩的平面式（并列式）议论文较少，有些貌似是并列式结构，其实大多是立体式中的层进式结构。

平面式结构，在与"三论式"和"三问式"进行思路对比时，对应很清晰，但若与"五步法"进行对应，则在"析"与"联"的对应上不好切分。即便是"立体式"中的"层进式"，主体部分在外部形式上，都是类似于并列形式的存在，每个层次内部都是"分论点+论据+分析"的思路，所以在"五步法"里，就不好去生硬地切分"析"与"联"。

（二）立体式结构

如果说平面式结构的主体部分由几个并列的分论点支撑，那么立体式结构的主体部分在展开事理论述时，则是逐层深入的。立体式结构还可分成对照式、层进式及综合式三种。

1. 对照式

对照式就是在论证过程中，对两种在性质、特征上有差异或截然相反的事物加以比较，并通过比较来讲清道理、阐明事物的本质。在议论文中采用对照式结构，可使文章思路清晰、立场鲜明、观点突出，从而分清是非、判明优劣，达到深化论点的目的。

（1）横向对照

横向对照，即对相同背景下的两个事物的不同方面做对比，或者对两种性质截然相反或有差异的事物进行比较，即如表4-1中的"正面论证A"与"反面论证-A"。通过这样的对比，对错误的或不好的事物予以否定，对正确的或好的事物予以肯定。

例4-5 论点：专注赢得人生。

正面论证A：只要专注于自己所做的事，并为之努力拼搏，成功便自会来临。

反面论证-A：若一心只想赢得名利，不但不会获得成功，反而会付出代价。

总结：专注会让你到达彼岸，相信自己。

主体部分分别从一个人"专注"的两种不同表现，即拿"专注于自己所做的事，并为之努力拼搏"与"一心只想赢得名利"进行横向对比，论证"专注赢得人生"的观点。

例 4-6 论点：学然后知不足。

反面论证-A：不学习也就不会感到不足（说理：比喻论证；举例：江郎才尽、楚人学舟）。

正面论证 A：学然后知不足（举例：芝诺的言行；说理：鲁迅、列宁、巴甫洛夫语）。

总结：只有永不满足地学习，才能使知识的源泉永不干涸。

例 4-5 与例 4-6 都属于对照式论证，但在主体部分正面、反面论证的安排上，正好相反。

（2）纵向对照

纵向对照，即按照时间顺序，对同一事物在不同发展阶段的情况进行对比，或者对同一事物在不同时间、地点的情况进行对比。

例 4-7 论点：点滴劳动，共筑盛世。

正面论证 A：劳动是中华民族的优良传统。

正面论证 B：改革开放以来，国人用点滴劳动使中国国力显著提升。

反面论证：周围不理解、不愿意劳动的现象比比皆是。

总结：共同营造尊重劳动、热爱劳动、参与劳动的良好风气，肩挑民族复兴大任。

例 4-7 侧重时间维度的先后，采用两个正面论证加一个反面论证的纵向对照式结构。其中，"反面论证"近似"五步法"中"联"的部分，联系当下和现实发表意见。

2. 层进式

层进式结构的主体部分用来证明观点的几个层次之间是逐层推进、逐步深入的关系：可以按事理的性质，由表及里地展开；或按事理的范围，由小到大地展开；或按事理的发展，由浅入深地展开。采用层进式结构，能使说理逐层深入、逐渐深刻，从而透彻地揭示问题的实质。前面已言，例 4-4 貌似是平面式，实为层进式。像例 4-4 这种层进式的表现，是比较常见的，至少在行文中的段落开头部分，能够看出小论点，因此，也就能根据小论点的变化，推敲是否为层进式。

此外，还有一种层进式的行文，全文如行云流水，在段落开头或表述中，没有像例 4-4 的小论点的呈现，也没有其他特别显著的语言作标识，只能通过对文章总体思路的归纳来感知。

例 4-8

器与道，并行不悖

①《易经》中说："形而上者谓之道，形而下者谓之器。"道，就是抽象的法则规律；器，就是具体可感的物体。

② 我之见，器与道并行不悖也。

③ 李鸿章曾说："欲求驭外之术，惟有力图自治，修明前圣制度，不使有名无实；而于外人所长，亦勿设藩篱以自隘。斯乃道、器兼备，不难合四海为一家。"既要有中国传统的"道"，又不能故步自封，要从西方引进先进的"器"，这才是重中之重。

④ 但古代的中国，有"百家争鸣"和"罢黜百家，独尊儒术"的思想，却对器没有足够的重视。我国古代提倡士农工商的思想，进入仕途才是为国效力的基本途径，却忽视了很多的生产发明。当西方国家正在进行工业革命时，我们在参加科举，在考取功名，我们沉浸在自己的美梦中，每日聆听圣贤之语，认为这样可以永远安居乐业、衣食无忧。可是，当西方列强用长枪大炮向国人发起攻击时，我们才发现，我们的理论不能成为对抗西方列强的资本；我们才意识到，没有器的道，是空乏无力的。

⑤ 思想家王夫之说："无器而道毁。"国家没有道，就没有发展的方向，就会人心惶惶；国家没有器，就没有发展的力量，道的保护与落实就成了空谈。近年来，我国积极推进"中国制造2025"计划，制造出如中国天眼、中国高铁等令其他世界科技强国都感到惊讶的大国重器，深刻体现了习近平总书记曾说的"大国重器必须掌握在自己手里"的道理。

⑥ 国家如此，人亦应如此。王阳明就堪称有道却更有器的典范。王阳明苦苦寻求道的真谛几十年，从风华正茂到年华老去，功夫不负有心人，他最终悟出了真理：知行合一——知识与行为相统一。他一生讲授心学，门下弟子无数；他足智多谋，从不拘泥于世俗礼教。而另一个人赵括，他是名将之子，自幼学习兵法，谈起兵事来，头头是道，后与秦军作战时，却因不懂实战，败于秦军，这便是著名的"纸上谈兵"。可见器对人的重大影响。

⑦ 新时代的我们，应回望历史，反思历史，与时俱进，开拓创新，既要守大道学习知识，更要成大器注重实践。如此，社会才能有良好的风气，国家才能繁荣富强。（2008 年天津考生佳作）

这篇考场佳作，采用的就是层进式结构。但全文除开篇和结尾的内容思路比较明晰以外，主体部分则比较含蓄。

开篇提论点，结尾做总结，比较明晰：第①②段，由《易经》中的名句起笔，提出"器与道，并行不悖也"的论点；结尾第⑦段总结归纳，强调要守大道学习知识，更要成大器注重实践。文章主体部分，即第③—⑥段，思路结构还须分析一下：

第③④段阐述"道"与"器"的关系，但就两段内部的关系看，第④段则是对第③段的强调；第⑤段用王夫之的"无器而道毁"，引出中国近年来注重"器"；第⑥段由国到人，阐明"器"对人的重大影响。

由此看来，中间第③—⑥段也是典型的层进式，只是在文字的显性层面看不出来。

如果将本文的层进式与"五步法"进行对照，则第③—⑥段中，已同时对应着"析"与"联"部分。

上述结构模式是常见的，所选的提纲或例文也在某种模式上表现得比较典型。其实，文章并没有固定的结构模式，因此，很多好文章往往无法在上面的结构模式里找到准确的定位，它们往往是把并列、层进、对照等模式交叉、综合地用在一篇文章中，我们姑且称之为"综合式"。至于某篇文章具体是什么样的综合，这就只有视具体文章做具体分析了。

二、"起承转合式"框架

本书探讨的是如何将议论文写作向深度推进。上面的"三论式""三问式"，因为只有"三"个板块，在写作模式的某个纵深点上，没有标识；"五步法"中"析"与"联"，如果对应立体式里的对照式、层进式，在文章的写作深度上，具有一定的指导意义，但"析"与"联"部分的本来表意，也没有向深处推进的暗示。而"起承转合"可使文章更加有层次和逻辑。全文采用"起承转合式"写作框架，主体部分再辅以立体式里的对照式、层进式结构，则会让文章向深处开掘。

起承转合，最早出现在古代文学家刘勰的文学理论著作《文心雕龙》中，是中国古代文学理论中的重要概念，常常用来描述文章、故事、演讲等的结构安排，即开始、发展、转折和总结四个部分。对于议论文写作而言，其具体内涵如下：

起：开篇引入背景、话题或主题，激起读者或听众的兴趣，提出论点。

承：开掘论题，展开论述，将论点逐步展开。

转：出现转折，改变思维与观点走向，推进深度思考。

合：总结全文，回归主题，提出解决之道或重申完整的结论。

将"起承转合式"与"三论式""三问式""五步法"做纵向、横向对照，列表4-2。

表 4-2 "起承转合式"框架对照

引论	提出问题（是什么或不是什么）			引+提	起
本论	分析问题	分论点 A	正面论证 A	浅层/现象	析+联	承
		分论点 B	（正面论证 B）	中层/内涵		转
		分论点 C	反面论证-A	深层/本质		
结论	解决问题（怎么办）			结	合

通过表格对照，我们发现，"起"同"引论""提出问题"基本相同，对应在"五步法"里，往往就是"引+提"，即引述材料，另外提出观点。"合"与"结论""解决问题"等也基本对应。我们来重点观察"承"与"转"。

既然"起"是开篇的论点，那么承续"起"的"承"，其重点就应是对论点进行逐步、分条的阐释，对应前面"分析问题"部分的思路，则可能是并列式，也可能是对照式，亦可能是层进式。当然，若是这里的某一种，因为此时才仅仅是"起承转合"的"承"，所以内部的小论点条目不会过多，一般以两条为宜，要为后文的"转""合"留下一定的文字空间。

"承"是承续"起"的论点，论点一般是写作命题材料中既已拥有的"承"的分析，具有公众性或广泛性，在新颖性上不够突出，因此，文章真正向深度开掘的，应该在"转"部分。就上述的表格对应情况来看，在具体的文章中，"转"绝不可以是并列的分论点 B 或 C，当然或可是"反面论证-A""深层/本质"。但"转"部分，一定是话题转换、语意转折，是观点补充与逻辑缜密的集中表现。具体来说，"转"的方式有以下几种：

一是对照转。"反转"，由正面转入反面论述；"正转"，由反面转入正面论述。对照转里比较常见的联系现实的对比，常见表达有：反观当下……/揆诸当今社会……/可现实为何总是惹人唏嘘，当下……/而将目光投至当今社会……/相比之下，不禁想起如今这个时代……/正因如此，当下人们进入这样的怪圈……/然思及当下……/然言者谆谆，听者藐藐……

二是层进转。由正面论述转入进一步的论述。常见表达有：不仅如此……/在此基础上，我们还要……/再者……

三是事理转。由现象揭示内在规律，由表象探本质。常见表达有：究其本质……/然而……

四是综合转。可能是对照转、层进转、事理转等中某两种"转"的综合运用，也可能是上述某种"转"的连续多次运用。

在议论文中，单一地使用对照转、层进转、事理转等方式比较常见。下面举一个综合转的典型实例：

第四讲 大框小架：强健骨骼与清晰脉络

例 4-9

打破思维的藩篱

①《乌合之众》中写道："群体只会干两件事，要么锦上添花，要么落井下石。"回望你的人生轨迹，你是否也曾是盲目可悲的毛毛虫中的一员？你是否也在人生的戏台下摇旗呐喊、不辨黑白？

② 以我之言，我愿这样回答并努力践行：绝不人云亦云，勇破思维藩篱。在"锦上添花"前，于"落井下石"前，都擦亮双眼，谨微体察。

③ 析之内因，为何不盲目"跟随"，而是勇于"破局"？

④ 试想，若人人皆跟随，人人皆看客，百年前，中国将仍是麻木不仁、腐朽落后的殖民地；千年前，人们仍坚信着亚里士多德的"质量决定下落速度"悖论，科学研究陷入桎梏，火车、轮船……铁炮铜枪得晚上多少年。好在历史总有其不凡的注脚，推动时代的车轮向前。于是，鲁迅成了破局者，为垂死中国注入提神醒脑的强心剂；伽利略成了破局者，在比萨斜塔上证明"两个铁球同时落地"，以利刃破除思维定式的枷锁。"跟随"只会使社会陷入死循环，而体察明辨，突破思维定式，让社会终得螺旋上升。

⑤ 诉之行动，新时代弄潮儿的我们，该如何做拔剑击石的破局者？

⑥ "众恶之，必察焉。"面对众人唏嘘的"落井下石"，我们应多元体察，辩证以待。一代"飞神"刘翔，在万众期待的目光中，于北京、伦敦两届奥运会接连失牌，众人将他踢下了神坛，而冠以"演员"这般字眼。然而，事实真如此吗？因伤失牌，无可厚非，我们应看到的是他日复一日训练的血汗，不畏伤病上场博弈的艰辛。以多元人格公允看待，还以多元视角客观评议，我们便不会沦为乘人之危、尖酸苛求的愤青和"键盘侠"。

⑦ "众好之，必察焉。"面对众人追捧的"锦上添花"，我们应多存一份疑心。近期，娱乐圈乱象被大力整治，我们见识了太多"人设"崩塌。可是当"神"立于金光之下时，是否有人收回一些疯狂与盲目，而多施一些冷眼与静思？哪怕娱乐圈乱象仍存，我们也可多追正能量明星，少追"奶油小生"，破除"三观跟着五官跑"的思维桎梏。

⑧ "当众人都哭时，应当允许有的人不哭。"我们生在一个人人都有麦克风的时代，不能缺少了体察人间的清晰眼光，不做无脑毛毛虫一般的"跟随者"，人云我可不云，人从我可不从，敢于做思考者、破局者。

⑨ 能否勇破思维藩篱，决定你的去路和高度。我愿，我是烈火，也是枯枝，是割断定式思维的亚历山大之剑。（2019年湖南长沙模考佳作）

以阅读积累的《乌合之众》中的名言为由头开篇，第②段提出论点"绝不人云亦云，勇破思维藩篱"；这两段属于"起"部分。第③段紧承前面论点，分析"为何不盲目'跟随'，而是勇于'破局'"；第④段以实例说明"破局者"的功绩；这两段属于"承"。第⑤段，基于当下，提出现实思考，即如何做"破局者"；第⑥⑦段，又分别从正反两方面提出"我们"应有的态度与做法；这几段对应到"五步法"属于"联"部分，而对应到"起承转合"则属于"转"，且内部体现正反的对照。第⑧段给出总结性意见，再次强化论点"人云我可不云，人从我可不从，敢于做思考者、破局者"；第⑨段强调"勇破思维藩篱"的好处，并用抒情性语言强调"我愿"；这两段对应到"五步法"属于"结"部分。纵观全文，这里显然采用了综合式的论证思路。

第二节　主体语段：五句三层，层层递进

　　一篇优秀的议论文，最大的特色在于将明确的观点、精准的阐释、丰富的论据、严密的逻辑和充沛的情感等多种特质叠加，体现强有力的论证力量，而主体语段正是集中体现这种论证力量的重要板块。

　　主体语段，不是指正常的自然段落，而是指议论文中围绕某个观点展开的独立论证部分，是议论文的核心论证语段。一篇常规的800字考场作文，以2—3个主体语段居多，每个独立的主体语段多在200—300字。每个主体语段内部可能会有1—2个自然段落，个别也或有3—4个小段落。主体语段过短，难以深入论证，说理就不一定透彻；主体语段过长，又嫌臃肿冗长。

一、主体语段的常式

　　通过对大量的优秀作文进行分析和归纳，我们发现，议论文主体语段的构成，有着极其相似的规律，即一个议论主体语段常由"观点句+阐释句+材料句+分析句+结论句"这五个"要素"（或层次）组成。

　　观点句，即主体语段明确表达观点的句子。其位置在主体语段段首，句式多为一个简洁的陈述句。观点句的表达，既要做到明确简洁，开门见山，确立主体语段的论证观点与方向，又要注意紧扣全文的中心论点，扣住关键词。观点句是主体语段的小论点，它和其他主体语段中的观点句，共同支撑全文的总论点。

　　阐释句，即位置上紧跟观点句，对观点句进行阐释说明的句子。它往往是从理论上对观点句进行论证，可采用引用名言与个人说理相结合的方式，形式上可有两到三句，要力求简洁易懂。阐释句位置在观点句与材料句之间，起到

承上启下的作用，因此，此处无论是引用名言还是个人阐释，语言逻辑上都要注意做到使前面的观点句与接下来的材料句有机融合。

材料句，即有关论据材料的句子。论据既可以是古今中外的事实论据，也可以是中外名家名言的道理论据。对于事实论据的选取与表达，数量上可为两三个，选取的事例应典型，分析的角度要精准，表达要简洁，最好能注意多则论据材料句式表达的一致性；表述的论据内容中应有紧扣观点句、阐释句的某些或某个关键词。

分析句，即紧扣观点句与阐释句，深入挖掘与分析材料句内涵与意义的句子。分析句是主体语段最重要的一部分，若没有分析句，则缺少说理，这就犯了常说的以例代议的大忌。当然，分析的语言也要切中肯綮，注意说理的逻辑及核心词的点扣，不能拖沓冗长，更不能言不及义。从句式的使用看，此处采用问句、感叹句或整句等句式，以增强说理的力度。具体的分析角度与方法有很多，可用归纳论证法、假设论证法、因果论证法、对比论证法等，最常用的是因果论证法和假设论证法。

结论句，即主体语段的归纳句或总结句。内容上，可联系实际，适当延伸，回应段首观点句；可归纳总结材料，提出建议或号召。形式上，在结论句之前，往往可使用"因此"或"所以我认为"等字样来引出结论。一般来说，结论句也要紧扣关键词。

例 4-10 磨难，能历练人生。【观点句】贝多芬双耳失聪，却能在这样的磨难下创作出不朽的交响曲，撼人心灵；司马迁遭受腐刑，却能在这样的耻辱中写成《史记》，汗青溢光；一代体操王子李宁泪洒汉城后黯然退出体坛，却又另辟天地，让"李宁牌"系列运动用品风靡中国的体育用品市场。【材料句】磨难，能带领人冲破黑暗，绽放光彩。【结论句】

例 4-11 青年有担当，中国有希望。【观点句】青年兴则国家兴，青年强则国家强。青年就当有"居庙堂之高则忧其民，处江湖之远则忧其君"的担当意识。【阐释句】北宋范仲淹虽自幼家境贫寒，却能立志经世济国，匡扶社稷，"先天下之忧而忧，后天下之乐而乐"；一生之中虽因忠于国事而屡遭贬谪，但也时刻牢记自己的使命与担当，他大力开展庆历新政，大义申请戍边守国，每到一处为官就赢得一方百姓爱戴。【材料句】唯有边关安稳，百姓安居，国家才能有发展的希望。北宋能成为中国古代历史上经济文化的繁荣时代，对国家、对社会有担当的范仲淹功不可没。【分析句】作为新时代的青年，时代赋予我们新的使命，也赐予我们新的机遇，我们更应当勇挑重担，大展身手。青年有担当，国家就有前途，民族就有希望。【结论句】

例 4-10 和例 4-11 为主体语段写作的两种典型样态。例 4-10 语段内部，观点、材料不能交融，结论似在"贴标签"，究其原因，就是例 4-10 语段中对观点句缺少阐释性语言，对材料句缺少分析性语言，缺少对观点和材料的阐释与分析，就缺少"黏合剂"，缺少桥梁与纽带，自然就给人皮肉不合的感觉。例 4-11 语段内部，条理清晰，论证翔实，是正面典型。观点句与材料句之间有对观点进行阐释的语句，既把论点解释清楚了，又为后面材料句中事实论据的出现搭建了桥梁；分析句解释了论据材料的内涵，这样也使得后面结论句的出现水到渠成。

二、主体语段的变式

主体语段由"观点句+阐释句+材料句+分析句+结论句"组成，这是常式，在具体的写作中，有些主体语段把"阐释句"与"材料句"糅合在一起，也或有把"分析句"与"结论句"糅合在一起，内部大致形成"观点+述例+结论"三个小层次，这也是常见的。

实际上，在众多的写作中，主体语段内部语句并不是按照"观点句+阐释句+材料句+分析句+结论句"的常规顺序组成的，而是根据自己的需要，在形式上做了一点变化与调整，这就有了"变式"。当然，"变式"的形式有很多，但无论如何都脱离不了"观点+述例+结论"的基本原则。

（一）"材料句"与"分析句"糅合，形成"述例"

例 4-12 青年有担当，中国有希望。【观点句】钱学森年轻时义无反顾回国参与原子弹的研制；邓稼先毕业后毫不犹豫回国参与核武器的研究，正是因为无数如钱学森、邓稼先般的老前辈青年时期的勇于担当，才铸就了如今科技发展、综合国力不断上升的中国。【第一层：材料句+分析句】

而今，接力棒交给当代青年时，有人说中国当代青年精神已被网络腐蚀。其实非也！当新冠病毒感染疫情汹涌来袭时，第一时间毅然冲在前线的不仅仅是德高望重的前辈们，更多的是"80 后""90 后"甚至"00 后"，他们日夜奋战却毫无怨言，他们挽救他人生命却不惧牺牲自己，他们力挽狂澜却低调内敛，他们用实际行动证明我们青年一代接过前辈重担的决心和能力，【第二层：材料句+分析句】证明中国青年就是中国未来的希望【结论句】。

这个主体语段有两个段落，第一段"观点句"之后，是"材料句+分析句"，第二段用"有人说中国当代青年精神已被网络腐蚀"形成小小的观点转折，继而用"材料句+分析句"进行论证。这个主体语段，除去首尾的观点句、结论句，主体部分就是两个"材料句+分析句"的"述例"形式。

(二)"材料句"与"分析句"拆分重组,逐一对应

例 4-13 知识就是力量。【观点句】它首先是一种难以量化的、伟大的精神智慧,当然更可转化为具体的、可见的、巨大的物质力量。【阐释句】一介书生,手无缚鸡之力,却可以坐知天下之事。【材料句1】凭什么?知识,以及知识带来的预见性。【分析句1】史蒂芬·霍金,被卢伽雷氏症(肌萎缩性侧索硬化)禁锢在轮椅上20多年,全身能"活动"的,除了眼睛,只剩一根食指,但这并不影响他成为继爱因斯坦之后当代最伟大的理论物理学家、享有国际声誉的"超人"。【材料句2】靠什么?知识——关于宇宙奥秘:天体物理、时空本质的最新知识,最富有想象力、创造力的智慧。【分析句2】由此可见,知识能够改变世界,知识能够决定命运,知识能够给人自由。【结论句】

这个语段中间就是用多组"材料句"与对应的"分析句"叠加来推进论述的。

(三)"观点句"浅近,舍弃"阐释句",直接进入后面的材料句与分析说理环节

对例 4-10 进行升格,可写出以下文段:

【例 4-10 升格】有时候,磨难恰恰能够历练人生,绽放光彩。【观点句】贝多芬双耳失聪,却能在这样的磨难下创作出不朽的交响曲,撼人心灵,<u>那是因为他不屈服于命运的压打,顽强抗拒厄运,才谱出了人类的心灵之歌</u>;司马迁遭受腐刑,却能在这样的耻辱中写成《史记》,汗青溢光,<u>那是因为他有坚定如山的信念,刚毅如铁的意志,于诽谤讥嘲中坚定自己的志向,才突围成为"史圣"</u>;一代体操王子李宁泪洒汉城黯然退出体坛后,却又另辟天地开创了自己的事业,让"李宁牌"系列运动用品风靡中国的体育用品市场,<u>那是因为他懂得承受失败,不为失败所吓倒,才能在失败中开拓出一条新路</u>。【材料句+分析句】磨难,是祸,又是福。<u>它对于意志坚定者,只不过是人生路上的一帘风雨,只要勇敢地走过去,前方就是另一片蓝天</u>。【结论句】

这个语段,原稿中就没有"阐释句"环节,观察看来,升格中也无须在"阐释句"环节上做补充。原稿最大的问题是堆砌材料,缺少对"材料句"进行扣主题的"分析句"。因此,升格语段,我们重在采用因果分析法,添加分析性语言,就形成了上述的"材料句+分析句"糅合在一起的形式。

需要特别注意的是,我们在论证过程中运用原因分析法这种逻辑思维来分

析原因时,要注意分清造成这个问题的是根本原因,还是次要原因,是内因,还是外因;也可以分析导致这种结果的是一个原因,还是多个原因;还可以分析同一个原因,可以导致一种还是多种结果。只有这样才可以把问题说清说透。

(四)批驳语段,往往把"错误观点句"与"批驳句"(阐释句)前置

这种议论语段一般先提出一个错误的观点,然后对其进行有理有据的批判或者反驳,表明这个观点站不住脚,进而确立正确的观点。其一般步骤是对反方的观点进行反驳,即"以子之矛,陷子之盾"。或者引用确凿的事实,或者从理论上进行透彻的分析与解剖,直接指出对方论点的谬误,抑或对对方的论点进行合乎逻辑的引申,引出其荒谬的结论。这些形式适合用于论证是非类的论题。

例 4-14 有同学认为,科技有进步,社会有分工,劳动之事大可以交由科技去解决,或交由他人去完成。【错误观点句】斯言大谬!科技进步了就可以完全取代人类劳动吗?自己应做的事可以完全交给他人吗?【批驳句】维特根斯坦说:"体力劳动意味着对灵魂的拯救。"【材料句】时至今日,劳动的意义已经不止于创造财富,更在于让我们产生成就感与满足感。人类科技越发达,文明越昌盛,我们就越需要劳动来充实我们的灵魂。【分析句】处于新时代的我们,更需要以劳动完善自己、发展自己,那种劳碌过后才会产生的"健康的疲惫",远比科技包办一切更能让人感受到自身存在的意义。【结论句】(2019年全国Ⅰ卷佳作《修好劳动这门课》)

这段文字运用批判式组段,写作者先引出错误观点,再进行批驳,文中有材料,也有分析,最后提出正确的观点。整段文字一气呵成,批判了错误认知,从而树立起正确的观点,思路严谨。

三、主体语段表达中的注意点

(一)注意"材料句"内部的排布顺序

若"材料句"中包含多则事实论据,则后面"分析句"中对材料的分析顺序,应与"材料句"中事实论据排布的顺序形成对应。

例 4-15 只有定一个切合实际的目标,才能带领你到达理想的彼岸。【观点句】所谓切合实际,就是从自身的实际情况出发,不浮夸,不空想。只有确立这样的目标,才可以解放我们的思想,释放出我们的活力,鼓舞我们,从而引领我们通向成功。【阐释句】面对着贫穷落后、国人思想麻木的旧中国,鲁迅定下了唤醒国人的目标,他弃医从文,发奋写作,被后人誉为"民族魂"。【材料句1】面对着选民平静的表情和缺乏热情的鼓掌,李光耀定下了学习中文的目标,他争分夺秒,勤学苦练,终于凭着中文演讲引起选民共鸣而当选为新加坡总理。【材料句2】面对着遭人冷眼、受人凌辱的处境,勾践定下了复仇雪耻的目标,他忍辱负重、卧薪尝胆,终于成为春秋霸主。【材料句3】如果鲁迅没有根据实际情况定下唤醒国人的目标,而是为了写作而写作,他能写出一篇篇发人深省的文章吗?如果李光耀没有根据实际情况定下学习中文的目标,而是盲目竞选,他能成为受人敬仰的总理吗?如果勾践没有根据实际情况定下复仇雪耻的目标,而是苟且偷生,他能成为一代霸主吗?【分析句】可见,无论我们干什么事情,更重要的是能否根据实际情况确立目标,因为这才是成败的关键。【结论句】

例4-15"分析句"中的"如果鲁迅没有""如果李光耀没有""如果勾践没有"的假设分析的顺序,和材料句中的"材料句1""材料句2""材料句3"是逐一对应的。

(二)注意主体语段内部的段落切分

就自然段落来说,主体语段可能是一个大段落,也可能是两三个小段落,这要视论证文字的长短及写作者具体的思维转换而定。如一篇题为《先发制人占优势,后来居上定乾坤》的文章中的一个主体语段:

例 4-16 在现实中,我们应抢占先机,实现领跑;但若是落后,也要抓住时机,弯道超车,后来居上。【观点句】"先"是指抓住时机,在别人之前行动,取得优势地位。"后"是指处于落后地位,起步较晚,行动较慢。何以后人发却能先人至?是因为抓住机遇,在关键时机追赶,一举超越。【阐释句】

放眼当下,中国正以雄起之姿走在复兴路上。近代以来,中国落后于世界;而进入21世纪以后,中华民族实现了一个又一个弯道超车:从蛟龙潜深海到天宫悬太空,从新能源电池到麒麟系统上市,从落后奋起到领跑超越。【材料句】"先"与"后"并非一成不变,自高自大、松懈不前会让"先"成为"后",踔厉奋发、抓住时机会使"后"变为"先"。【分析句】

愿新时代的青年能够先发制人、奋勇争先,纵然落后一时,亦能后来居上,实现超越。【结论句】

对于这个主体语段,写作者把它分成三个小段落,不是刻意为之,而是因为"放眼当下"具有一定的思维转换特点,"愿新时代的青年"一段又具有单独发出号召的特点,把这样的一个主体语段分成三个小段落来表达,显得自

然。也因各小段落的思维不是特别连贯，若硬把它们合并成一个大段落，总令人感觉很别扭。

第三节　参照模式：弄清症结，理性纠偏

议论文说理是否清晰，是否深透，关键在于说理中的思维是否严谨。若把文章的论点（或分论点）谓之A，说理谓之B，论据谓之C，则可发现，论证说理主体段落中，A、B、C多按照基本的"模式"展开。因此，我们只需在基本的"模式"下，检索内部的思路框架、思维逻辑，即可检测出其论证说理是否存在问题。

一、说理的基本模式

在文章的主体段落，常规来说，A、B、C是按照一定的"程序"展开的：首先，论点A常被分解成A1立论（观点句）、A2结论（总结句），说理B常被分解成B1释论（阐释句）、B2析据（分析句），论据C常被分为C1述例、C2道理论据两类（材料句）；其次，按照"A1+B1+C1（C2）+B2+A2"的"五句法"的模式组织成核心语段。说理中，A1A2、B1B2、C1C2各自的目的与作用不一样。

"A1+B1+C1（C2）+B2+A2"是议论文主体语段的基本模式（表4-3），其他各种论证思路基本是在这种模式的基础上演绎的。我们结合实例来观察这一基本模式内部各要素之间的关系。

例4-17　世间万物，皆有强弱之分。天生强者不可沾沾自喜，天生弱者不必自惭形秽。《伤仲永》的故事令人扼腕叹息，假如方仲永在展示自己"受之天"的通悟后，没有被父亲带着四处炫耀而是加强学习，是否还会"泯然众人矣"？与之相反，面对无声无光的世界，海伦·凯勒未因失聪失明而放弃自我，而是奋发有为终成命运的强者。强弱并非天注定，弱者可变强，而强者也可变为至弱。是故，生而为强者在自律自尊中实现自我升华，将浩气挥洒于霓虹之上！生而为弱者无须自悲，若在逆风中把握方向，生出羽翼亦能直上九万里！（2021年新高考全国Ⅰ卷佳作《强弱非天定，自强方恒强》）

表 4-3 议论文主体语段的基本模式

A 论点	B 说理	C 论据		说明	"示例语段"分解	
A1 立论				段首提出，全段轴心，准确明确，简洁生动	世间万物，皆有强弱之分	
	B1 释论			揭示论点的内涵、外延；可用比喻、引用或假设等，阐释论点，兼有论点与论据间过渡的作用	天生强者不可沾沾自喜，天生弱者不必自惭形秽	
		C1 述例	谁	行为主体，或个人，或团体，或国家民族	方仲永	海伦·凯勒
			过程	为何这样做或过程如何：围绕立论或释论，从事实中选取一个角度叙述	展示"受之天"的通悟之后，被父亲带着四处炫耀而未加强学习	失聪失明而未放弃自我，奋发有为
			结果	事情的最终结果，或效益，或危害，或影响	泯然众人矣	终成命运的强者
	B2 析据			紧扣"论点"与"阐释"，用因果、假设等逻辑，对论据事实进行分析与解说	强弱并非天注定，弱者可变强，而强者也可变为至弱。是故，生而为强者在自律自尊中实现自我升华，将浩气挥洒于霓虹之上	
A2 结论				简练总结：联系现实，适当延伸，回扣论点	生而为弱者无须自悲，若在逆风中把握方向，生出羽翼亦能直上九万里	

A1立论是论点"世间万物，皆有强弱之分"的首次表达，因此要准确明了，简洁生动。A2结论"生而为弱者无须自悲，若在逆风中把握方向，生出羽翼亦能直上九万里"，虽然也回扣了A1，但它不是对A1的简单重复，而是对整个语段的总结，甚至有号召之意。

B1释论是对A1的阐释，它可运用比喻、对偶、排比等修辞，也可运用假设、因果等逻辑，对论点进行多维阐释。在上述事例中，B1紧扣A1中的"强弱"，对A1的内涵、外延做出精准的解释与界定，其中的"天生强（弱）者"运用了假设逻辑。B2析据主要着眼于对论据C的分析，把C中所能体现的B1的内涵，用精准的语言揭示出来，既回扣B1强调"强""弱"的辩证关系，又阐明了"强者更强"的做法及意义。

B1和B2最大的不同是，前者是对抽象的论点做出具体形象的阐释，后者则是对具体论据做出抽象的分析概括。

论据C按照材料特点，可分成C1述例（事实论据）、C2道理论据。相对来说，道理论据使用较简单，在此不赘述。我们重点来看针对事实论据的述例的使用。

事实论据，即那些能证明观点的事实材料。一件事情的前因后果可能很复杂，一个事实也可能包含很多侧面，正所谓"横看成岭侧成峰"，如果不加以剪裁，那么事实只能是事实，而不会是很好的论据。议论文的论据，应根据说理的需要对事实材料加以适当剪裁，再围绕论点"有理有据"地表述——这就是"述例"。述例是使用事实论据的最佳方式。

上述表格中 C1 即"述例"，它以方仲永和海伦·凯勒两个人物故事为基础，在写作表达中把事件细切为：行为主体"谁"（方仲永、海伦·凯勒）；围绕立论 A1"世间万物，皆有强弱之分"、释论 B1，来表述事件的"过程"（"假如方仲永在展示自己'受之天'的通悟后，没有被父亲带着四处炫耀而是加强学习""海伦·凯勒未因失聪失明而放弃自我，而是奋发有为"）；"结果"，即事件最终成效或影响（"泯然众人矣""终成命运的强者"）。

此处的"基本模式"，是对常规思路的梳理与归纳。在实际写作中，因主体段落要与前后语段相关联，故板块间的交融常会有变动，如 A1 立论与 B1 释论交织在一起，或 B2 析据与 A2 结论合二为一等，这些都是常见的现象。但总体来说，A、B、C 的大板块框架基本不变。

二、常见的症结与纠正

盘点议论说理类的习作，包括一些考场一类佳作，若基于对议论说理的主体部分的分析，论证说理的不足，不是 A1 立论和 A2 结论存在过大问题，而主要是 B1 释论、C1 述例（重点是"过程"的表述）两个方面存在较突出的问题。下面仍以高考佳作为实例来简单分析。

（一）B1 释论：对 A1 立论的阐释不到位

B1 释论，重点是对立论 A1 的内涵与外延做精准的阐释、限定，为论据 C 的出现论证好理论前提；从另一角度说，既然准备选用某论据，B1 部分也应能有一些语词对后面的论据有所观照。一句话，B1 既要能阐释论点，又要起到论点与论据间过渡的作用。

例 4-18 历史是一面鉴照自我的镜子。试想一下，管仲再贤，桓公再能，若无鲍叔这样的君子做桥梁，两人恐怕也难合作成就霸业。而在我们现实生活中，有凡事都要利益最大化的精致利己主义者，有"你可以过得好，你不能比我好"的心胸狭隘者，有"事不关己，高高挂起"的明哲保身者……对照鲍叔这样如玉比竹的君子，他们皮囊下的"小"字被衬得清清楚楚。社会时时需要君子，我们人人需做君子。自知，知人，心怀天下，心底无私，如此，一个人才有精神，一个社会才有希望，一个国家才能繁荣。（2020年全国Ⅰ卷佳作）

表4-4是对例4-18的分解。为简略起见，此表对表4-3中A、B、C各板块予以合并，"说明"也略去。

表4-4 例4-18的分解

A、B、C		"示例语段"分解
A1 立论		历史是一面鉴照自我的镜子
B1 释论		试想一下，管仲再贤，桓公再能，若无鲍叔这样的君子做桥梁，两人恐怕也难合作成就霸业
C1 述例	谁	精致利己主义者、心胸狭隘者、明哲保身者
	过程	凡事都要利益最大化、"你可以过得好，你不能比我好""事不关己，高高挂起"
	结果	皮囊下的"小"字被衬得清清楚楚
B2 析据		社会时时需要君子，我们人人需做君子
A2 结论		自知，知人，心怀天下，心底无私，如此，一个人才有精神，一个社会才有希望，一个国家才能繁荣

上述示例语段，通过板块分解，可直观寻查，B1"试想一下，管仲再贤，桓公再能，若无鲍叔这样的君子做桥梁，两人恐怕也难合作成就霸业"，扣住了考题材料，也和下文形成对比，这当然很好，但其表述不够恰当，原因有二：其一，立论"历史是一面鉴照自我的镜子"，关键词有"历史""鉴照自我""镜子"，B1部分没有涉及任一词语，没有对立论做阐释、限定；其二，B1"扣材"的逻辑重点有偏差，不是突出鲍叔胸襟宽广、无私奉献的君子品质，而是模棱两可地说成"桥梁"。因此，这里的B1也没有为后面C1述例奠定好理论基础。

我们试着对此处"B1 释论"的语句做一些调整，具体如下：

【例4-18修改】历史是一面鉴照自我的镜子。鲍叔举荐管仲辅助桓公成就霸业，其睿智的识人能力、宽广包容的胸襟及无私奉献的品质，已然为一面穿越时空的历史之镜，鉴照出当下一些人的丑陋。在现实生活中，有凡事都要利益最大化的精致利己主义者，有"你可以过得好，你不能比我好"的心胸狭隘者，有"事不关己，高高挂起"的明哲保身者……对照鲍叔这样如玉比竹的君子，他们皮囊下的"小"字被衬得清清楚楚。社会时时需要君子，我们人人需做君子。

自知，知人，心怀天下，心底无私，如此，一个人才有精神，一个社会才有希望，一个国家才能繁荣。

调整后的画线语句，既解释了论点，又关联了后面的论据，起到了较好的说理兼过渡作用。总之，B1 释论部分语句的写作，方法上应主要关注两点：一是要有对论点中关键词的解释（或部分解释）；二是要有关联后面论据的思维准备。

（二）C1 述例的方向有偏差

议论文论证说理中，述例是较好的论据使用方式。述例强调在据实"述说"的过程中，结合 A1 立论和 B1 释论，对论据做出倾向性的"阐述"，述例的过程本身也是简单的释理过程。

事实论据的使用，有两点常见的不足：一是叙述较多，以叙代议；二是述例中"过程"存在方向偏差。这两方面可归结为一点：没有及时借助"述例"对论据中的"理"做出阐释。

例 4-19 设计人生，首先须审视自我，对自己有全面的认知。俗话说："千里之行，始于足下。"对自己的兴趣与潜力有充分认识，才能让我们的优势熠熠闪光。京剧人王珮瑜，靠着对京剧的热爱，对个人梦想的坚持，唱念做打，在舞台上绽放异彩；耶鲁毕业生秦玥飞不为高薪所动，一心扎根基层，变身村干部，在脱贫攻坚战中大放异彩……从前辈的脚印中，我探寻到了人生密码。学弟学妹们，我们只有审视自我，确立目标，才能"不畏浮云遮望眼"。（2020 年全国Ⅲ卷满分作文）

表 4-5 是对例 4-19 内容的分解。

表 4-5 例 4-19 内容的分解

A、B、C		"示例语段"分解	
A1 立论		设计人生，首先须审视自我，对自己有全面的认知	
B1 释论		俗话说："千里之行，始于足下。"对自己的兴趣与潜力有充分认识，才能让我们的优势熠熠闪光	
C1 述例	谁	京剧人王珮瑜	耶鲁毕业生秦玥飞
	过程	靠着对京剧的热爱，对个人梦想的坚持，唱念做打	不为高薪所动，一心扎根基层，变身村干部
	结果	在舞台上绽放异彩	在脱贫攻坚战中大放异彩
B2 析据		从前辈的脚印中，我探寻到了人生密码	
A2 结论		学弟学妹们，我们只有审视自我，确立目标，才能"不畏浮云遮望眼"	

第四讲 大框小架：强健骨骼与清晰脉络

这个考场佳作语段，总体上写得很好，论点、论据及论证分析比较齐全。但若把语段按照A、B、C板块做切片分析，则会发现C1述例中"过程"部分的表达有问题。

A1立论部分的关键词是"设计人生""审视自我（全面认知自我）"，B1释论承接A1，对立论做进一步阐释与限定："审视自我"即"对自己的兴趣与潜力有充分认识""让我们的优势熠熠闪光"。这样看来，A1、B1表述精当到位。

C1述例，也就应围绕"审视自我"或"对自己的兴趣与潜力有充分认识"来表述。在实际述例中，前一个"京剧人王珮瑜"的"对京剧的热爱，对个人梦想的坚持"的表述，显然扣住了B1释论中的"兴趣"；而后一个"耶鲁毕业生秦玥飞"的"不为高薪所动，一心扎根基层，变身村干部"的表述，扣住"兴趣"了吗？或者扣住"审视自我，对自己有全面的认知"了吗？仔细琢磨，此处表述含混——"不为高薪所动，一心扎根基层"，可能是有"报国之志"，抑或是因"追逐梦想"，但肯定没有"兴趣"和"审视自我"。这里的不足没有影响其作为考场一类文的评判，我们推测，可能是因该句短小，不够显眼，再加上前面有精当的"王珮瑜"之例遮掩。对于此述例，我们做简单的修改即可：

> 耶鲁毕业生秦玥飞，<u>清醒地知道，他的兴趣在振兴祖国的山乡</u>，于是他不为高薪所动，一心扎根基层，变身村干部，在脱贫攻坚战中大放异彩。

画线处简单补充的文字"清醒地知道，他的兴趣在祖国的山乡，于是他"，既承接了前面的立论、释论中的关键词，也为后面"一心扎根基层，变身村干部"做了衔接。

议论文论证说理中的思维缺陷，俯拾即是，而尤以本节所切分的B1、C等对应部位存在问题较为典型。本节所举的"示例语段"均为高考佳作，说明这类思维缺陷既普遍也较隐蔽。考场佳作尚且如此，日常习作的状况也就可想而知。这个问题虽不是一朝一夕可以解决的，但只要我们把文章的条块切分开来，做出精准的寻查和纠正，在较为直观的板块中发现并解决问题，议论说理的能力也就会逐步得到提升。

第四节　行文脉络：筋脉突出，点扣适切

议论文是一种广义的应用文，它在某一时刻阐释事理，最好让人能即刻明白。道理可以很深刻，但表达或深入浅出，或生动形象，或对比鲜明，等等，总要让人理解。它不像记叙文、散文等其他文学性文章，即便表意含蓄，如果事后能让人很快会心一笑或为之一振，亦是很好的表达。

要想让读者、听者对阐释的事理清晰知晓，除去在表达上狠下功夫，另外值得注意的，就是追求整个说理过程——整篇文章的行文脉络清晰。

一、筋骨脉络清晰突出

议论文写作，讲究条分缕析。如前文所言，整篇文章采用"三论式""三问式""五步法"，或按照"起承转合式"进行布局，详细分析之后，或许能给人一个准确的定论，但仅达到这点还不行。在议论文的行文布局上，我们还要力求整体条理清晰——显性清晰，而不是需要读者劳心费力地解读才可得知。

如何做到显性清晰？方法很简单，在文章整体框架"起承转合"的关键处，在行文推进的关键地方，用一些具有标识性的短语词句，既能体现思路的发展，又能清晰表达意旨，即让文章行文的筋骨脉络清晰可见。

筋骨脉络句，具体而言，各有所指。"筋骨"本指筋肉和骨头，此处用"筋骨句"来喻指搭建起文章骨骼框架的观点情感句子，在议论文中主要指文章的主论点句和行文中小的观点句。"脉络"本义是中医所谓人身的经络，借喻文章的布局和条理，此处用"脉络句"来指代标识文章行文起承转合、发展变化的句子。"筋骨句"与"脉络句"的表达侧重点不同，但二者时有统一重叠，有时"筋骨句"贯穿全文，亦可由此看出全文脉络，故也就充当起"脉络句"的功能；"脉络句"则少有能担起"筋骨句"的重任的，因为"脉络句"很多时候是关联词、插入语等短语词句。

2024年上海某模考卷，以"有人说，学会绕行是人生必备的技能，有人则不以为然"为材料，引导考生围绕"对这个问题的认识和思考"写一篇文章。下面是某考生的考场一类文：

第四讲 大框小架：强健骨骼与清晰脉络

例 4-20

直面风浪，感悟人生

① 在人生路上，困难与危险无处不存在于我们前进的必经之路上。出于种种原因，"绕行"成为部分人的最佳选择，甚至被视为人生的必备的技能。而事实，当真如此吗？

② 所谓学会绕行，便是在遭遇阻碍之时，为规避风险与失败，而选择更改前进路线，选择更安定、平稳的方法以达目的。诚然，其举在很大程度上降低了失败所带来的额外成本，对于难以解决的困难与乏力之人，给予了新的希望与动力，引人向前。同时，绕行背后是效率至上与唯结果论，其更被当下工具理性社会的功效主义大力支持与传播。

③ 然而，绕行当真能解决人生中的一切问题吗？当人生路上的独特风景被一绕而过时，当我们被推上绝壁高崖别无他路时，恐惧与无措瞬时涌上心头，人生之辛酸与苦辣皆被弃在身后，而满腹遗憾之时，绕行之法当真还是我们人生的必备技能吗？

④ 绕行在很大程度上应和着时代的效率至上之号召，而并非一切问题均可被"一绕而过"。聂赫留朵夫的不愿回忆过往，阿Q的精神胜利之法，均是不愿面对困境而逃避以求内心自洽的"绕行之法"。然而，这样的绕行并未解决实际问题，而是后患无穷。

⑤ 更进一步说，每一段人生之路都是塑造人生体验的重要组成部分，更是人们与世界相识、相拥、共行的重要途径。而绕行消磨人之意志，克制人在面对困境时的立体性，逐渐使人丧失个人思考、解决问题之实力，而沦落至众人逃避之流，世界时刻在进行无端的变化，而绕行无疑是令自身的人生体验主动地消弭，与世界断绝了交相呼应的可能性，而行自我封闭与前人已规划完整的平庸之路，属实乏味。

⑥ 因此，直行应当作为人生的第一要义。此"直行"并非横冲直撞地不顾一切，而是尊重自我的本性，认识真实的世界，用最真诚的赤子之心，去迎接世界的呼啸风雨，最终求得内心的自洽与和谐之音。

⑦ 绕行是人生中的众多突然，而绝非因然。塔利班政府下的少女公开反对政府对少儿的教育封闭，引发联合国高度重视；唐山打人案中的受害者无惧黑恶势力的胁迫，勇敢而出。这些世界"直行"者们，用实战证明着世界给予自身的回馈。

⑧ 让我们无惧风浪，勇敢直行！

这篇文章在模考中获得一类上的高分。为直观起见，我们把该优作中所有的"筋骨句"（观点句），都用下画横线做标识；把所有的"脉络句"，都用下画曲线做标识；核心词加着重号做标识。这样，我们很容易发现，本文之所以能够获得高分，除观点准确、说理深刻等原因以外，显然，还有条理清晰的优点。所谓"条理清晰"，落实到具体的文字表述上，就是"筋骨句"贯穿文章始终：文题"直面风浪，感悟人生"即观点，该观点在最后第⑧段，又有所呼应；第①段"'绕行'成为部分人的最佳选择……而事实，当真如此吗？"，发问开篇；第②段，界定核心概念"学会绕行"（注意不是界定"绕行"）；第③段提出"绕行当真能解决人生中的一切问题吗"的疑问，第④段用"并非一切问题均可被'一绕而过'"来明确回答前一段；第⑤⑥段画线的观点句，强调"直行"的意义；第⑦段开头的画线句"绕行是人生中的众多突然，而绝非因然"，其实还是承接第⑤⑥段，强调"直行"的意义。

再看画曲线的词句，它们有这样两个共同特点：一是大多在段落开头（第②段的"诚然""同时"在段落中间，但也都是在大句子前面）；二是基本上都为词或短语，形式上简短。

第②段开头的"所谓"一出现，就让人知道其欲对词句的内涵做解释或界定；第③段开头的"然而"，引起的是话题的转折；第⑤段开头的"更进一步说"，表示话题推进；第⑥段开头的"因此"，表示对结果的归纳总结。可见虽然只是短短的几个"脉络词"，但它们在文章"起承转合"的逻辑关联上起到了非常重要的作用。若少这几个词，或许意思没有变化多少，但全文贯通的文气将会受到极大的影响。

再看一篇其筋骨句与脉络句表现特点略有不同的文章：

例 4-21

享受生活从"知味"开始
（筋骨句+脉络句）

现代人都有这样的感受，生活越来越丰富多彩，但人们的心情越来越复杂；很多人的脸色健康红润，但表情很僵硬，甚至像冬季山中的岩石那样冰凉冷漠。面对这种现象，有人提出了"享受生活每一天"的命题。

人若能做到享受生活每一天，固然妙不可言，但享受不是"充饥"，不是把肚子填饱就行，享受是要"品味"的，而"品味"就需要"知味"。（筋骨句+脉络句）

知味，就是知其滋味，明其气味。（筋骨句+脉络句）味，不仅有简单的甜、酸、苦、咸四种基本味，还有复杂得多的混合味。譬如，饭菜中的辣味，就是热觉、痛觉等混合感觉。据说，一杯红葡萄酒，在常人口中的味道大致是一样的，但到品酒师嘴里，每过三五分钟，就会感觉到有一种细微不同的味觉，以至能体会到 500 多种味道。这种差异，让人不得不生出知味不易的感慨。

"人莫不饮食也，鲜能知味也。" 2000 多年前，孔子这样感叹。不知味的原因，除了物质不丰富、温饱问题未得到解决还来不及品味、"知味"外，关键在于缺少"知味"的能力。<u>知味就要辨味，而辨味需要训练学习、经验积累、归纳总结与创意评价。</u>（筋骨句+脉络句）

<u>任何能力的获得都需要训练学习，"知味"也是如此。</u>（筋骨句+脉络句）即便是从婴幼儿口中喊出的人生第一字"妈"或"爸"，也是父母无数次"教"出来的，绝不是什么"生而知之""不行而知""知先行后"而得来的。从这个意义上讲，人应"志于学"，哪怕自己已经功成名就了，甚或年岁大、记忆力减退了，也应该不忘学习、持续学习。只有不断地"充电"，才能不断提高"知味"的能力，才能让人生之灯永远明亮。

<u>比训练学习更重要的是实践。</u>（筋骨句+脉络句）毛泽东曾说，你要知道梨子的味道，只有亲口尝一尝。"尝"了，才有经验或教训可积累，而且，这种"尝"要不止一次才行。"疏八珍之谱，以为知味，不如庖丁之一啜。"要享受生活，就要多亲历、多亲尝。只有行之笃，才能知之明；只有行无穷，才能知无穷。不行，难有真体验；不尝，难知真味道；不行不尝，难有真享受。

<u>要"知味"而获得生活的乐趣，还离不开归纳总结和创新。</u>（筋骨句+脉络句）"举一隅不以三隅反，则不复也。"这就需要善动脑，能举一反三；善联想，能触类旁通；善推理，能以近知远。听于无声，见于无形，尝一滴之咸，而知沧海之性；窥寸隙之光，而见日轮之体。否则，"品味"而不"回味"，很难真正地享受到味道之美、之鲜。人不应似蚂蚁，只会去收集；也不应似蜘蛛，只会从自己肚中抽丝；人应如辛勤劳作的蜜蜂，采集百花之蕊，酿造出人见人爱的香甜蜂蜜。

在对比中品味而感恩，在实践中知味而奋进，在总结创新中体味而发展。<u>只有笑看人生，抱着乐观向上的态度体味人生，才能真正地享受生活，享受成长、发展的快乐。</u>（筋骨句+脉络句）

（张保振）

例 4-21 这篇文章用双道下画线标识出的"筋骨句+脉络句"，与例 4-20 相比，虽然位置上都处于段落开头，但还是略有不同。例 4-20 中的筋骨句与脉络句（词）基本不重叠，而例 4-21 中的筋骨句与脉络句基本上是重叠的，也就是说，这些句子既是筋骨句又兼有脉络句的功能。

二、点题扣材适切实在

优秀议论文的分析说理,之所以能够条分缕析,除筋骨句、脉络句在前面起到纲举目张的效果以外,还有一个特别重要之处,就是在说理过程中,时时不忘点扣,用点扣来牢牢牵住议论说理的"牛鼻子"。

何为点扣?点扣即点题扣材的简称,"点"就是点明或明确提出,"扣"就是扣紧、围绕。具体来说,议论文说理中的点扣包含三个方面:点扣材料、点扣论点、点扣文题。

一是点扣材料。当前日常训练及考试议论文写作,多是命题材料作文,换言之,命题材料是写作的缘起,是考生写作议论文提出论点的根源所在。因此,文章开篇,自然而然一般会点出命题材料。有的文章在行文中或结尾处,根据需要又再次把命题材料呈现一两次,使读者觉得写作者始终是"缘事而发",写作目的明确。

二是点扣论点。论点是文章的灵魂与统帅。就像紧紧围绕统帅打仗,呼喊统帅的姓名或口号,以表达对统帅的忠诚,写作中时时点扣论点也是对核心论点的"忠诚",表明没有忘记写作的出发点,没有丢掉"初心"。因此,经常点扣论点,也可以检查自己写作的方向是否有所偏离。

三是点扣文题。题目是文章的眼睛,在很多议论文中,题目也是文章的论点。写作中经常点扣文题,可以收到与经常点扣论点同样的效果。如2024年苏州二模卷获得一类上的佳作:

例 4-22

一颗星点亮另一颗星

"灿烂的星,我欣赏独属于你的异彩,却不羡慕,你独垂夜空,独放光彩。"诗人济慈如是说。观星如识人,我欣赏个体的独具差异、异彩纷呈,也呼唤同理心,让一颗心触碰另一颗心,<u>一如一颗星点亮另一颗星</u>。

何为同理心?我想,这是人类与生俱来的,与他人同频共振、搭建共鸣的心底的柔软;是孟子所言"人皆有此四心"的仁爱之心的一种体现;是无关乎人之善恶的能力和意愿。

曾在淘宝上看到一家网店,专门售卖"单只鞋"。每一只都造型精美、工艺精巧,其广告标语是"真正的文明是穿两只鞋的人能记得穿一只鞋的人",这瞬间击中了我心底的柔软,大概也可触碰并抚慰残疾朋友们的心吧!

人人生而不同,差异是客观存在的、不容破解的个性。但不可否认,人们有着相同的生理结构与心理机制,有着相似的沟通方式和情感通道。因此,同理心作为纽带，维系着群落的向心力和凝合力，能够也必须勾连起、支撑住彼此，结成社群的安全绳、缓冲网。

英国诗人说："我们必须相爱，否则就会死亡。"共情力是相爱的前提，是理解的基础，一旦有所动摇，文明的大厦便摇摇欲坠、斜而将倾。

如若王阳明赣南剿匪时不曾转换立场，如何能理解赋役重压下只能悲号哀歌的底层百姓；正是多了一分理解、二分支持，我们方能看见更多残疾朋友正视拥抱自己的独特，融入社会的多元温暖。同理心的旗子扬起，所有冰冷的心都会放下岗哨，任温泉热浪席卷艰涩清寒。

放眼当下，亲子矛盾、婆媳争端层出不穷，大到种族歧视、性别议题经久不衰。我们不无痛心地说，由个体身份而束缚着的"差异心理"，固矣！归根究底需要一次身份的卸除、立场的转换、同理心的挖掘。待人之根本的共情力完全释放，方可冰释前嫌。

然而，同理并不是趋同，共情不是忍让。坚守个性的光彩与尝试弥合差异、追求共性并不冲突！切莫以"理解"为名，抛下个体的美，丧失独特性与生命力。

近日美国高校师生筑起的人道主义人墙，生动诠释了人类幽深的美好人性与精神，让我想起教育学家的一句名言："教育是一朵云推动另一朵云。"现在，不妨旧瓶装新酒：

<u>同理心，让一颗星点亮另一颗星！</u>

一般来说，点扣的好处有二：牵住思维不偏离，集中笔墨思辨清。例 4-22 就是很好的例证。

点扣即在字面上做出显性标识，或用词语点扣，或用句子点扣。优秀的说理文章，点扣做得好，不但不会让人觉得累赘，反而有"润物无声"之效。例 4-20 选文，"绕行"是命题材料的关键词，文中加点的"绕行"，前后共出现 10 次，另有近义短语"一绕而过"出现 2 次，这 12 处点扣材料，并不让人觉得繁复。例 4-21 选文，"知味"是题目中的关键词，前后出现达 12 次，另外还有"品味""知道味道"等近义说法。遍布全篇的点扣，如果不单独加以标识，让人浑然不觉。这就是点扣的必要且巧妙之处。例 4-22 选文是点扣文题，文题即论点，前后出现 3 次，给人首尾呼应、文气贯通之感。

论据素材：弱水三千只取一瓢

论据是用来证明论点的事实或道理，是论点立足的根据。论据是为证明论点服务的，行文的核心是说理，借佛经中"弱水三千只取一瓢"的说法来阐述议论文写作中对待论据素材的应有态度，那就是，无论拥有多少论据素材，我们都要时刻保持清醒，对论据进行精挑细选，只选用典型的论据入文入理。

第一节 基本认知：分类用，选准据

论据使用，最基本是应知晓论据的类别，这样，即可根据写作需要，有针对性地选择论据，或做类别搭配，或做方向限定，让论据较好地为说理服务。

一、论据分类

（一）按性质和来源分

论据按性质和来源分，有事实论据和道理论据。事实论据指有代表性的确凿的事例、史实及统计数字等。道理论据指经过实践检验的、正确性已为人们所公认的革命理论、名人言论、科学领域的定理及生活中的常识等。

1. 事实论据

事实论据，是对客观事物的真实描述和具体概括，其中"事实"即指真实发生或存在过的事件、数据、事例等。事实论据具有直接现实性，它是议论文中最常见、最有说服力的论据类型。

大到国家、民族的重大事件或变革，如商鞅变法、胡服骑射、王安石变法、戊戌变法、辛亥革命、改革开放、脱贫攻坚等；小到个体的举止或决断，如孔融让梨、程门立雪、秋瑾赴义、钱学森回国、李子柒直播、董宇辉的"与辉同行"等。无论古今，这些都是既往或当下的事，在写作中，我们可以根据写作主题的需要拿来使用。这种情况很常见，如：

第五讲　论据素材：弱水三千只取一瓢

例 5-1　"为别人尽最大的力量，最后就是为自己尽最大的力量，"罗斯金曾言。帮助他人亦能成就自己。狄仁杰帮助同事的同时也锻炼了自身的办案能力，他终生清廉为民请命，成为一代名相；南丁格尔夜夜提灯巡视病房，有了"克里米亚的天使"的美称；叶连平献身于乡村教育，在平凡简朴的工作中化身永不熄灭的烛火。把心怀他人的善意融入个人价值的实现中，就能以有限的生命长度拓展出无限的人生宽度。

例 5-1 文段中采用述例方式，选用了狄仁杰、南丁格尔、叶连平等具体而典型的个体事例，段尾再用归纳方式，揭示这些人物"把心怀他人的善意融入个人价值的实现中"，从而证明全文的论点。

还有一些，如精卫填海、后羿射日、嫦娥奔月、神农遍尝百草，西方的太阳神阿波罗、天神之王宙斯等神话传说，刻舟求剑、叶公好龙、坐井观天、徒劳的寒鸦、农夫和蛇等寓言故事，若从"历史的真实性"来看，多不存在，但这些经典在人类文明史上已真实存在，对这些经典的讲述已历经数千年，且数千年来人们受到这些经典的教育、启发与影响也已真实存在，因此，神话传说、寓言故事也可以被视为事实论据。

例 5-2　据说，珠海一直想注册"浪漫之城"，未料被大连抢先一步，于是只好将"幸福之城"收入囊中。可见，珠海的特色究竟是"幸福"还是"浪漫"，可能它自己也没有理清楚。要是"幸福之城"也被人抢注了的话，相信改为"和谐之城""温馨之城""富贵之城""长寿之城"也未可知。反正中国文字博大精深，找几个好听的名字易如反掌。

很久很久以前，那个叫作孙悟空的猴王曾把"齐天大圣"这个"商标"注为己有。不过，做了"齐天大圣"的孙悟空，终究没能享受到与玉皇大帝平起平坐的地位，背地里别人依旧管他叫"猴头"或"弼马温"，蟠桃会的邀请名单上连他的名字都没有。最后孙悟空修成了正果，原因也在于取经路上一步一个脚印换来的成绩，完全没有得益于"齐天大圣"这个头衔。

例 5-2 文段中选取的论据为"齐天大圣"孙悟空，这是文学作品里的神话故事，写作者把它拿来做类比论据使用，以说明珠海注册"幸福之城"未必能改变其本质特点，很准确亦很巧妙。

需要特别注意的是，议论文写作中的事实论据基本上都落在"事件"上，很少涉及"数据"，如果能关注准确的"数据"事实，当是非常重要的加分项，如：

例 5-3　物流业作为现代经济的重要组成部分，对经济增长的贡献不容忽视。据统计，2007年至2023年间，我国物流业增加值年均增长超过10%，远高于同期GDP的增长速度。特别是在一些经济发达地区，物流业对GDP的贡献率甚至超过了20%。这些数据清晰地表明，物流业已成为推动经济增长的重要力量。

该文段利用统计数据来论证物流业在促进经济发展、优化产业结构等方面的积极作用。

2. 道理论据

如果说事实论据着眼于具体的"做"，道理论据则重点着眼于"说"。道理论据主要是指来源于实践并已被长期实践证明和检验过的，被断定为正确的名人名言、谚语、文献记载的观点等。

需要特别注意的是，道理论据必须经过检验并被判定为"正确"，不能拿那些片面的乃至荒谬的歪理邪说来作为论据。"实践是检验真理的唯一标准。"这一哲学断语是正确的，我们拿它来作为论据，是完全可以的。假如有人提出把"不孝有三，无后为大""婚姻应尊奉父母之命、媒妁之言"等封建思想观念，或"物体落下的速度和重量成比例""吃绿豆包治百病"等伪科学的论述等，作为文章的论据来使用，不仅会闹出笑话，还会在歪理邪说这条弯路上越走越远。

例 5-4 希望你像王进喜那样，成为最美奋斗者。有爱心，不去奋斗，爱心就只能停留在口头上。巴金先生曾说过："奋斗就是生活。"而卡莱尔就更直接了："停止奋斗，生命也就停止了。"可见奋斗之于人生的非凡意义。一方面，"奋斗这一件事是自有人类以来天天不息的"，它是人类文明进步的阶梯。另一方面，唯有奋斗，才能让梦想照进现实。"青年最要紧的精神，是要与命运奋斗。"陈绍良说得很好："工作是我最大的兴趣，勤劳是我创业的源头。"中华人民共和国成立初期，正是"铁人"王进喜、掏粪工时传祥、"两弹一星"元勋们以勤劳和智慧排除万难、不懈奋斗，才使我们取得了举世瞩目的伟大成就，才有了如今人民幸福的生活。希望你也能"为中华之崛起而读书"，为实现理想而不懈奋斗。（2020全国Ⅲ卷四川考生佳作《永攀高峰》）

这个文段前面连续引用巴金、卡莱尔、陈绍良等人的名言，属于道理论据，强调奋斗之于生活、生命的意义。最后几句，又连续列举王进喜、时传祥、"两弹一星"元勋们等事实论据。两种论据叠加使用，论证说服力会更强。

（二）按产生时间分

论据使用，除去关注典型，就是追求新颖。区分新颖与否，时间维度上的划分是一种最常见的尺度。尤其是当下一些基于情境的写作，在论据的选择上，可能更需要使用新近的事例、言论等。

1. 历史论据

在古代典籍文献中，存在着大量的历史人文掌故，适时而正确地使用，既能显示写作者的学养积累深厚，也能增强文章的底蕴。但凡事有度，当下的写作，如果通篇大量引用历史论据，尤其是李白杜甫白居易、陆游苏轼辛弃疾等屡见不鲜的人物及其事迹，文章一般上不了高台面。不过，也有例外：

例 5-5 《论语》有言："不患人之不己知，患不知人也。"知人实为不易。昔有烛之武心怀凌云之志，能言善辩，然而无伯乐举荐，只得湮没无闻。后来，郑国临难，佚之狐慧眼识珠，他向郑伯举荐烛之武，并说如果烛之武面见秦伯，一定能凭借口舌之功，智退秦国军队。烛之武感念佚之狐的举荐和郑伯的信任，于是"一言之辩重于九鼎之宝，三寸之舌强于百万雄师"。历史会铭记烛之武的"老骥伏枥，志在千里"，更会镌刻下佚之狐的知人之智。（2020 年全国Ⅰ卷佳作《知人者智，自知者明》）

这段文字，既使用了引自《论语》、刘勰《文心雕龙》、曹操《龟虽寿》的多条道理论据，也使用了《左传》中"佚之狐慧眼识烛之武，烛之武退秦师"的事实论据。纵观整个文段，论据素材均为历史类。之所以大量引用历史论据还比较合适，是因为当年的考题是关于"齐桓公、管仲和鲍叔三人"的，且写作任务明确要求就"你对哪个感触最深"来写文章。

2. 新近论据

不是所有写作都适合选用历史事理材料，历史事理材料作为论据，往往适于传统型、文化型、素养型等主题的写作。当然，即便有些情境作文写作中可用历史材料，那也不能通篇使用，因为当前大多数作文考查具有时代性和应用性，写作必不可少地要有关注现实的当下材料。如针对"环境污染治理""学校外包营业超市"等情境材料，因写作的"就事论事"性，历史材料多派不上用场。此时，用足用活"现例"，用"现例"印证现实，比用历史材料更具针对性和说服力。

新近论据，不一定是像经过时间沉淀的历史材料那样具有经典性，而是大到国际时事、名人案例，小到众生百相、日常镜头、流行言论，只要合适，皆可入文。

如一个情境材料的设置是：几名学生聚在一起谈论传家宝，小张说他家的是个有年头的青花罐，小杜说他家的是爷爷留下的几枚勋章，小程说她家的是"忠厚传家久，诗书继世长"的祖训。写作的任务指令是"你认为什么样的传家宝更有价值？"如某生以《唯有精神永存》为题的写作片段：

例5-6 季羡林曾在《八十述怀》一书中有感而发："若说人生的意义，那就是对人类精神和知识的承上启下。"人类社会的发展，之所以如此神速，正是因为知识和精神的可传递性，如同滚雪球一般。祖训以文字为载体，将先辈对后辈的殷殷期盼传承下来，借此勉励后代不断奋斗，不断学习。这样的精神传递，促使一个家族的兴盛，正如河南的康百万庄园，兴盛了十几代，而其祖训是"……留有余，不尽之巧以还造化；留有余，不尽之禄以还朝廷；留有余，不尽之财以还百姓；留有余，不尽之福以还子孙……"。这样的"留有余"如同警钟般时刻回响在后辈心中，自然后辈会不自觉地树立起良好的观念，从而使家族世代兴盛。

这个文段选取了季羡林《八十述怀》、河南康百万庄园两则材料。这样在当下较经典的事例能和题目中的观点"唯有精神永存"相配位。若选择历史事例，怎能更好地说明"精神永存"呢？

除去前面现实中的重点、热点和名人事例，选取"现例"，还可以关注生活中的一些凡人琐事，这也是使文章"接地气"、触摸"现实"的好方法。如下面一个片段：

例5-7 如果你曾到过中国，相信你不会忘记那些令你难忘的美食。中国人爱吃，并且吃出了文化。我不会忘记读汪曾祺先生之感受，玉林米线，黄焖鸡，金华火腿，高邮鸭蛋以及最普通的黄油烙饼。中国人讲究吃，每一道菜的背后都有着几百甚至上千年的历史。你吃油焖大虾，可我能和三五知己边吃小龙虾边畅谈人生；你吃法式鹅肝，可我用最平常的食材做出一道你永生难忘的蛋炒饭；你吃昂贵的鱼子酱，可我能尝到秘制多年的雷山鱼酱。一部《舌尖上的中国》或许让你更理解中国烹饪的核心，不是食材而是我放盐时想起你最近生病而须少放一点的关心。让你欲罢不能的不是厨艺技巧，而是生活中的点滴感悟。中国人吃的是菜，吃到的则是人生感悟。（2017年全国Ⅰ卷佳作《一横长城长，一点茉莉香》）

或可认为文段中的汪曾祺、《舌尖上的中国》是名人或大栏目，但文段中主要的文字显然是生活里的美味佳肴、烟火人生。用这些来介绍中国"美食"的花样繁多，真的没有比这样写作更合适不过的了。

二、论据使用

（一）甄选精准的论据

论据使用中的误区，有以叙代议、类别冗杂等，而对应的正确的使用方法就是，论据避免大篇幅叙述，多用述例；论据类别尽量"单纯"，切面尽量小。在论据的使用过程中，上面这些误区是容易避开的。相对来说，论据使用中比较困难的是如何确定某材料是否适合做论据。

正确、新颖、典型是选择论据的标准，其中，"正确"无疑位于首位。论据是否新颖，是否典型，只影响文章"好不好"，而论据是否"正确"则决定说理"对不对"。即便文章论点正确，若论据"不正确"，则论点也得不到充分的证明；再者，若论据"不正确"，则其后的分析论证无论怎样有条理，也都是"歪理邪说"。

选择怎样的论据才算正确，或如何检验选择的论据？我们用表格，以对某佳作《成长需要挫折》中拟使用的论据进行切分为例，辨察论据的说理边界，进而鉴别论据的真伪与优劣。

1. 事实论据

对事实论据的切分（表 5-1），可参照论点的切分形式，把事实论据对应切分成若干切片，然后把论点、论据对应切片放在一起反复比较、斟酌，最后得出论据是否合适的结论。

表 5-1 事实论据的切分

论点		成长需要挫折		
核心词		成长	需要	挫折
论据 1	表述	南非前总统曼德拉年轻时因反对种族隔离制度而被捕入狱。白人统治者把他关在荒岛上 27 年，看守总找机会欺辱他。出狱后，他被推选为南非总统		
	切分	曼德拉被选为总统	需要？	被捕入狱，关押，欺辱
	分析	曼德拉被选为总统，是结果性的，属于"成功"类别	入狱等与当选总统无逻辑关联，谈不上"需要"	被捕入狱、关押、欺辱等是外界的摧残，有的近于是毁灭性的，不全是"挫折"
	结论	此论据不可使用。论据中与论点"成长""需要""挫折"对应处均有问题		
论据 2	表述	幼鹰只有经过坠崖的历练，才能学会展翅遨游天空		
	切分	幼鹰，学会展翅遨游天空	需要？	坠崖历练
	分析	"幼鹰"从弱到"展翅遨游天空"，属于"成长"	无论是主观还是客观都促进幼鹰成长，是"需要"	幼鹰有翅膀，且有"老鹰"保护，固"坠崖"不是毁灭，而属于"挫折"
	结论	此论据使用精当。论据中与论点"成长""需要""挫折"对应处均无问题		

通过对论据1、论据2的两个实例进行切分与对比，可以看到，论据的选择，必须依据核心词进行逐点比较、详细分析，如此才能得出论据是否合适的结论。这样做还可以减少甚至杜绝对核心概念的误解，从而降低偏题、跑题的可能性。

2. 道理论据

道理论据主要是通过语言思辨来表达对事理的认知，因此，在对理论论据进行切分的过程中，首先应弄清楚其内部的语言逻辑，弄清楚孰先孰后、孰因孰果，然后再对应切分。一般来说，如表5-2所举的两则论据，道理论据内部也常会借助比喻、类比等方法说理，因此，其内部也有一定的事实，这样，我们可仿照对事实论据的切分，对理论论据进行切片比较、分析，以确定论据使用是否合适。

表5-2 道理论据的切分

论点		成长需要挫折		
核心词		成长	需要	挫折
论据1	表述	冰心说："成功的花，人们只惊美她现时的明艳！然而当初她的芽儿，浸透了奋斗的泪泉，洒遍了牺牲的血雨。"		
	切分	当初她的芽儿——成功的花	浸透 洒遍	奋斗的泪泉 牺牲的血雨
	分析	单就"成功的花"看是"成功"，但从"芽"到"花"看，也属于"成长"	必须有	主观努力的表现，不属于"挫折"
	结论	该句意在强调艰辛付出的重要性，不是体现"挫折"。此论据不可使用		
论据2	表述	泰戈尔说过："只有经历地狱般的磨炼，才能炼出创造天堂的力量；只有流过血的手指，才能弹出世间的绝唱。"		
	切分	炼出创造天堂的力量、弹出世间的绝唱	只有	经历地狱般的磨炼、流过血的手指
	分析	既可视为"成功"，也可看作"成长"	必要条件，即"必须有"	"地狱般"（非"地狱"）、"流过血"都是成长中的煎熬或受伤，皆属"挫折"
	结论	该句强调艰难险阻、痛苦磨难等挫折对于成长的重要性。此论据使用恰当		

表5-2中通过对两则理论论据的切分、对比，从细微处甄别出只有论据2适合做论据。

对论据进行精细的辨察的前提是针对具体的论题，得有多则论据供甄别。因此，只有在日常学习中注重论据材料的分类积累，写作时才能有辨察材料说理边界的可能。"手中有粮，心中不慌。"没有丰富的论据积累，具体写作时只能捉襟见肘，又何谈辨察呢？

（二）论据使用中的误区

1. 以叙代议

有些学生在论证时，采用的是事实加观点的简单组合的方法，对这些事实材料缺乏必要的、合理的剪辑，流于材料的堆砌，未能开掘出蕴含于事实材料中的道理，因此，虽然事实论据十分典型，但是没有达到预期的说理效果。这种情况是议论文写作中的第一大毛病。

例 5-8 珍惜时间，可以让我们取得更大的成功。很多人都是在珍惜时间、坚持努力的基础上取得成功的。我国杂交水稻之父袁隆平，自从开始研究杂交水稻，都是从大处着眼，从难处着手，他和他的助手们每天头顶烈日、脚踩烂泥、低头弯腰苦苦探索，终于找到了一株天然雄性不育的植物。到 20 世纪末，他又向新的制高点发起冲击，率领一支由全国 10 多个省、区成员单位参加的协作攻关大队，日夜奋战，经过一年的努力，终于取得了成功。是的，他们的经历告诉我们，珍惜每一分时间，不让它浪费，成功离我们就不远了。

这段文字中的画线部分，大量堆积袁隆平的事例，叙述篇幅过长，而分析议论的篇幅则过短，叙而不议，以叙代议，以致到文段结束草草地把前面的预设观点"粘贴"上去，这是典型的"贴标签"大忌。

2. 类别冗杂

在议论文写作中，仅论据使用就有很多问题，如论据与论题不合、论据断章取义等，这些可能是原本对论据材料的理解有偏差，而论据陈旧、论据单一、论据不典型、论据剖析缺失而至以叙代议等，则是论据在实际使用中存在的问题。

论据选取不对，论据使用不好，损害了文章的立意，在此不赘述。而在论据使用过程中，还有一种现象，就是论据虽不影响立意表达，却容易削损文章的说理气势，消解文章的意脉。

先来看毛泽东《别了，司徒雷登》中的一段文字，其在论据使用上具有最典范的借鉴意义：

例 5-9 ①我们中国人是有骨气的。②许多曾经是自由主义者或民主个人主义者的人们，在美国帝国主义者及其走狗国民党反动派面前站起来了。③闻一多拍案而起，横眉怒对国民党的手枪，宁可倒下去，不愿屈服。④朱自清一身重病，宁可饿死，不领美国的"救济粮"。⑤唐朝的韩愈写过《伯夷颂》，颂的是一个对自己国家的人民不负责任、开小差逃跑、又反对武王领导的当时的人民解放战争、颇有些"民主个人主义"思想的伯夷，那是颂错了。⑥我们应当写闻一多颂，写朱自清颂，他们表现了我们民族的英雄气概。

这个文段共有六句，第①句是论点，第②句是对第①句论点的阐释与内涵限定，第③④句边例边析，第⑤句进行对比分析，第⑥句总结全段。全段文字意脉清晰强劲，文字掷地有声，具有这样效果的关键，不仅是因为使用了正确的论据，也不仅是因为论据简洁、分析精当等，而且是在②—④处：第②句是论点与论据间的过渡句，对论点的内涵进行解释与限定，为后面③④两句的举例奠定基础；③④两句为同类论据，其先服务第②句，然后和第②句一起，来证明段首第①句的观点。这就是让全段意脉清晰的最关键之处。

在议论文写作中，很多学生在段首提出论点之后，对论点缺少进一步的分析限定，直接抛出若干论据，且论据或类别散杂，或表述烦冗，致使本该贯通的意脉被消解。如某学生习作《成功源于100%刻意》中的一个语段：

例5-10 ①"刻意练习"练的更是一种精神。②"寒窗苦读"固然辛苦，日复一日的肌肉练习，不可避免地会带来无聊、被动甚至是烦躁，这时我们便需要训练能吃苦不怕累、有恒心有毅力的精神品质。③世人皆晓莫扎特的音乐天赋，殊不知其在真正作曲前，经历了长达十年的刻意练习。④高凤林、徐立平，这些大国工匠用持之以恒的刻意练习、一以贯之的刻意精神，制造出一个又一个完美之作，彰显出一份又一份大国匠心。

该语段乍看问题不大，首句提出论点，次句分析限定，后两句举例论证。但仔细琢磨，便觉其意脉不畅。与上面《别了，司徒雷登》典例相比，倒不是缺少最后的总结句，而是语段第②句强调的是"寒窗苦读"下的"精神品质"，而③④两句，不仅非"寒窗苦读"类实例，而且分属于艺术、工艺两个领域的内容，连贯的意脉被冗杂的实例消解掉了，致使语段读起来磕磕碰碰，毫无气势。

针对这类问题的修改，首要任务是按照第②句内涵限定的要求，选取同类性质的论证材料，同时适当注意述例的角度和分析的力度。

第二节 常规使用：守原则，求新意

论据使用的常规要求是"守原则，求新意"。原则，是论据素材使用的底线或规矩，不可逾越；新意，即在遵守原则的基础上的具体使用中的一种追求。

一、基本原则

（一）真实

真实是作文的生命。也就是说，选材要从实际出发，以事实为依据，写人要"确有其人"，写事要"真有其事"，写物要"实有其物"，切不可脱离生活的原型而凭空编造。人们常说"铁证如山"，就是说使用的论据要是确凿的，是真实可靠的，是毋庸置疑的，是具有"铁"性的，只有这样的论据才能强有力地证明观点。如说到古人古事，要具体到什么朝代，记载在什么历史典籍中；说到今人今事，要具体到时间、地点、人物、事件，以及什么报刊报道的。这容不得半点儿含糊，否则会对论证产生负面效应。

写议论文时，不要用"我听说""我曾经遇到这样一件事"之类的话语，也不要断章取义，要使用具有广泛影响的真实事例。

（二）合宜

合宜即要求论据与论点相互统一、保持一致，论据能够证明论点。这里的"统一""一致"是指论据与论点之间存在着本质的逻辑关系，即论据的指向与论点的指向是一致的。所用之例必须服从论点的需要；在叙述论据时，如果把一些与中心论点无关的内容或细节也写了进去，那么不管论据多么生动，也是无效劳动。选择合适的论据就如选择合适的衣服，不管衣服多么华美，如果不合身，就不能体现出身材的美，这样的衣服就不适宜穿。因此，在选择论据时，一定要掌握好分寸，删留得当，力求使所选论据充分证明论点。

（三）典型

典型指那些有代表性、能反映出事物本质，能够有力地证明论点的材料，这样的材料更有说服力。在议论文写作中，在选择论据时，要尽可能选择那些有代表性的，能够以一当十的论据，其他普通的论据尽可能少用，当然，典型性也是相对的，那些运用得太俗太烂的论据，反倒可能因太俗太烂而缺乏说理的典型性。

典型的论据不是偶然的事件，不是从个案中得出的结论，而是具有某种共同特征的案例。典型还要求论据是"力量型"的，在同等条件下，我们要选取名人事例或言论，因为它们是经过时间检验的事实或为人们所熟知的哲理，运用它们会更有说服力。

为了达到论据典型，通常情况下，我们要从"古、今、中、外"四个方面选取论据，让事例代表各个层面，有覆盖性，有说服力。

(四) 新颖

论据的新颖性是指所选择的论据必须是新鲜的、具有时代色彩的。这样的论据更有说服力，更能使读者信服，它们不仅使文章具有新鲜感，还能体现出一种创新的、个性的色彩。最好不要用那些已被众人用滥了的老掉牙的例子，要尽量用有时代气息的鲜活的新事例。缺少时代气息的事例，于无形之中降低了文章的说服力，最终达不到预期的目的。

议论文写作讲究针对性、时效性，论据的新颖可以增强议论文的现实感，使之充满时代气息。应关注媒体，关注时事，寻找新闻事件、科技前沿与自己认识的契合点，与时代脉搏一起跳动，做到声声入耳、事事关心。在平时的阅读积累中，我们应多采撷报刊里的名人名言、新鲜事例。

二、出新之策

喜新厌旧是人们的一种常见心理，就议论文的论据使用而言，读者也喜欢看到新鲜材料、新颖表达。关注社会，关注时事，关注生活，加强对新鲜素材的选择与使用，是论据使用的刚性要求。但有的时候，对于已有材料，换个角度去观察，换个思维去选取，或许也能使材料新意陡升。

(一) 转换观察视角

1. 站在侧面看

有一位睿智的老果农，数十年如一日地研究果树新品种，终于研究成功了，他的果子比别家的都好。令人不解的是，他却将自己的成果挨家挨户地送了出去。在他的引导下，全村的果园里种的都是他的优良品种。

这则材料从正面看，老果农是好心。从侧面看，他是为了自己的果树，如果村民用的仍然是旧品种，那么老果农的果树也会被传播的花粉影响。

2. 跑到背后看

有些事件或现象，人们普遍看到的就是事物的表象，这种表象虽然也是事实的一部分，但如果大家都仅仅停留在表象上，就会造成看问题的浅表化或观点表达的同质化。事件或现象的背后往往"别有洞天"，若我们能走到背后去观察思考，往往会有不一样的发现。如几年前，网络上热传的一件事：一群人，将牛奶瓶盖一一拆下，将牛奶倒入沟渠，旁边还有成堆的即将被拆封倒掉的牛奶。该事件引发持续关注。

实地了解事件真相后会发现，原来这是一群粉丝为了某选秀节目的"打投"（"打榜"+"投票"）行为：购买赞助商的牛奶，通过扫描瓶盖内的二维码为喜欢的选手助力。买得越多，获得的助力机会就越多，因而倾倒牛奶也就很多。

再深入到为"打投"而倾倒牛奶事件的背后，可以发现：该现象暴露了一部分年轻人畸形的追星行为，电视台、制作组和一些企业也存在不正确引导，扭曲了社会价值观。

这是社会上的一个负面事件，跑到事件的背后，通过不断追问或探索，可获得深层次的认知。

再举一则大家熟悉的典型的正面性材料：钱学森当年从美国回国历经艰难险阻，甚至有一位美国高级将领明确表示不愿让他回到中国。因为在他眼中，钱学森一人抵得上五个师的兵力。当然，钱学森最终突破层层阻挠，于1955年9月回到中国。——这是大家都知道的基本事实，但如果我们再深入了解，还可以知道：早在钱学森回国之前，中国科学院就已聘任钱学森为研究员，并按照研究员薪资标准的70%且根据"就近原则"，将钱学森纳入上海冶金陶瓷研究所的编制，向钱学森的父亲钱均夫发放生活补助。另外，再深入读史，亦可发现，为了促成钱学森回国，中国用放回美国多名飞行员为条件与美国谈判，并且谈判代表在谈判中公开了钱学森用小小香烟纸写的密信，揭露美国阻止中国公民回国的错误行径。正是我们国家对钱学森的温馨关怀和对美国的强硬立场，成就了双向奔赴的美好故事。

3. 找到多切面

一则好的材料，具有多元属性，总是立体地呈现，再加上不同的人对材料的理解不同，立意的角度有异，因此，同一则材料往往可以有不同的立意挖掘角度。如《烛之武退秦师》，其立意就可以多角度切入：

① 是金子总会发光。烛之武是块"金子"，年轻时精力旺盛，才华横溢，但被埋没几十年。到了晚年，国难当头，才被委以重任，出使秦国，救国家于危难。

② 顾全大局，国家利益高于一切。烛之武年轻时未被重用，难免产生委屈与不满，但国难当头，他不计较个人的得失，毅然出使秦国。

③ 责己恕人，宽容待人。面对烛之武的牢骚，郑伯没有表现出丝毫的不满，而是深深自责，连说"吾不能早用子，今急而求子，是寡人之过也"。

④ 有勇更要有谋。兵临城下，烛之武"夜缒而出"，出使敌阵，需要"勇"，但烛之武既然敢于这样做，凭借的完全不是莽夫之勇，而是"智"：正是他智慧地分析利弊，让秦国退了兵。

（二）使用"二流"论据

我们所说的"二流"，不是指论据的档次低，而是指论据在当下的见闻度与使用率不高，换句话说，"二流"论据既不是"李白杜甫白居易"式的世人皆知类，也不是"天外来客"式的荒僻异识型，而是介于高频使用与独家秘闻之间的具有中等知晓度的论据。也就是说，我们选择论据时，为了避免"撞车"，要慎用"信手拈来"的人物事理；最好选择一些"我（考生）知你（阅卷老师）知"而"大家（众多考生）未必知"的人物事理。

1. 古代：尽量不用一流的文人墨客材料做论据

从懵懂入学到高中毕业，考生们学习过的中小学教材中的贤达俊杰，上起屈原，下迄梁启超、林觉民等，大约有上百位，其中李白杜甫白居易、苏轼陆游辛弃疾等，无疑是一流中的一流，写作时一般不要选择他们。写"唐宋八大家"，不写韩愈、柳宗元，可写苏辙、曾巩等；写古代女诗人，不写李清照，可写蔡文姬、谢道韫；写古代勇武文人，不写投笔从戎的班超，不写"把栏杆拍遍"的辛弃疾，不写"岂因祸福避趋之"的林则徐，可写扯起"勤王"大旗的颜真卿，可写"反客为主"的王阳明，等等。

2. 现代：十年前的"热点"为今用

当今社会"信息爆炸"，几乎每天都有"热点"的人与事，正面的如"感动中国人物事迹""大国工匠"；中性的如影视明星、时尚达人等；负面的如贪腐官员、诈骗分子等。对于这些人与事，如果不假思索地进入文章，很容易造成素材"撞车"，甚至有些人与事，还没有经过时间沉淀，或许尚无定论。最好选择十年前的"热点"——似曾相识，可给人"故友重逢"之感。

如写身残志坚，我们暂不写"感动中国 2022 年度人物"陆鸿，而写十多年前站上了《中国达人秀》的冠军舞台，站在了维也纳金色大厅，失去双臂却用双脚弹奏出动人乐章的刘伟。写当下网络空间的争吵，不如写十多年前一方质疑，一方释疑，大战三百回合却难见分晓的韩寒与方舟子之争。写平凡中的伟大，可写十多年前"最美女教师"张丽莉、"最美司机"吴斌等。

3. 言论：用小众化的"银句"替换妇孺皆知的"金句"

古今中外称得上"金句"的句子多如繁星，有些"金句"可谓妇孺皆知，而有些句子，或许与某"金句"意思相同，但只是小众化了解，我们谓之"银句"。日常积累时，我们应多积累"银句"，以备写作之需。

如同样讲勤奋、刻苦，有《增广贤文》的"书山有路勤为径，学海无涯苦作舟"，韩愈的"业精于勤，荒于嬉；行成于思，毁于随"，王骥德的"天下无难事，只怕有心人"，蒲松龄的"有志者，事竟成，破釜沉舟，百二秦关终属楚；苦心人，天不负，卧薪尝胆，三千越甲可吞吴"，等等。这些都在教材上出现过，应是大众化甚至是妇孺皆知的"金句"，我们可用小众化的"银句"来替换，如华罗庚的"勤能补拙是良训，一分辛苦一分才"，《后汉书·张衡传》的"人生在勤，不索何获"，等等。

要注意所选用的论据素材的广度和深度。广度体现考生的阅读视野，深度体现考生的思维品质。"深度"首先是建立在"广度"基础上的，考生选用"二流"素材做论据，并非因为其不知道"一流"论据，而是显示出考生对"二流"论据都有深入的了解，可见其阅读之广泛、了解社会之深入。

第三节　出彩追求：繁简当，层次高

论据求新，虽也着眼于论据用得好，但这用得好，可能更多是就读者阅读感受而言的。论据用得好，还有一种更高层次，就是在论据的繁简与层次上，注意斟酌推敲。

一、简笔与繁笔

事实论据和道理论据在写作表达中用简笔还是繁笔是有讲究的。道理论据中的事理或名言警句，追求简笔是前提，若言论偏长但又必须引用，适度用繁笔亦可。这里重点探讨有关事实论据的简笔与繁笔。

一则事例包含很多侧面，其中可能只有一两个侧面与论点契合。而一个论点也有很多事实可作论据。选择和使用事实论据，要有对简笔与繁笔的考量。

（一）多例简笔，独例繁笔

能证明某论点的论据，可列举出很多，用诸多论据证明论点，能提升事理的信度。大多数论据往往只是某一侧面与论点契合，因此，应该用简笔对论据中切合论点的某一点进行"剪辑"，同时留出适当篇幅，为其后的充分说理腾出空间。

例 5-11　合作是做人的炼金术。诺贝尔奖获得者居里夫人和她的丈夫皮埃尔合作提取出了镭元素，但他们拒绝申请专利，想让全世界分享他们的成果。屠呦呦和同事们合作提炼青蒿素，最后还心甘情愿地在自己身上试药。国产大飞机C919实现商业首飞，这一成就的背后，隐藏着总设计师吴光辉带着清华、复旦、北航、南航、哈工大等十几所高校、上万名科研人员十年的艰辛奋战与精诚合作。（2023年全国乙卷佳作《人心齐，泰山移》）

节选的这个文段仅一百余字，却紧扣段首分论点，用简洁的述例方式，连续列举三个事例。在对每则论据进行介绍时，都是边介绍边围绕段首"合作是做人的炼金术"这一分论点展开的，这是简笔述例的常见方式。

多论据的选用，虽然也追求论据的典型性与影响力，但实在不避"弱小"论据，即普通的或不见经传的事例常被使用。若多论据的事例并非典型，加之多论据连用又占据一定篇幅，则多例使用也没必要使用繁笔。而若选用单则论据，则论据一般都要具有典型性，所以，其表述可适当用繁笔。

例 5-12 中国面孔，无私奉献。杂交水稻之父袁隆平，一位真正的耕耘者。当他还是一个乡村教师的时候，已经具有颠覆世界权威的胆识；当他名满天下的时候，却仍然只专注于田畴，淡泊名利。一介农夫，播撒智慧，收获富足。他实现了他的夙愿：用占全球8%的耕田养活了全球22%的人口，他让中国人远离了饥饿。如果袁隆平贪图名利，他可能早已是亿万富翁；如果袁隆平贪图享受，他也不用在七八十岁的高龄流连于稻田之间。一捧稻种，一亩水田，喜看稻菽千重浪，最是风流袁隆平。（2020年天津卷佳作《千人一面》）

此段首句乃观点句。全段虽仅举"杂交水稻之父袁隆平"一则论据，但考虑到袁隆平的贡献及影响力，这肯定属于典型论据，可以一当十，证明的力度不亚于多则论据的同时使用。既然是典型论据，就要把论据的内涵说透，同时因是独例，篇幅也允许稍做展开，因此，此时对典型论据可用繁笔。当然，对典型论据所采用的繁笔之法，也应有所区别：或按照事理的发展过程展开，或按照不同侧面展开，或边述例边分析。没有定则，要视论据特点及说理需要而定。

（二）熟例简笔，生例繁笔

论据用简笔还是繁笔，除去看论据数量的多少，还可看论据是否为常人所熟知。若论据是大家较熟悉的，用简笔即可；若论据是大家陌生的，则可适度用繁笔。如2023年新课标全国I卷有关"好的故事"的佳作片段：

例 5-13 一个好的故事还能启迪我们的思考。战国时庄子以《庖丁解牛》阐明天道自然，魏晋时陶渊明以《桃花源记》寄托人生理想，中唐柳宗元以《永州八记》讽喻时事政治，明代冯梦龙以"三言二拍"补救世道人心，清代更有曹雪芹以《红楼梦》反思封建文化。故事之所以动人，除却形象、情节、言语、画面，更深层的原因，我想还是其反映了生活之真理，人心之所需。莫言就曾说："我是一个讲故事的人，因为讲故事，我获得了诺贝尔文学奖。"由此可见，好的故事从来都不是茶余饭后的娱乐与消遣，而是我们探秘历史与文化的钥匙，获得智慧与道德的明灯。（《感受故事力量，思考就在当下》）

该文段对论据做的简笔处理颇具代表性。庄子的《庖丁解牛》、陶渊明的《桃花源记》、柳宗元的《永州八记》、冯梦龙的"三言二拍"、曹雪芹的《红楼梦》等，都是人们耳熟能详的经典常识，文字背后内容无须详述，因此写作中务求简笔。该佳作对几则论据平均用字十八九个，既摆事实又说理，可谓简矣。

议论文写作，就日常训练及应试写作而言，论点一般不容易出新，即便有时可"反弹琵琶"，但观点也都在预设之中，至少不能超出世俗、社会、伦理等规范。尽管如此，议论文写作，我们仍然追求出新，而能出新的角度，可能更多体现在论据新颖上。论据新颖，既可避免文章"千人一面"，增强文章的可读性，也可显示出写作者阅读积累的广度，容易赢得读者的青睐。对新颖论据的使用，可适当用繁笔。如 2023 年新课标全国 I 卷佳作《打破"第四堵墙"》的中间段：

例 5-14 侯孝贤作品《风柜来的人》中有一个经典的镜头：透过懵懂渔村青年阿清的眼睛，乡村人从未见过的车水马龙的繁华如同彩色电影般呈现在广阔的城市幕布上。那一刻，镜头语言真正打破了"第四堵墙"，让我的心震颤。透过主人公的眼睛，城乡文明的冲突从静谧的镜头语言中流淌出来，不再是疏离的，而是将观众带入了真实故事中。

《打破"第四堵墙"》是一篇议论文，而此处节选的段落，叙述性却很强。这种较长的叙述，在原文中没有给人丝毫的违和感，这主要在于大家对电影导演侯孝贤不一定很熟，而对其 1983 年执导的在中国台湾上映的表现少年青涩成长的诗性影片《风柜来的人》，可能就更不了解。该文写作者正是基于这种"陌生"的界定，用简述的方式介绍剧情，在文段最后使用阐释与总结的语言，点扣写作主题。

用繁笔述例，非常考验写作者操控文字的能力，因为选择繁笔的时机不成熟或文字比例失调，都会导致败笔。

二、三个层次

用论据说理，是议论文写作的基本方法。而论据使用中存在的种种不当，诸如论据方向偏颇、论据陈旧、以叙代议等，都是常见的问题，也是议论文写作中的浅层次问题。关于论据的使用，还有一种问题：材料也典型，分析也精准，同时也避免了以叙代议，但就是论据类别散杂，精纯度不够，影响了文章的深度表达。议论文写作中的论据使用，可分为三个层次，层次越高，文章深度表达的质量也就越高。

（一）第一层次："乱花渐欲迷人眼"型

若日常积累了大量的论据材料，写作时则可信手拈来。表面上看，天文地理、古今中外的材料丰富而充足，论证也紧扣论点展开。但深究发现，其文论据材料缺少必要的筛选与整合，不同类别的材料"满天飞"，真可谓"乱花渐欲迷人眼"。如下面一篇习作：

于平凡中成就伟大

大千世界，芸芸众生，每个人皆是如蝼蚁一般最渺小的存在。然而，"最渺小的我，有大大的梦"，平凡的我们，却都有着不平凡的梦。

舒婷说："保持一颗平凡的心，做出不平凡的事业。"然而，总有人想一口吃成胖子，一出手便要惊天地、泣鬼神。殊不知罗马不是一天就建成的，伟大也不是一天就能成就的。九层之台，起于累土；千里之行，始于足下。要成就伟大，必须从平凡做起。

奥巴马是在被人们叫作"黑人集聚地"的恶劣环境中长大的，可以说是平凡到了尘埃里。然而，正是这样一粒不起眼的尘埃，却通过自身的不懈努力，成为美国第一任黑人总统，为消除肤色歧视做出了巨大贡献。爱默生说："完成伟大事业的人，起初并不伟大。"的确如此，奥巴马的成功，便是对这句话的最好诠释。

古今中外，这样的例子数不胜数。爱因斯坦年幼时并不聪明，甚至被老师们认为有智力障碍；林肯一生坎坷不断，几乎是在失败中度过的；马云高考时数学只考了零分……然而，原本平凡到在茫茫人海中也不会被谁多看一眼的他们，通过不懈的奋斗，最终成就了其伟大。

"真的猛士，敢于直面惨淡的人生，敢于正视淋漓的鲜血……"和许多人一样，刘和珍本是北京城内一个平凡的女学生，过着平凡的生活。只是国难当头，身为中华儿女，焉能不挺身而出？最终，刘和珍等一批热血青年倒在了执政府的枪口下。正是这些平凡的人，抛头颅，洒热血，拯救民族于危亡。正是因为有了他们这些民族的脊梁，国家才有希望。他们不再是平凡的，而是崇高的，是伟大的。

朴树在《平凡之路》中唱道："我曾经失落失望失掉所有方向，直到看见平凡才是唯一的答案。"是的，所有的伟大与崇高，最终都要归根于"平凡"二字。同样，平凡的我们要努力不懈地去干，哪怕一天只走一步也好，只要不断地向前、再向前，把"每天"都积累起来，最终，我们一定能够成就属于自己的不平凡。（2021年苏州模考作文）

此文文题即论点，论点可谓鲜明准确；论据丰富而新颖；主体部分的论证，使用了"然而""的确如此""正是""同样"等分析或总结性语言，逻辑清晰，活泼而富有说服力。应该说，这是一篇初学者的不错的议论文习作。

但论据明显"杂乱"：舒婷、奥巴马、爱因斯坦、林肯、马云、刘和珍、朴树等，政治家、科学家、诗人、商界大亨、艺人等，各色人物，无所不包。不可否认，这些人物，起于幽微，搏于平凡，完全可以证明"于平凡中成就伟大"，但若从精纯度的角度来分析，则这些论据又显庞杂——论据材料一旦庞杂，说的"理"也就往往流于"大道理"，进而说理力度也就不足。这种"包罗万象"式的论据使用，常见于初学者。

（二）第二层次："一夜乡心五处同"型

写作议论文，目的是说理，而要想把理说透说好，在论据的选用上，较好的做法是旁征博引"同类"论据。可以用白居易《望月有感》中的诗句"一夜乡心五处同"来概括这类文章论据使用的特点："一夜乡心"指代文章的论证方向一致，用"五处同"来指代文中多处"同类"论据。使用"同类"论据，便于在"定向"打桩上下功夫，即通过分析论证，寻求"同类"论据中的某种共通之理。相较于第一类"乱花渐欲迷人眼"型，这种"同类"论据的选用及论证，切口小，说理的力度强。

至于对"同类"的理解与把握，也是相对而言的。天文、地理、文学、艺术、政治、经济、哲学、美学、社会、自然、科学等，可细分无穷，但总也有大致界限。比如，即便我们把"文学""艺术"视为同类，把"哲学""美学"归为一口，但对"政治""文学""科学"等，尽量不要混为一谈。这就要求在日常学习积累中尽量提升阅读的广度，扩大积累范围，积累尽量类别化。如2014年江苏卷佳作：

例 5-16

活得像梵高的向日葵

梵高说："生活对我来说是一次艰难的旅行，我不知道潮水会不会上涨，及至没过嘴唇，甚至涨得更高，但我要前行。"

耀眼的黄，浓郁的绿，夺目的蓝，梵高的向日葵以咄咄逼人的颜色，宣示着青春的热烈、张扬，豪情满怀。

认真无悔地书写青春才能让青春不朽，坦然地接受年华的老去是对青春最好的纪念。

青春如正午的太阳，喷射着不可抑制、沸腾灼人的激情。把握青春的律动，方能让青春大放光华。王勃风华正茂时，一挥而就千古名篇《滕王阁序》，他的青春是才思火花的迸射；三毛趁年轻旅居撒哈拉，勇敢追求不寻常的快意人生，她的青春是个性的显扬；陈坤带领青年志愿者十天行走西藏，让公益活动"行走的力量"焕发青春的活力，他的青春是正能量的传递。王勃的文思，三毛的个性，陈坤的爱心，是他们对青春独一无二的注解。拥抱青春，迎接生活，青春正当时，不朽的青春由我们创造。

青春，永不告别，铭记青春在于拥有一颗绽放的心灵。赫本的青春被许多人定格在《罗马假日》中的灿烂微笑。晚年，她担任联合国儿童基金会亲善大使，身患重病却依旧远赴索马里看望饥饿儿童。此刻，她娇颜不再，却真正演绎了"天使在人间"。赫本青春不老，因为她良善的心从未消失，她内在的美丽让她的青春永驻。

正如影星布兰切特所说："我觉得皱纹是阅历的象征，我非常享受现在的自然老化。"青春的不朽，不在于抓住青春不放手，而是心态的年轻，在时间的沉淀中蓄积澄明如水的温情。"我老了，该回家了。"此语一出，感动非洲。曼德拉在总统任期刚满一届的时候，执意要将南非这个新生儿托付给年轻的一代。然而，在南非人心目中，他们最敬爱的前总统永远不会老去。大家在曼德拉的葬礼上吹起瓦瓦祖拉，歌唱青春。《时代》周刊选用曼德拉仰头憨笑的特写，作为他留给世界的永恒纪念。

活得像梵高的向日葵，在阳光中尽情炫耀，不要害怕萎谢。这种美丽，永远年轻。（2014年江苏卷考生佳作）

这篇佳作以梵高名画《向日葵》为由头，以热烈的色彩、张扬的个性、不老的豪情串起了诸多"人事"，文字洗练，论证有力，颇具杂文风格。单就论据来看，除去将梵高作为"由头"，行文中的王勃、三毛、陈坤、赫本、布兰切特等基本属于文学艺术领域人物，显得"纯一色"，即便曼德拉属于政治人物，但"《时代》周刊"的介入，多少也带有点文学色彩。

用"五处同"型的同类别材料来论证说理，文章的"切口"小了，给人的感觉也更"专业"，说理力度更强。

（三）第三层次："胸次全无一点尘"型

明代诗人于谦在《观书》一诗中写下："眼前直下三千字，胸次全无一点尘。"本意是说，其读书速度快，胸中无任何私心杂念。在此，姑且用"胸次全无一点尘"来指代议论文写作中论据选取的第三层次特点：分析论证洋洋洒洒，而论据独到守一，全文无其他任何"一点尘"之杂材。

论据的选用，如果说选用"同类"论据，做到"一夜乡心五处同"，是"定向"打桩，属较高层次，那么，论据使用及论证分析能做到"胸次全无一点尘"，完全是"定点"爆破，这是说理文的至高境界。

这种文章在选用论据及论证分析时，不像第二层次那样同类合宜、东道西说，更不像第一层次那样有据无类、"乱花迷眼"，而是全文仅就一个方向，独据成文，这足见写作者的深层次功力。别的且不说，单就"独据"来看，要求写作者有大量的阅读积累，如此才能有合适的"这一则"备选；独据成文，"独据"的文字量毕竟有限，需要写作者有深厚的条分缕析的功夫。仍以一考场佳作为例：

例 5-17

巴黎：慢节奏的浪漫

浪漫是解救时间的良药。走在普鲁斯特笔下的奥斯特大街，触目是眼花缭乱的感觉，仿佛满眼都是尤瑟纳尔、加缪、雨果、卡尔维诺的影子——慢慢地走进花神咖啡馆，点一杯最爱的滋味，慢慢地品上一个懒洋洋的午后时光。

城市，一座城市是由它的历史、记忆、人物以及联想一点一滴沉淀下来的。因而，每次念及巴黎，让它在口中回响，每次都蕴含着优雅浪漫、不疾不徐的感受。好似先前所见的一张照片，老旧而温暖。素净的女子坐在塞纳河畔的长椅上，微笑，读书流泪并思考，嘴角一抹微笑牵扯着一缕缕稠密的阳光，金色的微光在她发间跳跃，她握着笔好像在写着什么，抑或在思念着谁。这一切都使我陷入无限的虚空，陷入无垠之地，我一脚踏空，陷入无边无际的妄想。

我想，将普鲁斯特与巴黎并称是再合适不过了——普鲁斯特和他的巴黎！

我从未读完过《追忆似水年华》，但这丝毫不影响我对它的欣赏。普鲁斯特是一位十分喜爱，而不是陶醉于慢节奏的可爱先生。他会让仆人去奥斯特大街取信，他会让仆人缓缓地陈说信在几号街什么样的建筑，详细到街上亮着几盏灯，星星亮了几颗，那栋墙上爬满了枝蔓就要开花……但他绝不会说出具体的地方，他总是强调：慢一点，先生，再慢一点……他的慢节奏是浪漫的天性赐予他的无上辉光。除了浪漫，我再也想象不出是什么支撑着他度过漫长的幽暗时光，他又是如何在回忆中找寻玛德琳那小甜饼的香浓气息。

也许有人会说，巴黎的市中心不过是十分破旧，抽水马桶也不大管用，连花神咖啡馆也不过是人群拥挤的混乱地方。但早已根植于我内心深处的巴黎文学，却使我的精神家园多了那样一抹神秘的面纱，那面纱之外是溪水潺潺，春光明媚，一切悠悠而逝……

有人说，从前普鲁斯特用于写作的房间已经变成银行家的办公室，他们追逐时间，这一切多么的嘲讽。而我想，世界在银行家眼中是追逐不堪、争分夺秒的，在文学家眼中是悠悠缓缓消散的。

巴黎最吸引我的除了历史的馈赠，更多的还是慢节奏的浪漫。是记忆中，新娘脚下跳动的阳光，河畔女子缓缓而行的身影，是雨后清新的露珠打湿的花瓣……（2018 年江苏模考佳作）

写作者从"浪漫"写起，笔尖却慢慢地落在普鲁斯特笔下慢节奏的"巴黎"上，于是，行文紧扣"巴黎：慢节奏的浪漫"，写城市该给人的应有的感觉，写普鲁斯特笔下巴黎的风格，写自己对巴黎的认知与期待。有叙述，有描写，有议论，也有抒情，是洋洋洒洒的一篇议论性散文。而深究全文会发现，论述方向只有一个，即"巴黎浪漫"；论据材料只有一则，即"普鲁斯特笔下的巴黎"。这样的文章是论据单薄，还是论证肤浅？显然都不是！恰恰是这样的文章最见写作者的功力。

写这类文章，要求虽然更高，但完全可通过日常积累与训练而有所突破。我们可从亲近一位名人、熟读一部名著、关注一座城市、了解一种文化、追踪一种现象等角度，做深度的阅读积累。前几年的高考满分佳作，诸如 2015 年江苏卷《李纨的智慧人生》《布拉格不说话》，2016 年山东卷《张岱的行囊》，2017 年江苏卷《木车上的人生》等，分别从一部名著、一座名城、一个名人等角度进行选材与写作，显然都属于这类文章中的典型。

论证方法：鞭辟入里的思维艺术

议论文写作，重在论证。论证是一个逻辑推理的过程，旨在通过一系列的前提、证据或理由来支持或反驳某个论点或结论。

论证方法多种多样，常见的有直接论证法、间接论证法、归纳法与演绎法。其中，直接论证法又包括事例论证法、引证论证法，间接论证法又可分为比喻论证法、类比论证法、对比论证法、归谬论证法等。这些方法旨在通过不同的逻辑路径来支持或反驳论点，每种方法都有其特点和适用范围。其中，直接论证法中的事例论证法、引证论证法是其他几种论证方法的基础。

在具体的使用中，事例论证法多以归纳论证法形式出现，因果论证法、让步论证法、假设论证法、驳假想敌法等在实际应用中比较常见，而演绎法用得比较少。基于此，下面重点对表6-1中的九种论证方法进行分节讲解。

说理明义讲究论证方法，但更应追求思维艺术。"方法"追求把道理正确地说清楚，而"艺术"则强调选取什么样的思维把道理说得更透彻或更形象。因此，下文对各种论证方法进行分析阐释时，将适当着眼于使用这些方法所产生的效果。

表6-1 九种论证方法

序号	论证方法	简单解释	说理侧重点
1	引证论证法	引用名言来分析说理	侧重论据类型
2	归纳论证法	对若干事例进行总结归纳	
3	因果论证法	对事实论据进行原因剖析	侧重逻辑剖析
4	让步论证法	以退为进来剖析事实	
5	假设论证法	反向假设求正面结论	
6	类比论证法	利用同似事物求同似	侧重形象说理
7	比喻论证法	用比喻化抽象为具象	
8	对比论证法	正反物比寻两者差距	
9	驳假想敌法	主动树靶批驳证原论	侧重周密说理

第一节　引证论证：权威声音的力量

引证论证法，也称道理论证法、理论论证法，简称"引证法"，是议论文最基本的论证方法之一，即写议论文时，适时引用公理、名言警句、经典著作、谚语、俗语、古今诗文等作为论据，以证明观点正确可信。其好处：一是引用专家观点、研究成果、统计数据等，具有较高的可信度，可使论点更加客观、准确和可靠，增强读者对论点的信任，从而使论证更加稳固；二是引用经典著作、历史文献、名言警句等，可以丰富文章的内涵，使文章更加生动有趣。

引证论证法，包括两个方面的要素：一是要有确切的理论论据，此为"引用"；二是要对事理论据加以论证，使之与论题充分联系起来。很多人写议论文，对"引用"颇费"心机"，而对"论证"往往不够重视。如同举例论证中堆砌事例，以致"以例代议"一样，若只"引"不"论"，则犯了"以引代议"的毛病。因此，使用引证论证法，既要"引"，也要"论"，缺一不可。

"引"什么论据材料，涉及对观点的把握和对论据材料的积累；而对于如何"论"，则涉及分析说理的方法与角度。要引而有论，讲清所引用材料的意思，阐明引用材料的目的。

一、引证论证法的分类

引证论证法，按内容，可分为引用与论证。对引证论证法的分类，也应从引用、论证两方面入手。

（一）引用的分类

1. 直引

直引，也称完全引用，即相对完整地引用文句，且引用的文句为独立表达。名言警句、诗文词话、谚语歇后语等应用于此种方式。

> **例6-1** 现代文明的拥有，使得本已很累的人们更加模糊了诚信的影子，使得本已寂寞的影像隐藏于纸醉金迷的灯红酒绿中，抽象地尘封在政治课本的某个角落里。罗兰曾说："人生的大海上，风高浪急，你须自恃扁舟，方能到达彼岸。"美貌、健康、才学、金钱、荣誉……生命的小舟上要装载的负荷实在太多了，不知失掉了诚信的年轻人，能否驾驭生命之舟，由此，便想到了林肯最爱读的那首诗："健康的红晕变成了死亡的惨白，金色的沙龙变成了

棺木与尸衣,只在一眨眼,一吐纳之间。"噢,人类何必骄傲呢?时间是永恒的见证,当时间的瀚海吞没了美貌与健康,吞没了金钱与荣誉,狡诈的文明人啊,患得患失的文明人啊,你还剩下什么?!(高考佳作《诚信归去来》)

该语段中,罗兰说的话、林肯最爱读的那首诗,都被直接且相对完整地引用出来,表意完整。当然,直接引用或完全引用的内容,长短应适度,切忌引用文字太长造成写作语段中出现喧宾夺主的现象。

例 6-2 古往今来,一个个仁人志士,以自己的思想和行动推动着浙江精神的发展:务实、知行合一、经世致用……"寄意寒星荃不察,我以我血荐轩辕",鲁迅告别故乡绍兴,以治疗国人之病体为志去日本学医,看到国人愚昧麻木的精神状态后,毅然弃医从文,以笔为投枪和匕首,疗救国人的精神;"拼将十万头颅血,须把乾坤力挽回",秋瑾拒绝他人要她离开绍兴的一切劝告,表示"革命要流血才会成功",在绍兴轩亭口慷慨就义;"只身去国三千里,一日思乡十二回",郁达夫怀着浓浓的家国情怀,在进行文学创作的同时积极参加各种反帝抗日组织,为宣传抗日救国活动四处奔走,被日军杀害于苏门答腊丛林。他们是"浙江精神"的完美书写者。(2018年浙江高考满分作文《新的火炬从这里传递》)

该段也是直接引用,首句中的"仁人志士,以自己的思想和行动推动着浙江精神的发展"为观点。为了证明观点,铺排鲁迅、秋瑾、郁达夫三则事例时,写作者别具匠心,分别直接引用了三人的代表性诗句,且三处诗句构成三个层面,相辅相成,整饬而出,强化了论证的力度和吸引力。

2. 嵌引

嵌引,也称不完全引用,即在写作表达的过程中,把他人的文句(一般很短)引用过来,"镶嵌"在自己的语句中,作为新语句的一部分(或某种成分)。

例 6-3 思想火花的迸射。大凡在艺术上有所建树的人都有自己独树一帜的风格。而这种风格正是艺术家们对自身艺术生命的一种创新。明明是"月下独酌",李白偏偏"对影成三人";明明是秋后枯草毫无生机,鲁迅先生却把它比作"光泽照人的""铜丝"……创新使旧东西有了新生命,创新是一种心灵火花的迸射。(高考佳作《雪化了以后是什么?》)

该语段将"月下独酌""对影成三人""光泽照人的""铜丝"等诗句、短语加上引号镶嵌到一句话中,作为整个句子的一个成分。

3. 化用

化用，也称间接引用，即在行文中，概括原有诗文、言论、谚语等含义，在新的文章里用自己的语言重新表达。

例6-4 当你背上行囊上路时，当穿过西风凋碧树的季节，穿过为伊憔悴的隘口，待到白发披头的时候，站在人生的彼岸再回首，你会发现，原来你所选择的是对的……（高考佳作《人生·选择》）

此处化用王国维的"人生三境界"词句，使得文句表达富有内涵和张力。

（二）论证的分类

对于引用之后的论证文字使用方法，按照论证的角度与方式，可分为诠释法、归纳法、引例结合法三类。

1. 诠释法

诠释法即通过对引文的诠释达到证明论点的目的。引用的文句，尤其是一些古代诗文或富有哲理的语言，凝练含蓄，而对其进行适当的诠释，既便于读者准确理解引文的深刻含义，又便于写作者清晰论证观点。

例6-5 莎士比亚有言："闪光的东西，并不都是金子；动听的语言，并不都是好话。"表面上是愚笨的顽石，其内心却可隐着光彩的珠玉；表面上是争艳的罂粟，其内心却可是害人之物。物皆有其两面性，其表象只起到麻木人心之用，而其本质才是事物的内核，抓住本质才能从容坦然地面对任何问题，才是"有所成"的真正捷径。（2018年全国Ⅱ卷佳作《浮尘不拂，真珠难露》）

例6-5引用的莎士比亚名言，富有哲理，于是就用类比的方式（上面的画线句），对引文内容做形象性阐释。诠释的语言表达形象直白，易于理解，也为后面进一步揭示"物皆有其两面性"奠定了说理基础。

2. 归纳法

归纳法即引用的名言、诗文角度不同，引用结束后，围绕观点，用适当的语言对引用内容进行归纳总结。

例6-6 古人云"书似青山常乱叠，灯如红豆最相思"，写的是沉醉灯影书乡的境界；今人也说"给我一本好书、一杯清茶、一壁炉火，吾愿足矣"，表达的是对书的情有独钟；法国女作家玛格丽特还说"只愿我走到香丘尽处的那一天，有人放几本耐看的书在我棺材里，就是下地狱也没什么了不起"，可见书是她生死相依的伴侣。古今中外，书迷、书虫数不胜数。

语段多方引用古今中外的诗句格言，这些诗句格言虽侧重点不一，但都与"爱书"有关。于是，文段最后有一句"古今中外，书迷、书虫数不胜数"，既是对引用内容的"析"，也是对"引"的总结。

3. 引例结合法

引例结合法是指在行文中，把引用名言警句、古今诗文、谚语俗语等与列举典型事例相结合，辅之以适当分析，以证明论点。从严格意义上说，"引例结合"中"引"和"例"，都属论据材料。但由于表达的连贯性要求，往往在"引+例"中还有一些充当黏合剂的分析语言，因此，也把"引例结合法"归为"分析"类别。

例 6-7 在过去，"宁肯一人脏，换来万户净"的掏粪工人时传祥不怕又苦又累又脏的活儿，受到了党和人民的高度赞扬。在今天，劳动的方式或内容或许会发生改变，但劳动的精神——爱岗敬业、孜孜不倦、无私奉献依然传承着，依然有很多人热爱劳动。快 90 岁高龄的杂交水稻之父袁隆平仍然下田搞科研，自称"只有下田最快乐"；乡村医生肖明国 27 年来总是背着医药箱，不辞劳苦地给村民们送医送药，被称为村里的移动"120"；辽河的阳光志愿者沙漠植树 14 年，历经艰辛，只为让沙漠早日恢复"风吹草低见牛羊"的景象。(2019 年全国Ⅰ卷佳作《不稼不穑，难成栋梁》)

该语段采用"引名人话语+举名人事例"的方式，呈现时传祥、袁隆平、肖明国、辽河的阳光志愿者等多则论据，在论据呈现过程中围绕"劳动的精神——爱岗敬业、孜孜不倦、无私奉献依然传承着"主题，穿插相关分析语言。

二、引证论证法的使用要点

(一) 引用要准确

此"准确"强调两个方面：一是引用的文字应无误，尤其是直接引用；二是引文要契合观点，不能让引文与论点牵强附会，更不可风马牛不相及。对于前者，要提升记忆的准确度，既要避免窜改文字，也要避免张冠李戴，如记不清是谁讲的话，可用"古人说""有位哲人说"等概括言之。对于后者，要在审题立意和选择引言时，反复推敲，确保文(引文)能对题。

例 6-8 过去的已经过去，叹息也不能回来；未来充满未知，伸手也不能探取；展现在我们面前的，只有现在：我们要珍惜现在。马克·吐温说："让我们珍惜拥有的，用眼睛好好看世界，用生命努力创造这世界。"珍惜现在，我们才能把握时间；珍惜现在，我们才能不错过；珍惜现在，我们才能不在未来回忆时发出叹息的声音。人生不是彩排，走得不好不可以从头再来。所以，珍惜现在吧，趁着你还有许多可以珍惜的事物。

"我们要珍惜现在"是该段的观点，而接下来引用马克·吐温的言论，核心词却是"珍惜拥有的"，貌似一致，实则失之毫厘，谬以千里。这里犯了"文（引文）不对题"的忌讳。

（二）避免以引代议（析）

引文本质上是论据，与事例论据一样，只是论据的一种。对于事例论据，使用中应避免"以叙代议"；对于引用的道理论据，也要注意避免"以引代议（析）"。写作中应紧扣观点和引文中的关键词句进行阐述分析。

例6-9 珍惜生命。因为生命是那么短暂，就如同泰戈尔诗中那荷叶上的露珠一般，倏忽之间便归于虚无；生命又是那么的宝贵，就像诺贝尔所说的"那是自然付给人类去雕琢的宝石"。保尔·柯察金说："人最宝贵的是生命。生命对于每个人来说只有一次。人的一生应当这样度过：当回忆往事的时候，他不会因虚度年华而悔恨，也不会因碌碌无为而羞愧；在临死的时候，他能够说：'我的整个生命和全部精力，都已献给了世界上最壮丽的事业——为人类的解放而斗争。'"所以，我们要珍惜生命。

该语段引文太长，尤其引用完保尔·柯察金的话后，就用"所以"总结了语段，缺少分析文字，显然是"以引代议"。

（三）引用的内容要简洁，但也要避免断章取义

引用他人的话，目的是让自己的观点更有说服力，引用过后的分析才是关键。引文过多，很容易将自己的分析淹没。例6-9中有关保尔·柯察金的引文就过长了，根据文意，引用前两句即可。当然，对于摘录引用，应避免不负责任的随意增删，要避免断章取义或曲解原意，更要避免引用虚假或不可靠的信息。

（四）应与其他论证方法相结合

引证论证法往往不是孤立使用的，而是需要与其他论证方法相结合来共同支撑论点。比如，与归纳论证法相结合，让事实与言论相辅相成，共同证明论点；与对比论证法相结合，通过对比不同观点或论据的异同点来突出论点的正确性；与因果论证法相结合，通过分析事物之间的因果关系来揭示论点的本质和根源。

第二节 归纳论证：从点到面的逻辑

归纳论证法是从具体的、个别的事例或事实出发，概括出一般性的结论或原理，以证明论点的一种分析方法。它建立在多个典型的事实论据之上，使读者能够从具体的现象中看到普遍性的规律或道理，具有一股强大的论证力量。虽然说"事实胜于雄辩"，但若列举事实而不做基本的分析归纳，没有"辩"，则文章只会让人感觉有堆砌论据之嫌。

一、归纳论证法的操作过程

归纳论证法是议论文写作中一种常用的论证方法。这种论证方法有助于增强文章的说服力，使读者从具体的现象中看到普遍性的规律或道理。下面我们阐述从点到面进行归纳论证的过程。

第一步，清晰地确定中心论点。如议论文的论点句（观点句）：

勤奋是成功的关键。

第二步，围绕中心论点，选择具有代表性的事例（材料句）：

论据①：托马斯·爱迪生经过上千次实验才发明了电灯泡，展现了不懈的勤奋精神。

论据②：马云在创立阿里巴巴之前，经历了多次创业失败，但他从未放弃，最终取得了巨大成功。

论据③：居里夫人长时间在简陋的实验室中工作，最终发现了镭元素，这一成就离不开她的勤奋努力。

第三步，分析这些例证的共性特征（分析句）：

所有这些人物都展现了非凡的勤奋精神。/他们的成功不是偶然的，而是长期不懈努力的结果。/勤奋是他们实现目标、克服困难的关键因素。

第四步，基于对共性特征的分析，可以归纳出一般性结论（总结句）：

勤奋是成功的关键，无论是科学发明、商业创新还是个人成长，都离不开持续不懈的努力和勤奋精神。

综合梳理第一步至第四步，增加一个对观点句进行阐释的句子，同时对材料句、分析句、总结句进行适当修剪或语序调整，即可整理出一个完整的"归纳论证语段"：

例6-10 勤奋是成功的关键。【观点句】唯有勤奋努力，坚持不懈，方可获得成功。【阐释句】托马斯·爱迪生经过上千次实验，最终才发明了电灯泡；马云多次创业失败，但他从未放弃，最终创立了阿里巴巴；居里夫人长时间坚守在简陋的实验室，最终发现了镭元素。【材料句】所有这些人物都展现了非凡的勤奋精神。他们的成功不是偶然的，而是长期不懈努力的结果。【分析句】因此，勤奋是成功的关键，无论是科学发明、商业创新还是个人成长，都离不开持续不懈的努力和勤奋精神。【总结句】

从点到面的归纳论证逻辑，要求我们从具体的、个别的事例出发，通过分析这些事例的共同特征，概括出一般性的结论或原理。这种论证方法不仅能使文章论据充分、内容丰富，还能让读者从具体的现象中看到普遍性的规律，从而增强文章的说服力和感染力。

二、归纳论证法与例证法的区别

归纳论证法与例证法，既有联系，又有区别。例证法（或叫事实论证）和引证法（或叫理论论证）是一组相对的概念，它们都是就论据的使用而言的。而归纳论证法是就写作中的分析论证而言的。归纳论证法是在例证法的基础上，结合文章所议论的重点方向，对多个事例中所蕴含的道理做集中性、概括性或规律性的揭示。搞清楚归纳论证法与例证法的异同，有利于在写作中找到说理的着力点。看以下两个语段：

例6-11 盖文王拘而演《周易》；仲尼厄而作《春秋》；屈原放逐，乃赋《离骚》；左丘失明，厥有《国语》；孙子膑脚，《兵法》修列；不韦迁蜀，世传《吕览》；韩非囚秦，《说难》《孤愤》；《诗》三百篇，大抵圣贤发愤之所为作也。【材料句】此人皆意有所郁结，不得通其道，故述往事，思来者。【归纳——结论句】（司马迁《报任安书》）

该语段采用了归纳论证法。其层次是：先列举八个事例，然后从大量现象中找出内在联系，最后归纳出共同点。其思路是：列举事例—揭示内在联系—归纳共性。

例6-12 圣人无常师。【观点句】孔子师郯子、苌弘、师襄、老聃。郯子之徒，其贤不及孔子。孔子曰：三人行，则必有我师。【材料句】是故弟子不必不如师，师不必贤于弟子，闻道有先后，术业有专攻，如是而已。【分析

句】(韩愈《师说》)

该语段采用了例证法。其层次是：首先提出观点，然后列举孔子从师的论据，接着对论据内容做解说分析。其思路是：提出观点—列举论据—分析论据。

通过这两个语段，我们可大致归纳出归纳论证法与例证法的异同。

相同点：二者都是将事实作为论据来说明观点或道理的。

不同点：

① 所属范畴不同。例证法属于方法论，归纳论证法属于逻辑学。例证法，是用事例（论据）来证明观点（论点），与其相对的是引证法；归纳论证法，即从为数较多的事例（论据）中，概括提炼出某个结论（观点），与其相对的是演绎法。归纳论证法、演绎法都属于逻辑推理范畴。

② 思维顺序不同。例证法一般是先有观点（论点），后举事例（论据）来证明自己的观点（论点）是正确的；归纳论证法则是先列事例（论据），后从事例（论据）分析中得出某种结论（观点）。

③ 论据数量有别。例证法中，观点（论点）确立后，有时有一则事例（论据）即可证明前面的观点（论点）；归纳论证法中，一般须有多则事例（论据）才能发现各事例（论据）间的内在关联，进而才能归纳出结论（观点）。一般来说，通过单则事例（论据）不容易归纳出内在的事理。

若具体就一个完美的说理文段而言，从观点句到材料句，前半段属于例证法，从材料句到分析句直至最后的结论句的推理过程、思维逻辑则重在运用归纳论证法。如：

例6-13 ① 当今社会，竞争激烈，自荐显得很重要。【观点句】② 无论是从抓住机遇的角度看，还是从提高效率的角度看，能自荐者往往可以改变人生境遇或获取成功。【阐释句】③ 秦王攻赵，赵王命平原君赴楚，毛遂自荐同往，终使楚王联赵抗秦，解除了赵国的一场危机；在齐宣王沉湎于酒色，远忠臣、近小人之际，丑女钟离春大胆闯宫，自荐做皇后，进谏良言，终使齐宣王勤于政事；刘勰自幼饱读诗书，潜心研究写诗为文的理论，他在寒风中拦车自荐于大诗人沈约，终使《文心雕龙》留传于后世。【材料句：多则事实论据】④ 这些事例都告诉我们人才在未获得肯定之前，都经历过孤独寂寞、无人赏识的阶段，唯具有自荐精神，勇敢地把自己介绍出去，才能有所作为、有所贡献。【分析句：分析+归纳】

该语段基本符合完美语段的总体层次：① 句是观点句，是立论；② 句对观点句做进一步阐释；③句为材料句，列举毛遂、钟离春、刘勰因自荐而获得成功的三则事实论据；④句分析例证中的内在联系，归纳其本质特征。就该语段由①句到③句的前半段看，③句之于①句是用了例证法，用了毛遂、钟离春、刘勰三则事实论据证明了自荐很重要的观点。就该语段后半部分的③④句看，④句是对③句列举的毛遂、钟离春、刘勰三则事实论据的共性归纳。

归纳论证法是初学议论文写作的人特别是中学生常用的论证方法。运用归纳论证法，必须有丰富的事实材料。因此，平时须加强学习，博览群书，关心社会，养成读书读报并勤记笔记的好习惯。只有储备了大量信息与事实材料，才可有丰富的材料供随时"调遣"。

三、归纳论证法的分类

在进行归纳论证时，论据可以是分类事物的全部情况，也可以是一类事物的系列情况，还可以是一类事物中的一两个典型事例。因此，归纳论证法可以分为完全归纳论证法、不完全归纳论证法两类。

（一）完全归纳论证法

列举某分类事物的全部情况，每一个对象都具有（或不具有）某种属性，从而推理归纳出某类事物都具有（或不具有）该属性，叫作完全归纳论证法。下面这个典型的语段，是1944年4月12日毛泽东在《学习和时局》中写的一段话：

例 6-14 我党历史上曾经有过几次表现了大的骄傲，都是吃了亏的。【观点句】第一次是在一九二七年上半年。那时北伐军到了武汉，一些同志骄傲起来，自以为了不得，忘记了国民党将要袭击我们。结果犯了陈独秀路线的错误，使这次革命归于失败。第二次是在一九三〇年。红军利用蒋冯阎大战的条件，打了一些胜仗，又有一些同志骄傲起来，自以为了不得。结果犯了李立三路线的错误，也使革命力量遭到一些损失。第三次是在一九三一年。红军打破了第三次"围剿"，接着全国人民在日本进攻面前发动了轰轰烈烈的抗日运动，又有一些同志骄傲起来，自以为了不得。结果犯了更严重的路线错误，使辛苦地聚集起来的革命力量损失了百分之九十左右。第四次是在一九三八年。抗战起来了，统一战线建立了，又有一些同志骄傲起来，自以为了不得，结果犯了和陈独秀路线有某些相似的错误。这一次，又使得受这些同志的错误思想影响最大的那些地方的革命工作，遭到了很大的损失。【材料句】全党同志对于这几次骄傲，几次错误，都要引为鉴戒。近日我们印了郭沫若论李自成的文章，也是叫同志们引为鉴戒，不要重犯胜利时骄傲的错误。【归纳分析句】

该语段的论点是骄傲是要吃亏的，论据是"我党"四次犯错误的历史事实，用了完全归纳论证法，具体是：列举了一类事物的全部情况，即从1927年上半年到写文章时为止，"我党"犯过的四次错误。用这一时期"我党"所犯错误的全部历史事实证明论点的正确性。四次错误具有共同属性：虽是四种不同的历史条件，但都出现了同一情况——因"骄傲"而"吃了亏"。

列举一类事物的全部情况来直接证明论点的正确性，其优点是证明力强，因论据已穷尽，无懈可击。其缺点是适用范围有限，只能用在一类事物组成分子不多而又需要这样做的情况下。若一类事物组成分子很多，没有必要这样做或是一时无法穷尽列举的，就不能用此种论证方法。

（二）不完全归纳论证法

列举某些系列或某一系列里的若干典型事例，再做归纳分析，叫作不完全归纳论证法。不完全归纳论证法又可分成简单枚举法、典型事例法和科学归纳法。

简单枚举法，就是根据一系列事例的枚举得出结论，它是一种简单归纳推理方法。典型事例法，就是根据对某一类事物中典型事例的分析，概括出上升为关于这一类事物应有的一般性结论的推理方法。科学归纳法，就是根据某一类事物中部分对象和其属性之间必然的因果联系，推理出这一类事物的全部对象都应具有该属性的推理法。我们平时的作文，包括一些优秀作文，大多是用不完全归纳论证法中的科学归纳法。

例 6-15 古人云："目不能二视，耳不能二听，手不能二事。"这句话是说，要成就一番事业，其中很重要的一点就是专心。【观点句】汉代董仲舒专心治学，曾三年闭门不出，终成新儒学奠基人；音乐家冼星海练奏乐谱缺少钢琴，就用碗、碟、盆、罐作为替代，经过长期不懈的苦练，终于谱写出振奋人心、史诗般的歌曲——《黄河大合唱》；中国科学家王林鹤在试制高压电桥时所获得的成功，也正是吸取370次失败的教训并坚持不懈地努力进取的结果。【材料句】从这些事例，我们可以看出，做学问只要花工夫，只要有耐心和恒心，就一定能取得成功。【归纳结论句】

该语段采用了不完全归纳论证法。前面两句，先引用言论，提出观点，接着对引用句进行阐释。因专心而成就事业的，古今中外的事例毫无疑问有无数。而该段的材料句，仅列举董仲舒、冼星海、王林鹤三则论据，显然是一种不完全列举。最后一句归纳得出结论。

四、归纳论证法使用中的注意点

（一）切忌以偏概全

以偏概全错误的产生，主要是论证者在论证过程中以一些不能体现某一类事物整体属性的具有偶然性的事实材料来证明论题。如有人得出一个论题——"古代著名诗人都爱种柳"，依据的材料是：陶渊明以"五柳"为号说明了他对柳的喜爱；欧阳修在扬州蜀冈上大明寺平山堂前植柳一株，谓之"欧公柳"；白居易也不止一次吟过柳："曾栽杨柳江南岸，一别江南两度春。遥忆青青江岸上，不知攀折是何人？"柳宗元用诗记载了他在柳州任刺史时种柳的事："柳州柳刺史，种柳柳江边。谈笑为故事，推移成昔年。"

虽然列举的这些事例都是真实的，但并不能由此得出"古代著名诗人都爱种柳"的结论，因此，这里犯了以偏概全的错误。

（二）论据具有相同本质

无论是为了证明观点，还是为了归纳推理出结论，所列举的论据在本质上应属于同类。如列举的几则论据材料，虽然具有某一点或多点共性，但本质是不同的，也就无法归纳出相关的结论。

例 6-16 刘少奇同志说得好，"好在历史是人民写的"。历史上无数事实证明谁搞复辟倒退都是绝对没有好下场的。不是吗？秦桧死后，金章宗（1023 年）追论秦桧犯了误国之罪，这是朝廷的公论。但是在人民之中，秦桧早已被唾弃千古，而在岳飞的家乡，河南人民为了纪念他，修了岳飞墓，墓旁有岳飞威严站立的塑像，这就是人民的公论。张勋复辟，率领五千辫子军进入北京，恢复宣统年号，结果只经过十二天，这场丑剧就结束了。袁世凯复辟帝制，只做了八十三天的皇帝，在国内外舆论的谴责下，在护国运动的暴风雨中，结束了这场美梦，他自己也一命呜呼了。（陈远玲《大快人心的审判》）

该语段使用不完全归纳论证法，列举了秦桧、张勋、袁世凯三则论据，虽然这种不完全列举的三个人，都属于误国害民的典型，都没有好下场，但在"搞复辟倒退都是绝对没有好下场"的本质上，显然秦桧材料和后两则材料是不同性质的——秦桧材料的本质是"卖国贼没有好下场"；后两则材料才是有关"搞复辟倒退都是绝对没有好下场"的。归纳论证的优点是事实胜于雄辩，说服力强，但选择事例一定要仔细分析和筛选，事例要典型、贴切，绝对不能拉郎配。

（三）使用归纳论证法时应加强思辨性

使用归纳论证法，应注意结论存在的前提与范围，很多时候应避免绝对化或一刀切，也就是要用辩证性、思辨性的思维去看待某种现象或结论。如"凡事预则立""有志者事竟成"等，这些是千百年来颠扑不破的真观点，我们可以列举出很多的事例进行归纳论证。但也要注意，这些观点的存在，也有它们的前提，且事物发展过程中也有很多因素可以改变事件的走向和发展的结果。因此，在归纳分析时，一定要对结论加上附加条件；或者在行文的另一板块，做辩证性的分析思考。加强文章思辨性的最终目的是提高文章说理的可信度。

第三节　因果论证：寻根究底的理性

因果论证法，即通过梳理事件的发展过程，挖掘出产生事件结果的根本原因，从而揭示现象本质的一种分析方法。具体到议论文写作，就是概述论据事例后，从因果关系上把论据与论点联系起来，从逻辑的因果关系上对论据材料进行分析，用原因与结果的必然联系来证明论点的可靠性和正确性。古人就常用因果论证法，揭示事理背后的因果逻辑，如魏征《谏太宗十思疏》中的一段：

例 6-17　凡百元首，承天景命，莫不殷忧而道著，功成而德衰。有善始者实繁，能克终者盖寡。岂取之易而守之难乎？昔取之而有余，今守之而不足，何也？夫在殷忧，必竭诚以待下；既得志，则纵情以傲物。竭诚则胡越为一体，傲物则骨肉为行路。虽董之以严刑，振之以威怒，终苟免而不怀仁，貌恭而不心服。怨不在大，可畏惟人；载舟覆舟，所宜深慎；奔车朽索，其可忽乎！

这段文字，虽然不像今天一些文章有明显的因果分析标志词，但其实已采用因果分析法。其中第三、四句"岂……何也"，提出问题；接着，第五至七句"夫在……而不心服"，深刻揭示出君王与百姓方面的原因。

一、因果论证法语段的内部层次

前面已说过，完美的主体语段，常有"观点句+阐释句+材料句+分析句+总结句"几个层次。使用因果论证法，主体语段中也应具备这样一些句子。只是具体到"因果"的表述上，"材料句"中往往会穿插一些原因追问句，或者直接把材料句变成追问句形式，以引出接下来的原因分析句；最后的总结句，再正面扣题，回应段首观点句。

例 6-18 为什么高尔基能够成为一代文学大师？因为他在人生的十字路口断然放弃了他所热爱的歌唱事业，选择在文学这座神圣的殿堂不辍耕耘；因为他在黑暗的沙皇统治下毅然握紧了与之战斗的如椽巨笔；因为他在暴风雨来临前决然幻化成勇敢飞翔的黑色精灵。正是因为他的正确选择，才有了他振聋发聩的经典篇章，才有了他人生的辉煌。

这个语段，从材料句开始，首句直接把高尔基的材料用问句提出；接着用三个"因为"的分析句，揭示原因；最后一句"正是因为……"，总结高尔基是因"正确选择"而至"经典篇章"，最终达到"人生的辉煌"的，回扣段首的疑问。

有的作文，用堆砌论据代替分析说理，这在本该用因果论证法的语段里较常见，比如：

例 16-19A （错例）磨难，能历练人生。贝多芬双耳失聪，却能在这样的磨难下创作出不朽的交响曲，撼人心灵；司马迁遭受腐刑，却能在这样的耻辱中写成《史记》，汗青溢光；一代体操王子李宁泪洒汉城后黯然退出体坛，却又另辟天地，让"李宁牌"系列运动用品风靡中国的体育用品市场。磨难，能带领人冲破黑暗，绽放光彩。

这个语段，首句是观点句，接下来贝多芬、司马迁、李宁事例是材料句，最后一句是总结句。分析来看，主要是缺少阐释句、分析句，尤其是缺少材料句和结论句之间的分析语言。该语段将贝多芬、司马迁、李宁三个人物在磨难下的结果告知读者，对于原因却只字未提，所以，应补充揭示原因的"分析句"，以较好地架起事例与结论之间的桥梁。

例 6-19B （修改）有时候磨难，恰恰能够历练人生，绽放光彩。【观点句】贝多芬双耳失聪，却能在这样的磨难下创作出不朽的交响曲，撼人心灵，<u>那是因为他不屈服命运的打压，顽强抗拒厄运，才谱出了人类的心灵之歌</u>；司马迁遭受腐刑，却能在这样的耻辱中写成《史记》，汗青溢光，<u>那是因为他有坚定如山的信念、刚毅如铁的意志，于诽谤讥嘲中坚持自己的志向，才突围成为"史圣"</u>；一代体操王子李宁泪洒汉城黯然退出体坛后，却又另辟天地开创了自己的事业，让"李宁牌"系列运动用品风靡中国的体育用品市场，<u>那是因为他懂得承受失败，不为失败所吓倒，才能在失败中开拓出一条新路</u>。【材料句+原因分析句】磨难，是祸，又是福。它对于意志坚定者，只不过是人生路上的一帘风雨，只要勇敢地走过去，前方就是另一片蓝天。【总结句】

相较于原语段，修改后的语段运用了因果论证法，揭示了所提人物成就人生的原因——面对磨难，却不向命运低头，有力地说明了"磨难能够历练人生"的论点。

二、因果论证法的分类

（一）按材料句与分析句的搭配位置分

1. 逐一分析式

逐一分析式是指在语段中使用多则论据材料，以某则材料为中心，边叙述材料边进行因果分析，最后总结。

例 6-20 没有规矩，不成方圆。古往今来，概莫能外。唐太宗视民如子，垂拱而治，那是因为他对百司之职了如指掌，胸中有安民治国平天下的策略，于是百姓安居乐业。岳武穆统帅"岳家军"，屡战金兵，频频告捷，那是因为他有严明的军纪，旅进旅退，赏罚分明，于是金人喟然而叹："撼山易，撼岳家军难。"毛泽东同志率中国工农红军，以持久之战打退日本侵略者，那是因为制定了"三大纪律八项注意"，严格执行，团结一切可以团结的力量，于是日伪不得不缴械投降。以往凡有所成就的人和集体，无不严于律法，以成文的规定来约束。因为他们知道在绝对自由之下惰性将急剧膨胀，只有在适当的管束之下，人才能发挥出潜在的能量，做出一些有益的事情。

这个语段使用了唐太宗、岳武穆、毛泽东三则材料，但三个材料句并非集中表述，而是与揭示因果的分析句逐一对应表述。最后总结回扣观点。

2. 集中分析式

集中分析式是指在语段中使用多则论据材料，先集中叙述材料，然后再对材料集中进行因果分析，最后总结。

例 6-21 靠奋斗是可以冲破被"埋没"的压力的。【观点句】不少取得了重大成就的人，就遭遇过被"埋没"的命运。【阐释句】爱因斯坦就曾在一个专利局中充当小职员的平凡角色，但他没有灰心，而是抓住一切机会进行研究，终于开创了物理学的新天地。华罗庚曾在一个小店铺里工作，但他没有消沉，而是在做好营业工作之后，分秒必争，寒暑不辨，刻苦自学，潜心钻研，终成著名的数学家。【材料句】为什么他们没有因被"埋没"而"窒息"，反而有所建树呢？因为他们是生活的强者，他们不甘忍受被"埋没"的命运。不管在什么情况下，他们始终没有丧失向上的勇气和力量。他们坚信，只要奋斗不息，终有如愿之日。【因果分析句】因此，他们在被"埋没"时，不是怨天尤人，而是努力拼搏，终于冲破"埋没"，脱颖而出。【结论句】

这个语段对爱因斯坦、华罗庚两侧材料进行集中表述，然后再用"为什么"设问，用"因为"做集中分析，揭示原因。最后总结回扣观点。

（二）按分析事理的思维逻辑分

多维归因，就是抓住论据所述的事实和争议，并据此推求形成的原因。多维归因的前提是事件引发争议或者产生矛盾的原因不止一个，而是多维综合产生的。可按照主次进行排列，择两三点进行归因分析，从而提出解决问题的有效措施。

按分析事理的思维逻辑，即按揭示出来的事物背后各"原因"间的关系，可将因果论证法分为多向并列式、纵深递进式两种。

1. 多向并列式

对某特定事理进行深入探析，揭示出其背后来自不同范畴、不同方向，且在重要性上可视为并列关系的诸多原因，在行文阐述时，对各原因的分析与表达，无须遵循特定的先后顺序。对于这样的表述方式，我们可以称之为"多向并列式"。

例 6-22 小卢跟母亲为什么会发生冲突？原因不外乎如下几个。<u>其一</u>，这两个人发生冲突，有认知方面的差异。认知方面的差异，源自他们对这个虚拟网络朋友圈的点评关注的理解不一样。母亲认为是必要的关心，女儿认为是非正常的监控，这是对朋友圈的性质的认知方面的差异。<u>其二</u>，有心理层面的因素。女儿无法接受母亲这种无微不至的关心，母亲也无法接受女儿不听劝阻，不接受自己好心的建议。一个没有学会倾听长辈的教诲，一个没有学会考虑他人的心理感受。这既有双方心理层面的原因，也有交际方面经验不足的因素。<u>其三</u>，还有代沟因素，属于文化层面的原因。关于年轻一代和年长一代在行为方式、生活态度、价值观方面的差异、对立和冲突，即所谓代沟问题。（《人情需要"理解"的双线桥》）

这个语段，以设问的方式提出问题。接下来，从认知差异、心理层面、代沟因素三个角度分析母子间发生冲突的原因。这里的三个方向，基本上可以被看作具有并列关系。若如此，先分析哪一个角度在一定程度上也就无关紧要了。当然，对于某些话题的分析角度，也要适当注意逻辑顺序安排。

2. 纵深递进式

任何事物的产生，既有表面的、浅层的原因，也有背后的、深层的原因。前者，容易看出；而后者，则需要独具个性的深入思考才能获得。因此，相较于"多向并列式"，若我们分析问题产生的原因时，能够从主观到客观，从表面到本质，从直接到间接，采用"纵深递进式"分析方法，则分析出来的原因，往往能深入事理的深层本质，独具个性。

例6-23 古往今来皆如此。我想，那些被历史唾弃的帝王也不是从一开始就谋划着要放弃祖业，将江山拱手让人的。只是纣王遇见了妲己，周幽王爱上了褒姒，玄宗恋上了玉环，以致创立千秋基业的壮志不复。说到底，所谓"红颜祸水"也只是帝王托词，他们之所以失败，还是因为沉迷于欲望，丢失了初心。（某年全国Ⅱ卷佳作《象状有名，质者无形》）

为了充分论证"很多人只看到了表象而忽略了本质"的观点，写作者选择了因果论证法，从历史的角度切入，对历史上那些被唾弃的帝王"放弃祖业，将江山拱手让人"的诸种原因，仅用"只是"一词引入，巧妙地道出了其"爱江山更爱美人"这个表面原因。接着又用"说到底"展开，一针见血地指明了其"沉迷于欲望，丢失了初心"这个深层的根本原因。这不仅使文章的内容和观点得到深化，而且能让人看出写作者的个性化思考。

三、因果论证法使用中的注意点

首先，事物的发展过程往往互为因果，我们可以从结果开始，由果溯因，梳理事物的发展过程，找到引起结果的关键点，同时还应注意，原因、结果是可以互相转化的，不要把原因和结果混淆。比如，舵手操作失误或许是船沉大海的原因，但也可能是机械故障的后果之一。再者，应注意区别具体的原因分析和抽象的原因分析。比如，对厌学现象进行原因分析时，要全面考虑，只能说是可能存在的原因；若是对某个学生厌学的分析，则其原因应当是具体的、现实的。

其次，应注意因果分析的逻辑严谨性，切忌无中生有，强加因果。如某生作文《自信的力量》中的语句："尼克·胡哲天生没有手脚，却获得了双学士学位，就是因为他那强大的自信心。"尼克·胡哲成功的原因是多方面的，而写作者仅简单地认为是自信，过于片面，不够严谨。为了回避这方面的过失，在进行因果分析的时候不妨树立反方意识，假想有一个"对方辩友"，他不断地质疑、反驳我们的观点，于是，我们就要时时考虑到自己的观点是否需要补充与完善。这样，观点会更周全，论述的逻辑会更清晰、更严密。

再次，对论据材料进行因果分析时，一定要扣住论点或扣住论点的核心词进行分析。如要论证"人生的价值，在于永不放弃"，可以有以下点扣论点的核心词句：

例6-24 爱迪生之所以能用他的发明推动人类发展的进程，就是因为他永不放弃的科学研究精神。当熔断第一百根灯丝时，他没有放弃，用下一根灯丝点亮了人们的希望；从留声机到电话的研发，他没有放弃；从发电机到电灯，他没有放弃……他在短暂的一生中，发明了无数造福人类的物件，正是这种永不放弃的精神，让他成就了别人所无法达成的荣耀。永不放弃便是他人生价值的体现。

这个语段运用了因果论证法，从事件的结果推导出其产生的原因。在叙述论据及进行分析说理时，时时扣住"没有放弃"这一中心论点。这样，文字表述结束，"理"也就被集中地表达出来。

最后，在写作过程中，除去挖掘事件的本质因素，我们还必须关注材料的情感指向：是赞颂，还是揭示？是提倡，还是批判？不能只展现问题，还应该思考问题造成的后果，以及指明解决问题的方向，这样，思考才有意义，文章才有价值。

第四节　让步论证：以退为进的战术

让步论证法，是指把"让"作为"进"的手段，在矛盾冲突中先暂时或部分或全部地承认自己的观点存在一定的缺陷，或者承认对方的观点存在一定的合理性，进而达到"以让为进"的目的的一种论证方法。在议论文论证中，就是先用一些文字做适当的衬垫，以蓄让势，接着猛然追击，使对方毫无反抗之机和辩驳之言，再转而进入主题进行深层论证，从而取得论证严密和说理深刻的效果。

让一步是为了进两步，"让"是基础和手段，"进"是目的和结果，二者中重点在"进"。在任务驱动型作文中，让步论证法的使用尤为突出。

任务驱动型作文，命题中兼有指令性和矛盾性，求异思维能力和审辨能力是其考查重点。由于这种作文材料本身没有做出价值判断，材料又具有多则性和多元化的价值特点，这就要求对每一种认识都尊重，论述说理时要基于且符合特定的背景事理，先暂且让步分析，承认对方观点的合理之处，甚至自己的观点在一定背景下的悖理之处，即从角度多异性层面思考矛盾双方都有一定的道理，在进行相关道理权衡比较排异后再深入阐述需要表达的主见。让步论证法在这类作文中的运用，既可以使文章完成"就事论事"和"文明说理"等关键性的指令任务，又能充分体现思维的周密性。

一、让步论证法的特征

让步论证法在遣词上，往往和转折分析配套使用，常规句式有"诚然，……但是……""或许，……但是……""的确，……但是……""固然……，但是……""不可否认，……然而……"等。前一部分的"诚然""或许""的确"等，重点是结合上文所涉及的人或事，承认个人认知的缺陷或肯定对方观点的合理性，这是让步——让步不是目的，不是一味地退避躲闪，暂时的"让"是为了后面更大的"进"。后一部分的"但是""然而"等开始转折，转折的落脚点又回到"诚然""或许""的确"等之前所言的观点或道理上来，只是在"让步"之后，此时的转折语气更强烈，态度也更加坚决。除此之外，让步论证法在内涵上还有以下特征。

（一）服务中心，兼具独立

这一特征在任务驱动型作文中表现得最为突出，如 2015 年新课标全国Ⅱ卷的作文：比较权衡选择"科学家大李""工匠老王""酷爱摄影的小刘"三个人物中哪一个更具风采。以下是某佳作中的两个段落：

> **例 6-25** 不可否认，勤奋敬业，无私奉献，将娴熟的普通技艺臻于精湛艺术的老王有其风采，他让我们看到，平凡如你我的小人物，也可以通过潜心所热爱事业的创造，为人生延展与增添价值；酷爱摄影的小刘，凭借对山水的热爱和对艺术的执着，将青山悠悠、流水深深的美景定格于镜头瞬间，带给人们美的感受。这样的人生，一样具有风采。
>
> 但是，我还是认为大李最具风采。在他身上，体现的是"板凳坐得十年冷"的对学术的纯粹钻研；是"吾志所向，一往无前"的对创新的极致追求；是"老骥伏枥，志在千里"的对生命价值的充分自信与尊重。在人心浮躁的当下，人们往往为了一纸文凭、一个空名争得头破血流，而像大李这样保有纯净与积极的人格就显得尤为珍贵。（《如他，风采无限》）

文中用"不可否认"一词，先让步论述老王、小刘，既有独立性，又兼具对比性，但同时又是为选择论证大李最具风采的主题服务，突出了中心，也使主题更为深刻。

（二）化让为进，出击有力

这是让步论证法的主要特征，就如拳击高手出招，先收拳握于胸前，屏气凝劲，虚晃让势，再突袭对手，直至其倒地。如下面的佳作片段：

> **例 6-26** 诚然，就个人而言，小朱的选择无可厚非。一则年轻人本来就

喜欢"走自己的路，让别人说去吧"，不可否认，"网络工作"难免枯燥，而"养蟹""卖蟹"也许更刺激，加之"电商"和小朱所学的专业也不是无关的，而且"钱"途就在眼前；二则农村是个广阔的天地，那里是大有作为的地方，小朱的抉择无疑为一部分大学生择业蹚出了一条新路子。

<u>但是</u>，从整个社会长远发展层面来看，假如大家都如此效仿，会不会产生"多米诺骨牌效应"呢？我们早已熟悉的"北大毕业生卖猪肉"之类的事已不是一两件了。当时，大家对他、对他们也许是同情，也许是指责当地部门"有眼无珠"，但不管怎么说，留给大家更多的是反思：国家办大学的最终目的是什么？一流学府难道就是培养你去"卖猪肉"的吗？

常言道"物尽其用，人尽其才"，关键在一个"尽"字。

(《大学生更应干"大"事儿》)

文段开头，"诚然"后面一句"就个人而言，小朱的选择无可厚非"，"让步式"肯定小朱的选择，并基于这个让步的观点，从"一则""二则"两个角度，分析"小朱的选择无可厚非"的理由。后一段开头的"但是"，转到"从整个社会长远发展层面来看"角度分析，强调"大家都如此（'小朱的选择'）效仿"，会产生"多米诺骨牌效应"，最终违背了"国家办大学的最终目的"。这样的分析于无形中否定了前一段所提的"就个人而言"的观点。这种以退为进的方式，让自己的出击更有力度。

（三）辩证分析，逻辑周密

高中生所要思考的问题，不是小学生遇到的对"独一无二"或"非黑即白"等简单问题的指认或选择，而是在面对具体问题时，要做出因人（时、地、事）而异、合情合理的灵活分析与判断。在这个过程中，采用让步论证法来思辨具体问题时，不仅能表现出对问题持有独特看法，还能在说理中表现出辩证分析逻辑的周密与严谨。看以下命题材料及对应佳作：

【命题材料】

一位记者问钢琴大师格拉夫曼，在教了许多中国学生、造访中国将近四十次后，对中国琴童及其家长，有没有特别想说的话。格拉夫曼说："我觉得中国人太强调竞争，尤其要争第一，而且在日常生活中就不自觉地强调这种观念。"竞争，难道不是必要的吗？争做第一，难道还有什么不好吗？

你对上述问题有何看法？请就此写一篇文章表明你的态度，体现你的思考与权衡。

要求：选好角度，确定立意，明确文体，自拟标题；不要套作，不得抄

第六讲 论证方法：鞭辟入里的思维艺术

袭；不少于800字。

例6-27 诚然，竞争在有些时候是必要的。"物竞天择，适者生存"，这是自然界的生存法则；从某种程度上讲，这也是人类社会的生存法则。"不竞争，就落后""不竞争，就死亡"！而且，有的时候，竞争可以使自己的实力得到增强，使自己更高、更快、更强。

然而，竞争在某些时候是不必要的。不涉及生存，不涉及发展，不涉及进步，争权势，争虚名，争利益，这些就是不必要的，不仅不必要，而且不正当，不正义。可见，"竞争，难道不是必要的吗？"这话本身就是个伪命题，正当，正义，就必要；不正当，不正义，就不必要，而且是非常的不必要！忽略了"争什么"的前提条件，国人在什么事情上都趋之若鹜地去竞争，难免就会让格拉夫曼之类的外国朋友说"我觉得中国人太强调竞争"。一个"太"字，就告诉我们，国人在竞争这个问题上，不辨有无，不分好坏，不分时地，不管对象，不顾一切。这是要不得的。

文段采用了让步论证法。"诚然"与"然而"，让步与转折，采用了辩证的一分为二的观点来看待"竞争"："必要的"——"物竞天择，适者生存"的自然法则；"不必要的"——"权势""虚名""利益"等。令人赞叹的是，写作者在"然而"的分析中，有理有据地指出"竞争，难道不是必要的吗？"这话本身就是个伪命题，使得让步论证的说理力度更强。

二、让步论证法的表现形式

在具体写作中，让步论证法常有局部运用、整体运用两种形式。

（一）局部运用

这种形式，运用简便自如，着笔较少，常表现在写作的局部论证中，可根据论证的需要，有时用一个自然段，甚至有时只用一句话。也因为其在文章中处于次要地位，所以，就其在文章中所处的位置来看，局部运用的让步论证法，往往处于文章的后半部分甚至结尾处。也因其如此，就写作命题来看，能在局部使用让步论证法的写作命题材料，一般不是多元价值的思辨型，而是常规的命题型、材料型。另外，让步论证法，常见的也多与驳假想敌法结合起来使用。

例6-28 诚然，对于现实而言，研究甲骨文似乎并没有什么"钱"途，是一门看似"无用"的学科。诸如此类的学科还有很多，如考古学、茶学、博物馆学等。

133

然而，对甲骨文这类"冷门绝学"的研究对于研究我国灿烂文明史具有难以衡量的价值。同时，我认为研究自己热爱的专业是一件很酷的事。正如史铁生的那句话："且视他人之凝目如盏盏鬼火，大胆去走你的夜路。"27岁的李莹在最好的年纪，怀揣着对诗意远方的向往，她说："每个汉字之所以成为现在我们看到的样子，背后都有一段属于自己的生命轨迹。"她利用新媒体平台，找到了自己的职业方向，将甲骨文的生命轨迹生动展现给众人，尽毕生所学"为往圣继绝学"。

　　其实，一时的冷门不代表一直的冷门，事物总是变化的，现在的"冷门专业"十几年后也可能成为"热门专业"，而功利的目的不应当成为我们选择志愿的阻碍。生活不只有"六便士"，更有名为梦想的"月亮"，且愿每一位小众领域的开拓者都能用热爱去抵挡岁月漫长，心怀寰宇，一苇以航。（某考生佳作《逢冷化热　诗在远方》）

　　该文的命题材料是：近期，"95后"姑娘李莹在抖音发布了一条题为"甲骨文方向毕业是种什么体验"的视频，挑战全网"最冷门专业"，并以通俗幽默的方式介绍甲骨文知识，引起广大网友热议。此种现象引发了你的哪些思考？就此写一篇文章。

　　这是一段现象型命题材料，所以，用让步论证法来写作时，可以在行文中自行设"敌"，主动树"靶"：上述节选的第一段是由"诚然"领起的，说研究甲骨文没"钱"途、"无用"，命题材料中并未对此有所提及，因此，此让步论证法的第一段"诚然"领起的内容，亦可视为使用了驳假想敌法。第二段"然而"，表明转折态度，分析甲骨文这类"冷门绝学"的价值所在。难能可贵的是，第三段又用"其实"领起，用辩证思维中的发展眼光来分析"冷门"与"热门"。该文段中的"诚然""然而""其实"等几个段落，就是局部运用了让步论证法。

　　（二）整体运用

　　相较于局部运用，让步论证法被整体运用在写作命题上，主要是在任务驱动型写作中比较多。

　　如前所言，任务驱动型写作，其命题材料往往涉及多元价值的选择与判断，因此，写作中使用让步论证法，"让"和"进"的论述用笔明显较多。由于"进"的部分应为文章重点和主体，所以"进"部分的论述文字要更多些，往往开篇就要明确写作者的观点与态度。又由于"让"终究要为"进"服务，所以"让"部分的论述就必须基础扎实，经得起推敲。在全文表征上，"让"和"进"的内容基本不在同一个段落，其标识更为明显，"但是"之类表转折的关联词仍是全文联系的纽带。

恰当运用让步论证法，能够很好地说服对方，使论证更加深刻严密，但在运用中要注意两点。首先，要主次分明。明确"进"是"让"的目的，是"让"的出发点，所以"进"为主，"让"为次。"让"部分的叙事文字要少些，绝不能冲淡"进"这一主体内容，要分寸得宜，掌握节奏和度，否则就犯了反客为主的大忌。其次，"让"与"进"是同一个话题下的两个方面，既有对立性，也有相容性，写作中绝不能把"让"与"进"搞得自相矛盾。如例6-28的有关"最冷门专业""甲骨文"，写作者在写作中，让步词"诚然"领起的是"'钱'途"，"然而"领起的是"甲骨文这类'冷门绝学'的研究对于研究我国灿烂文明史具有难以衡量的价值"，核心词是"价值"，是另一种"前途"。"'钱'途"与"前途"的比较，说到底是目光的近与远、心胸的小与大、利益的有形与无形之比较。二者之间，显然既有对立性，也有相容性。绝不能把具有尖锐对立关系的内容，诸如"生与死""正义与非正义""有品与无德""刻苦努力与自暴自弃"等，用让步论证法中的"让"与"进"来言说，这显然容易陷入自相矛盾的泥沼。

生活中充满冲突和矛盾，学会以让为进的智慧和策略尤为必要。让步论证法就如下跳棋，不能盲目向前，只有通过让退和不断迂回，才能走更多步。运用让步论证法是解决写作中的矛盾和冲突命题的一条有效捷径。

第五节 假设论证：反向求真的智慧

假设论证法亦称反向假设法，就是针对确凿的事实论据，通过假设某种条件或情况对所列举的论据进行分析，设想存在该确凿论据的反面情况，分析由这种反面事例产生的结果，揭示论据和论点之间的内在联系，最终证明论点正确的一种论证方法。这种方法能够增强文章的说服力，使论述更加深入和全面。

正面的事例可从反面假设，反面的事例也可从正面假设，可用假设性的语言说清论据和论点的关系。就假设论证语段的内容看，原材料与假设内容在某种意义上呈现的是一种正反对比、实虚对比的关系。

一、假设论证法的表现形式

假设论证法常用的分析思路或结构是"材料+反向假设分析+结论"。"反向假设分析"常用的句式及标志性的词语有"假如……""即使/哪怕/纵然……""如果（试想、倘若、假如）……不……，那么（就会）……""假如……怎能……，若无……怎能……""如果……致使……反而会……"等。

假设论证法常见的形式有三种：多例铺排式、单例递进式、直接假设式。

（一）多例铺排式

论述中可以连续使用多则事例，然后针对这些事例逐一进行假设分析。其中，根据事例材料与假设分析的位置，又可分为集中假设、分散假设两小类。

1. 集中假设

主体部分使用了多则论据材料。在实际写作中，往往先叙述多则论据材料，然后再集中笔墨，从反面对多则论据材料逐一进行假设，在假设分析中推出结论，从而论证观点。

例 6-29 走出思维定式，冲破自我思维的束缚，方能赢得人生或事业的成功。【观点句】范蠡认清勾践"可与之共患难，不可与之共享福"的本质，力辞勾践共治天下的邀约，成功保全自身；英美军方决定加固飞机之时，统计学家沃德指出更应该注意弹痕少的部位，最终获得了事实的证明；英国科学家格里菲斯提出应存在一种转化因子，做了肺炎双球菌体外转化实验，开拓了全新的研究方向。【材料句】试想，若范蠡未跳出同甘共苦的思维定式，又怎会有遨游于西湖之上的闲情逸致？若沃德未跳出幸存者偏差，又怎会有军方加固飞机效果之提升？若格里菲斯未跳出蛋白质是遗传物质之成见，又怎来如今生物之大发现？【假设分析句】可见跳出思维定式，是成功的必要条件。【结论句】

该语段中，"材料句"先集中列举范蠡、沃德、格里菲斯三则事实论据，然后再用"试想"领起，对前面几则论据集中进行"若无……又怎会有……"的假设分析，最终得出"跳出思维定式，是成功的必要条件"的结论，论证了段首的观点。

2. 分散假设

例 6-30 学习借鉴会助你成功，但一味模仿则必然导致失败。燕国寿陵少年觉得赵人走路好看，便远行到赵国的邯郸去学步。但他盲目模仿，最后竟忘记了自己的步伐而爬回燕国。倘使寿陵少年在学步之时，在借鉴的同时能取长补短，说不定能形成被他人推崇的独特步伐，至少也不至于爬回燕国。东施羡慕西施的美丽，觉得她一肌一容尽态极妍，便学习她的姿态，照搬她的举止动作；可她终究不是西施，在别人看来她不但不美丽，反而成为做作的典型。假若东施能充分认识自身的特点，发挥自身优势而非盲目模仿，或许也会成为

一种新形式的"美"的代表。(《走出属于自己的一步》)

该语段较好地运用了假设论证法,所举的燕国寿陵少年、东施事例是两个反面论据,写作者不是像上面那样"集中假设",而是采取分散假设的形式:列举一则论据,接着就用"倘使……就……"进行假设分析,然后再列举另一则论据,再进行假设分析。通过这种"一事一议"的方式,论证了文章开篇"走出属于自己的一步,才会彰显个性,取得成功"的中心论点。

(二) 单例递进式

单例递进式是指某论述部分使用了单则事例。写作者先简述事例材料,然后再运用较多的笔墨,从反面对该单则事例进行多维度或多层次的假设,在多个假设分析中,推出结论,论证观点。这一类假设分析,凸显思维缜密、逻辑顺畅、语言富有气势的特点。

例 6-31 缩小痛苦,百折不挠,人生才可能璀璨。【观点句】"甫昔少年日,早充观国宾。"身怀济世之心的杜甫,命途多舛,颠沛一生,但他始终以仁圣襟怀观人视物,将挫败与坎坷当作人生的历练,即使在忧郁的深渊中仍不懈追求,终于以字字句句饱含生命力的诗作,成为唐诗这一宏丽壮伟的琼宇中巨实的一柱栋梁,享有"诗圣"的称誉。【材料句】假如杜甫在那个时局纷乱的年代不堪命运的捉弄而随波逐流,假如他无法正视如黄叶般飘摇孤寂的生命而丧失人生的意志,假如他无法承担失意、离索的痛楚而放弃了"治国平天下"的理想,那么,他怎能吟出不朽的"诗史"之作而震古烁今?【假设分析句】正是那份对痛苦的淡然,让杜甫在西南一隅活出了"月白清风一草堂"的旷达,成就了他的璀璨人生!【结论句】

在段首分论点总领之后,该语段陈述了杜甫的单则人物材料。其间,虽融入了简单的原因分析,夹"叙"夹"议",但总体还是在正面且简洁地"述"杜甫的故事。为了使这则"孤例"的说理深入透彻,写作者对该材料从反面进行了多层的假设——三个"假如"分别从时代影响、个人意志、理想追求等角度推进,既富有逻辑,同时排比又有气势,较好地证明了"缩小痛苦,百折不挠"对于"璀璨人生"的重要性,深化了说理。

(三) 直接假设式

上面的多例铺排式、单例递进式中,"多例""单例"均是就论据使用而言的。有些文章的写作,涉及的论据材料可能是大家比较熟悉的典型材料,为了体现文字的简洁与说理的力度,就舍弃原事实的表述而直接进入假设论证。这不仅不让人感到唐突,反倒令人觉得文字富有穿透力。

例 6-32 尊严是做人之本。试想，如果司马迁在遭受宫刑后自轻自贱，日益消沉，哪里会有《史记》这部流传千古的史家绝唱？如果陶渊明为五斗米折腰，哪里会有那些恬淡俊逸的不朽诗篇？如果文天祥被俘后屈服，如何会有"人生自古谁无死，留取丹心照汗青"的豪言壮语，如何会有令后人敬仰的一腔报国赤诚？可见，尊严是人生于世的必备品质。

该语段中的司马迁、陶渊明、文天祥都是历史上的"名人"，在教材内容、课外文本中随处可见，不用他们可以，但若用了，一是不必再详述，二是要换个角度，用假设的方式使用他们，既能达到论证观点的目的，也能产生角度新颖之功效。

二、假设论证法使用中的注意点

（一）注意正面和反面两种不同角度

例 6-33 一个人想成就大事，就不应满足于已经取得的成绩，而要怀着执着的信念，去攀登一个又一个高峰，不断超越自己。世界球王贝利一生共踢进两千多个球，其中不乏精彩绝伦的射门。然而，当人们问他所进的球哪一个最漂亮时，他却说："下一个。"我国著名电影导演谢晋，他所导演的影片多次获金鸡奖、百花奖，有的还得了国际奖。而当人们问他对哪一部电影最满意时，他的回答却是"下一部"。

正面对语段进行假设论证推论：

假设三百六十行，行行都有更多的人像谢晋那样，永不满足，永远不断地挑战自己、超越自己，那么，我们将拥有全世界最多最优秀的人才。而谁赢得了人才，谁就将赢得未来，那时我们还有什么大业不能成就，还有什么目标不能实现呢！

反面对语段进行假设论证推论：

试想，假如缺乏这种执着的信念和不断挑战自己、超越自己的精神，贝利是绝对不可能成为世界头号球星的，谢晋也成不了中国著名的电影导演。那将是多么令人遗憾的事！

（二）扣住论述方向进行假设

一个事实材料，叙述的角度、方向等有很多，因此，假设的着眼点也有很多，常见的有人物假设、过程假设、结果假设等。

1. 人物假设论证法

人物假设论证法通过角色置换的方法，假设这件事发生在其他人身上会怎样，展现不同人物面对同一情况所表现出的不同行为，以此来暗示或展现出这个人行为背后的深层缘由或动机，从而达到更深层分析问题的目的。其思维形式为"如果是（不是）某个人……，那么就会……"。

2. 过程假设论证法

过程假设论证法是对已经发生的客观过程做假设性推理，根据事情可能的走向进行假设。其思维形式为"如果不……，那么就会……"。

3. 结果假设论证法

结果假设论证法是对已经发生的客观事实做否定性假设，根据结果的影响或危害进行反向推理。

（三）假设条件必须合理且符合逻辑，忌夸大假设的结果

例 6-34 如果唐太宗没有加强与少数民族地区的联系，边患可能会愈演愈烈；假若他不能与少数民族和平相处、团结互助，或许大唐就会在不久后灭亡。由此观之，民族团结大业对一个国家的发展起到了巨大的作用。

此段中对李世民的历史功绩做反向假设，相关的结果有夸大玄想之弊。

（四）注意内在的角度与逻辑，确保推理过程无懈可击

例 6-35 开采石油的铁人王进喜，假如他面对困境畏缩不前，假如他面对挫折轻言放弃，那么他怎么带领众人开采出大庆油田？

此段中有反向假设推理，两个"假如"领起的句子，表述角度一致，内容重复。

例 6-36 试想，如果屠呦呦没有刻苦钻研，那么她怎能研制出青蒿素？假如她急于求成，毕业后就去找工作，那么她怎能获得诺贝尔奖？假如她没有十年磨炼，又怎会中外闻名？

此段中的假设分析，假设的结果从"研制出青蒿素"到"获得诺贝尔奖"，再到"中外闻名"，具有因果关系和递进性，但三个问句之间的逻辑关系缺少内在的递进关联，各组问句内部前后两个分句的逻辑性也不强。

第六节 类比论证：类同性共的推理

类比论证法，就是根据两个或两类对象在某些属性上的相似或相同，推断

出它们在另一些属性上也相似或相同的推理方法。类比论证法属于形象思维范畴。在使用类比论证法的过程中，往往是把客体事物的性质类推到主体事物上，由此揭示出主体事物具有客体事物同样的性质，从而达到证明论点的目的。《现代汉语词典》解释说，类比"是一种推理方法，根据两种事物在某些特征上的相似，做出它们在其他特征上也可能相似的结论"。其中，"相同特点"是这种论证方法能够成立的前提，没有它，就无法进行类比推理。看一则故事：

> 某生质疑：我读过很多书，但后来大部分被我忘记了，那阅读的意义是什么？
> 老师回应：当你还是个孩子时，你就吃过很多的食物，现在已经记不起来吃过什么了。可以肯定的是，这些食物中的一部分已经长成你现在健壮的骨骼和肌肉了。

这里老师的回答，正是用了形象的类比手法，突出了阅读对人成长的意义。

一、类比的角度

运用类比说理，首先要明确想要说的道理，然后运用联想思维、发散思维等，到生活中寻找与此相近或相似的另一人、事、物等，再深入挖掘"类比点"以论证自己的观点。在寻找并确立用来类比说理的人、事、物的过程中，根据类比的主客体的特点区分，常有以下一些类比的角度。

（一）由人及人

用某人（现实中的人、历史上的人物、文学中的人物形象）来类比另外的人。

恩格斯《在马克思墓前的讲话》中说"正像达尔文发现有机界的发展规律一样，马克思发现了人类历史的发展规律……"，用达尔文发现生物进化规律的历史性贡献来阐明马克思发现人类历史发展规律在全部人类文明史中的巨大历史意义。

类比说理要让人信服，关键在于客体与本体之间的相似性要高。《邹忌讽齐王纳谏》就运用了类比推理。邹忌说"臣之妻私臣""臣之妾畏臣""臣之客欲有求于臣"，可见"臣"受蒙蔽；而齐王所处的环境与"臣"的境遇极为相似——"宫妇左右莫不私王""朝廷之臣莫不畏王""四境之内莫不有求于王"，可据此推出"王之蔽甚矣"的结论。推论令人信服，齐王欣然纳谏。

类比论证法在考场写作中也常被选用，并常有不俗的表现。如2003年陕西高考佳作《任人唯亲，任人唯贤》开头提出"感情的亲疏远近对事物的认识正误与深浅会产生很大的影响"的论点，其中的一个主体段落是这样写的：

例 6-37　《韩非子》中的一个寓言故事就是用感情来认识和判断事物的典型。富人家的墙被雨淋坏了，他儿子和邻居家的一位老人都劝他修墙防盗，结果，丢了东西以后，他怀疑是邻居家老人偷的，而认为自己的儿子聪明。很简单，儿子与他有血缘关系，使他认为儿子料事如神，怀疑邻居家老人是贼。由此可见，一味重感情而没有理性思考是他对事物的认识出现偏差的根本原因。在现代，有没有韩非子笔下的"富人"呢？有！譬如在干部的任用问题上就出现了"任人唯亲"的弊端，一些领导在任用下属时，不是视其是否有才能，而是看其与自己的远近，使一些无德无能的人混入干部队伍，正所谓"一人得道，鸡犬升天"。而真正有志有才之士却被拒之门外。

例 6-37 这个段落运用了类比论证法进行说理：以寓言中"富人"用感情来认识、判断事物和今日干部任用上的任人唯亲进行类比，揭示了人员任用应抛开感情的亲疏，做到公平、公正的主题。

（二）由物及人

由物及人类比是用某种事物或现象来类比人生或人类社会生活，从而揭示深刻的道理。如王国梁《走得再远也要回家》中的文字："'燕子归来寻旧垒'，鸟儿飞得再远，也忘不了旧巢。人也是一样，走得再远，心中也惦念着故乡。"以燕子不忘旧巢类比人惦念故乡。再如佳作《器成还须久为功》中的一段文字：

例 6-38　近日，故宫博物院的家具馆对外开放，许多参观者第一次欣赏到宫廷紫檀家具的绝美。紫檀虽美，但它"五年一年轮，千年孕一木"，成材实属不易。"十年树木，百年树人"，树木与树人往往类比，因为正像树木成材一样，年轻人成长也需要过程，只有经历了打磨和历练，才能积淀下精华。但反观当下，不少现象不免有些违反常识。对"超速"的渴望正涌动成一股潮流。"我报名了翻译速成班，一个月就能拿下口译资格证""我加了个减肥群，10 天极速变苗条""我刚买了明星快速养成手册，正在琢磨如何一夜成名"……急于工作，急于恋爱，急着看成效，似乎成为唯恐落后于时代节拍的"紧箍咒"。

例 6-38 由珍贵的紫檀生长缓慢成材不易类推到人的成长也有一个过程，对现在人们追求速成的种种现象进行了批判。

(三) 由物（事）及物（事）

由物（事）及物（事）类比是指由对某事物的分析阐释，引申类比到对与之相近的另一事物的分析阐释。

巴黎圣母院失火，无数人心痛，而网上也有一些另类的声音："活该""报应""谁让他们烧了咱的圆明园"……对此，李泓冰在《为文明的损失拍手称快实属狭隘》中阐明了自己的观点。文中由物及物，以巴米扬大佛、巴西国家图书馆、圆明园来类比巴黎圣母院，阐明世界上任何地方的文化遗产的灭失都让人痛心疾首。还以希腊的巴特农神庙、埃及的金字塔、罗马的竞技场、中国的圆明园类比，突出巴黎圣母院在世界文明中的地位，它属于人类和世界共同的文化遗产。作者李泓冰在此文中是采用"由物及物"的方式进行类比说理的。

再看一例。20世纪80年代初，钱锺书先生访问日本京都大学，有人问及中国文艺界敏感的开放问题，钱锺书先生巧妙地回答：

> 谈到中国文艺问题，我提到两点，就是开门与开窗的问题。我说目前中国还只能是开窗，还不能开门。开窗是一定的，这是大势所趋，人心所向。如果一下子把门窗齐打开，风太大，就是引起伤风感冒。特别是对有些病人，就算会开窗，也会怕着凉；正如一个密封的罐头，开了盖之后，罐头里的肉一进空气，很快便要腐烂。

回答"中国文艺界的开放"这样一个敏感话题，钱锺书用"开门"与"开窗"作类比，形象地阐释了开而有度的道理。这是用"由事及事"的类比方式进行说理。

这种由物（事）及物（事）的类比说理，考场佳作中也有很多，如2019年江苏卷佳作《各美其美 美美与共》的开头片段：

例6-39 水加水还是水，无味；盐加盐还是盐，寡淡；若将盐加入水中，则是一杯有味的盐水。物如此，普通话与方言之间的关系亦是如此。

普通话的地位日渐提高，方言的地位日渐下降。然，中国有五十六个民族，每个民族亦有自己的方言，仅汉族就有不同地方的方言，若只说普通话，虽通用又好听，但犹如每日只吃一道菜、每日只穿一件衣，未免单一。普通话与方言是同根相生、和谐共存的关系，应各美其美，然后才能美美与共。

例6-39也运用了类比论证法，由"水""盐"之物，用"物如此，普通话与方言之间的关系亦是如此"过渡到后文对普通话与方言之间的关系的论述，而就文题"各美其美 美美与共"及全文内容来看，写作重点显然在后者。"水"与"盐"之物,又是命题材料中所涉及的"物",因此,这篇文章的开头就具有三点好处:一是开篇扣材料;二是所扣的材料同时又是下文的由头;三是这个由头与后面的内容又具有类比关系。

(四) 由实及虚

这类由实到虚,其中的"实",一般是指具体的人或物,"虚"主要是指某种现象或道理。这种类比说理,其实也是化虚为实的一种方法,能产生形象生动之效。

如2008年山东卷佳作《生活中的俄罗斯方块》中有以下文字:"玩过俄罗斯方块的人都明白这个道理:要想获得游戏的成功,就要学会'取长补短'。游戏如此,生活又何尝不是这样?"该文段把俄罗斯方块游戏与略显抽象宽泛的"生活"进行类比,论证了"取长补短是成功之道"的道理。

易民《小面精神》开头从重庆小面落笔:"红油鲜亮的海椒、青翠白净的葱花、滚圆金黄的豌豆、醇香四溢的菜粒和香脆墨绿的菜叶,亲密无间地融合在一碗小面里,无不在挑逗你的视觉和味蕾。"作者以小面调和成美食的具象来类比社会和谐包容的抽象,阐明包容才会和谐美好的道理,说理生动形象,深入浅出。

例 6-40 走进眼镜店,有色眼镜,琳琅满目:浓墨、墨绿、浅橙、深棕……选一架?戴上浓墨,黑云压顶;佩上墨绿,置身莽林;架上浅橙,风扬沙尘;扣上深棕,满眼咖啡……摘下来,哦,原来晴空万里,世界是这样的本色。

走出眼镜店,我生出许多联想……

想到了天雨墙坏的宋国人,他戴着蔚蓝色眼镜看儿子,看出了预见的智慧,因为那是家人,上阵还要父子兵呢!戴起蛇绿色眼镜看邻人,看出了狡诈和邪恶,因为那是外人,防人之心不可无呀!想到了道光皇帝罢黜林则徐,禁烟条陈再好,他毕竟是汉员,戴上青冷近视镜,可信不啊!琦善再庸碌无能,奸佞贪婪卖国,可终究是一家人,戴上粉红老花镜,不用他用谁?……(2003年湖北卷佳作《借我一双慧眼吧》)

例 6-40 由"有色眼镜"触发联想,联系历史事实和生活实例,论证戴上"有色眼镜"看待人和事,认知就会有偏颇——"透过这副眼镜看亲朋好友,粉面桃花、出水芙蓉、梨花带雨、梅枝独俏;透过这副眼镜看路人疏客,败柳残絮、枯藤老树、流水落花、地衣红绉"。"有色眼镜"一语双关,由实到虚,意蕴深长。

二、使用类比论证法的好处

首先，能将抽象的道理说得形象生动，深入浅出，易于理解。比如，在《拿来主义》中，鲁迅针对一些人盲目说中国只是给予不想取得的事，以尼采不是太阳，也没有无尽的光和热，最后疯了的形象类比，来类推中国也不是太阳，也没有无尽的光和热，不可能一味地给予，推出的结果自然是中国一些人也疯了，以此来论证中国不能只是给予不想取得，不能一味实行"送去主义"这一卖国行径。这样的类比分析说理，就显得形象而生动。《邹忌讽齐王纳谏》也如此，邹忌从自身受到不切实际的赞美而被蒙蔽，形象地类推到齐王身上，生动地证明了"王之蔽甚矣"这一论点。

其次，引起情感共鸣，增强说服力。生动形象的类比可以触发情感共鸣，使读者更容易与论点建立起情感联系，这种情感联系有助于加深他们对论点的理解和记忆。当读者将论点与熟悉的情境联系起来时，他们就更有可能接受和认同这些观点。类比论证法正是通过构建这种联系，增强了论点的说服力。例如，将"坚持锻炼的重要性"比作"汽车需要定期保养"，可以更有效地使读者认识到锻炼对身体健康的必要性。

最后，拓展思维。类比论证法不仅可以说明一个特定的观点，还可以引发进一步的思考和推理。通过类比，人们可以从一个情境中推导出类似的情况，将观点应用到其他领域，从而提升思维的广度和深度。

三、类比论证法使用中的注意点

类比论证法以浅寓深，以近比远，形象鲜明，把抽象的道理具体化，具有很强的说服力，同时又启发人思考，因此，在议论文写作中常被使用。在使用类比论证法时，应注意以下几个方面：

其一，应注意所选取的"类体"要属同类，即客体事物和主体事物是同类，不能相对或相反。如邹忌的"妻私于己""妾畏于己""客求于己"和齐王的"宫妇私于王""朝臣畏于王""庶民求于王"在属性上是同类事物，所以，邹忌从自己受蒙蔽自然地推论出"王之蔽甚矣"的结论，令人信服，使齐王欣然受谏。

其二，用来类比的客体事物应该是确已有定论的，只有这样才会可靠、有说服力。如《在马克思墓前的讲话》中的"正像达尔文发现有机界的发展规律一样，马克思发现了人类历史的发展规律……"，就是用达尔文发现生物进化规律的历史性贡献来证明马克思发现人类历史发展规律在全部人类文明史中的巨大历史意义，具有极强的说服力。当然，即便客体事物是已有定论的，对

第六讲 论证方法：鞭辟入里的思维艺术

于类比而来的道理，也要注意结论表述的可靠程度，表述上要把握好分寸，一般不可绝对化。

其三，要善于挖掘类比论证法中的类比事物（客体事物）和所要说明的道理（主体事物）之间的共同属性，即"类比点"。写作时要善于利用这种"类比点"来阐释（证明）自己的论点（观点），这样才有说服力。如《邹忌讽齐王纳谏》，作者先从妻、妾和客三种人的不切实际的回答推出他们说假话的原因，即妻"私臣"、妾"畏臣"、客"求于臣"；接着将生活中的妻"私臣"、妾"畏臣"、客"求于臣"的家庭及人际关系与宫妇"私王"、大臣"畏王"、四境之内"有求于王"的君臣关系——对应并比较，水到渠成地推出君王受蒙蔽很深的事实，使齐王心悦诚服地接受了批评，从而证明了广开言路、从谏如流对兴邦强国的重要性。

其四，类比论证法最好与其他论证方法结合使用，使之起到补充和丰富的作用。一般要避免单独运用类比论证法说理。在实际写作中，类比论证法用在文章开头较多，类似于使用"由头"打开话题。如下面的一个佳作片段：

例 6-41 我们泡茶的时候，第一遍淡冽，第二遍沉香，为什么第三遍才最爽口宜人？因为前两遍冲去了茶叶上的蜡质和灰尘，第三遍才泡出了茶叶的真纯之味。（类比物）其实探知也如同喝茶的艺术一样（话题），在对事物的认知上，只有越过感情布下的迷雾，抛过感情亲疏的羁绊，用一尘不染的心灵，轻装上路，才能取得丰硕的成果，领悟认知的真谛。（分析二者相似点，推理得出结论）

例 6-41 文段本在论述"感情的亲疏和对事物的认知"，但在开篇，写作者却宕开一笔，用由头"喝茶"开篇，而"喝茶艺术"与"认知事物中抛却羁绊"相类似，显然也是采用了类比的方式。

其五，类比分析，合理引申，能提升思维的广度和挖掘文章的深度。运用类比法写作，联系实际，写文章也就不至于就事论事，这样，既可以拓展思维空间，又可见写作者思维开掘的深度，从而揭示事物的本质含义和普遍规律。如从音乐家"台上几分钟，台下千日功"引申到学生必须加强平时的勤学苦练，勤于耕耘才有收获。再如下文片段：

例 6-42 英国数学家多番维尔倾注了三十多年的精力，把圆周率值推算到小数点后八百多位。可是后人发现，他在第三百多位时就出现了错误，也就是说，他后面二十来年的努力都是白费的。科学是容不得半点马虎的，多番维尔如果能在推算过程中经常客观地审查自己的步骤和数据，就可能不会留下这个遗憾。科学如此，人生又何尝不是？常常听人后悔自己什么做得不好，什么不该做，事后再多的悔恨也于事无补，我们应该从中吸取教训，对"出"的意义有一个更好的认识。（佳作《人生的"出"与"入"》）

例6-42这个作文片段先由英国数学家多番维尔的事例引申出"一个人做人、处事或认识社会应'出乎其外'，审察反观，这样才不会犯错"的道理，通过事例引申类比，使读者从中得到启发和教育。

第七节 比喻论证：生动形象的表达

比喻论证法，就是用人们熟知的事物作比喻来阐释观点的一种论证方法。其特点是类相异、理相同，即比喻涉及的是两类不同的事物，但两类事物之间有相似点。

比喻论证属于关联思维活动，分析说理时由一种现象关联到另一种性质相同的现象，从而引发读者丰富的联想，增强感染力。从本质上说，比喻论证法属于形象思维，不具备演绎论证法、归纳论证法的严密逻辑推理性质，但在议论文写作中能化抽象为形象、化枯燥为生动。

形成比喻论证的条件是：论点和论据之间必须是本体和喻体之间的关系，即论点是本体，论据是喻体，喻体是用来证明本体的。

比喻论证是我国的一种传统说理方式——取譬说理，远的如春秋战国时期诸子百家的散文。诸子百家的思想各不相同，但他们在争鸣的过程中，为了宣扬自己的学说，让别人接受自己的观点，都积极运用比喻论证来说理。其文篇幅短小，却理趣盎然，意味隽永。近的如鲁迅的杂文、毛泽东的政论文等，也是形象与思想相得益彰。

例6-43 鱼，我所欲也；熊掌，亦我所欲也。二者不可得兼，舍鱼而取熊掌者也。生，亦我所欲也；义，亦我所欲也。二者不可得兼，舍生而取义者也。（孟子《鱼我所欲也》）

对于"舍生取义"这一论断，"生"与"义"是何关系，何为"舍生而取义"等，孟子没有用长篇大论来说理，而是用"鱼"和"熊掌"的"不可得兼"，最终"舍鱼而取熊掌"的喻体，来论证"生"与"义"之间的矛盾对立关系，以最终论证"舍生而取义"这一本体观点。

例6-44 首先来说研究现状。……二十年来，一般地说，我们并没有对于上述各方面作过系统的周密的收集材料加以研究的工作，缺乏调查研究客观实际状况的浓厚空气。"闭塞眼睛捉麻雀"，"瞎子摸鱼"，粗枝大叶，夸夸其谈，满足于一知半解，这种极坏的作风，这种完全违反马克思列宁主义基本精神的作风，还在我党许多同志中继续存在着。马克思、恩格斯、列宁、斯大林教导我们认真地研究情况，从客观的真实的情况出发，而不是从主观的愿望出发；我们的许多同志却直接违反这一真理。（毛泽东《改造我们的学习》）

该段文字采用了比喻说理的方式，用"闭塞眼睛捉麻雀"和"瞎子摸鱼"这两个形象生动的比喻，批评了不调查研究客观实际情况，仅凭主观愿望盲目开展工作的行为。这种做法显然违背了马克思列宁主义的基本精神。对于参加会议的党员干部来说，"闭塞眼睛捉麻雀"和"瞎子摸鱼"是他们熟悉的日常行为，以此设喻，不仅使得道理浅显易懂，而且具有很强的形象性和说服力。

一、比喻论证法的使用要点

（一）本体一般是抽象的道理

例 6-45 积土成山，风雨兴焉；积水成渊，蛟龙生焉；积善成德，而神明自得，圣心备焉。故不积跬步，无以至千里；不积小流，无以成江海。骐骥一跃，不能十步；驽马十驾，功在不舍。锲而舍之，朽木不折；锲而不舍，金石可镂。蚓无爪牙之利，筋骨之强，上食埃土，下饮黄泉，用心一也。蟹六跪而二螯，非蛇鳝之穴无可寄托者，用心躁也。（荀子《劝学》）

这个语段从相对的双方设喻，喻中含理。肯定角度的说"积土成山，风雨兴焉""积水成渊，蛟龙生焉"等，否定角度的说"不积跬步无以至千里""不积小流无以成江海"等，喻体都是人们熟悉的、具体的、浅显的事物（当然也可以是想象的、虚构的事物），而本体则是"潜心积累重要"这个抽象道理。文章通过对比设喻，论证了本体。

（二）喻体一般是人们熟悉的客观事物，也可是虚构的内容

《拿来主义》中，为了论述与国内文化遗产和外来文化相关的论点，鲁迅选用的"大宅子""屠头""鸦片"等喻体，不仅为大众所熟悉，而且新颖别致、形象生动。但比喻论证不同于比喻修辞，其喻体也可以是虚构出来的内容，如神话、寓言故事的内容。

例 6-46 北冥有鱼，其名为鲲。鲲之大，不知其几千里也；化而为鸟，其名为鹏。鹏之背，不知其几千里也；怒而飞，其翼若垂天之云。是鸟也，海运则将徙于南冥。南冥者，天池也。《齐谐》者，志怪者也。《谐》之言曰：

"鹏之徙于南冥也，水击三千里，抟扶摇而上者九万里，去以六月息者也。"野马也，尘埃也，生物之以息相吹也。天之苍苍，其正色邪？其远而无所至极邪？其视下也，亦若是则已矣。且夫水之积也不厚，则其负大舟也无力。覆杯水于坳堂之上，则芥为之舟；置杯焉则胶，水浅而舟大也。风之积也不厚，则其负大翼也无力。故九万里，则风斯在下矣，而后乃今培风；背负青天，而莫之夭阏者，而后乃今将图南。（庄子《逍遥游》）

庄子善于借寓言故事说理。该文段讲述了鲲鹏迁徙南海的故事，而且不光自己讲，还援引了《齐谐》一书中的记述来证明此言不虚。老夫子一遍遍重复这一故事，意在告诉读者这样一个道理：即便是鲲鹏这样壮观洒脱的庞然大物，也是不自由的，其飞行要凭借大翼之下的风的积聚，依赖"海运"的到来。看似自由自在的"逍遥游"，实则需要扎扎实实的修炼。

诸子百家散文中，《孟子》更善用比喻来说理，其比喻论证中使用的事例，涉及方方面面。有大量引用《诗经》《尚书》《论语》等中的经典语句或历史传说作比，也喜欢以生活中微不足道的小事为喻进行论辩，有时，还会用一些民间故事或自创的故事作比，其中有许多成了脍炙人口的寓言，如五十步笑百步、缘木求鱼、箪食壶浆等。《孟子》中的事例告诉我们，不论选用何种事例，比喻论证所用的事例只是要求包含一个与本体（论点）相同的观点，不必追究事例是否真实，就如神话、寓言这些虚构的内容也可以采用，这是喻体（事例）虚构性的特点。

（三）通过联想，寻找本体与喻体之间的相似点

联想的特点是从某一事物想到与之有一定联系的另一事物。如：良知似灯（灯温暖、光亮，可以照亮世界，照亮心灵）；生命如歌（歌曲有低缓，有高亢，要从容吟唱）；等等。

本体与喻体之间的"相似点"，是写作者在构思比喻时由本体联想到喻体的基础，也是读者在理解比喻时由喻体联想到本体的纽带。在用比喻论证道理的过程中，选用的"喻体"与"本体"相似性越高，相关性越大，打的比方就越贴切自然。这样的比喻就能够恰到好处地说明被论证事物的特点。

例 6-47 人心中的"坚硬"就像是人生的骨架，而"柔软"则是填充其中的血肉。没有"坚硬"，没有自己的原则，人生便会坍塌，情感便如同脱缰的野马，一不小心便玩火自焚。没有"柔软"，没有个人的情感，人生便了无生趣，冷冰冰而没有色彩与温暖。因而人心中的"坚硬"和"柔软"，我们绝不能舍弃两者中的任意一个，这样才能避免偏执。（2015年上海卷佳作《"软硬"兼施，处事大道》）

为了说明"坚硬"和"柔软"的关系,写作者以"骨架"和"血肉"为喻体,接着分析两者中如若没有其中一个会怎样,形象准确地论证了"坚硬"与"柔软"如人之"骨架"与"血肉"的辩证关系,生动而又严谨。

二、比喻论证法的表现形式

在实际写作中,比喻论证常有三种形式:一是集中式,即在论证过程中,先集中笔墨把喻体(或本体)表述完整,然后再集中笔墨表述本体(或喻体);二是拆分式,即把喻体中的诸元素与本体中的诸元素拆分开,做分别对应表述;三是显隐式,即论述中字面上显性呈现的是喻体,本体内容几乎不谈(显得隐蔽),喻体论述结束,要论证的本体道理也就不讲自明。前两种近似比喻中的"明喻",第三种近似比喻中的"借喻"。

(一)集中式

例 6-48 臣闻求木之长者,必固其根本;欲流之远者,必浚其泉源;思国之安者,必积其德义。源不深而望流之远,根不固而求木之长,德不厚而思国之安,臣虽下愚,知其不可,而况于明哲乎?(魏征《谏太宗十思疏》)

为了论证"思国之安者,必积其德义"的道理,魏征用相对完整的笔墨,把"本固才能木长,源浚才能流远"这些通俗的、具体的、众所周知的喻体集中地表达了出来。

例 6-43《鱼我所欲也》中的片段,也是典型的集中式。前两句集中论述"鱼"和"熊掌"的"不可得兼",最终"舍鱼而取熊掌"的喻体;后两句集中论述"生"与"义"之间的矛盾对立关系,并最终"舍生而取义"的本体。

(二)拆分式

例 6-49 社会好比一个人的身体,而我们每个人就好比它的一个细胞,只有每个细胞都发挥了作用,整个身体才会健康,生命才会存在。一个人比之社会是小的,但一个人的作用是不能忽视的;个人的力量是小的,但个人的精神往往能在社会中折射出夺目的光彩。广大的工人、农民、战士……也许历史上并没有留下他们的名字,更没有记下他们的功勋,但他们贡献了全部的光和热。正如无数无名的小星聚成了浩瀚灿烂的星空,没有它们,夜空将是何等暗淡。我们每个人就是社会的一颗无名小星,如果大家都存在那种个人力量太小的思想,而不愿奉献光热,我们伟大的祖国能屹立在世界的东方吗?(某考生佳作《天下兴亡,匹夫有责》)

这个语段中的比喻论证,归纳来看,喻体应是"人身体里的每个细胞,都对人的健康起重要作用",本体应是"一个人对社会的作用不可忽视"。但写作者在论证中,没有像上面"集中式"的例子那样,把喻体、本体分别放在一起集中表述,而是把喻体与本体中的诸元素,如"社会"与"一个人的身体"、"每个人"与"一个细胞"、"每个细胞都发挥作用,身体才会健康,生命才会存在"与"个人奉献,社会(祖国)才能屹立在世界",分开并逐一对应起来表述,说理显得清晰而充分。

例 6-50 如果人生如山,那底线便是山脚的基石;如果人生如海,那底线便是绵延的海岸;如果人生如路,那底线便是路口的红灯,只要它亮起,我们就必须停止脚步。正如水结冰需要最起码的零度,正如叶片光合需要最低限度的光照,人生活在世上,需要有自己的底线,需要坚守自己的底线。(2019年广西模作《坚守住人生的底线》)

这是以"底线"为话题的一个佳作片段,其中运用了比喻论证法,把抽象的"人生"的"底线",分别和"山"与"基石"、"海"与"海岸"、"路"与"红灯"逐一对应表述。进行形象说理,强调"底线"对于"人生",亦如"基石"对于"山"、"海岸"对于"海"、"红灯"对于"路"的约束力的作用。

(三)显隐式

很多情况下,比喻论证只出现喻体而省略了本体,近似比喻中的"借喻"。这种显喻体、隐本体的方式,我们就简单谓之"显隐式"。如《韩非子·五蠹》中有这样的文字:"宋人有耕者,田中有株,兔走触株,折颈而死,因释其耒而守株,冀复得兔,兔不可复得,而身为宋国笑。"这段寓言故事,运用了比喻论证,但表现出来的文字,实质上只是喻体内容,省略了本体部分,即"今欲以先王之政治当世之民,皆守株之类也"这一道理或观点。再如:

例 6-51 譬如罢,我们之中的一个穷青年,因为祖上的阴功(姑且让我这么说说罢),得了一所大宅子,且不问他是骗来的,抢来的,或合法继承的,或是做了女婿换来的。那么,怎么办呢?我想,首先是不管三七二十一,"拿来"!但是,如果反对这宅子的旧主人,怕给他的东西染污了,徘徊不敢走进门,是孱头;勃然大怒,放一把火烧光,算是保存自己的清白,则是昏蛋。不过因为原是羡慕这宅子的旧主人的,而这回接受一切,欣欣然的蹩进卧室,大吸剩下的鸦片,那当然更是废物。"拿来主义"者是全不这样的。

他占有,挑选。看见鱼翅,并不就抛在路上以显其"平民化",只要有养

第六讲　论证方法：鞭辟入里的思维艺术

料，也和朋友们像萝卜白菜一样的吃掉，只不用它来宴大宾；看见鸦片，也不当众摔在茅厕里，以见其彻底革命，只送到药房里去，以供治病之用，却不弄"出售存膏，售完即止"的玄虚。只有烟枪和烟灯，虽然形式和印度，波斯，阿剌伯的烟具都不同，确可以算是一种国粹，倘使背着周游世界，一定会有人看，但我想，除了送一点进博物馆之外，其余的是大可以毁掉的了。还有一群姨太太，也大以请她们各自走散为是，要不然，"拿来主义"怕未免有些危机。（鲁迅《拿来主义》）

这两段文字仅仅是讲这个穷青年对这所大宅子的态度，至表述结束，也没见得"文化遗产"的显性字眼，但是，谁都可以看出来鲁迅不是在谈如何利用房子，而是在说应如何对待祖国的文化遗产和外国文化及其遗产，但没有提到"文化"或"遗产"或类似的词语。

需要说明的是，比喻论证法无论采取哪种形式，其主要作用只在于加强论证的生动性、形象性和通俗性。从议论文的本质上讲，它只是一种辅助的论证方法。当所要阐述的道理或需要证明的论点，比较枯燥或难以理解，或很难说服人，或难以说透，或很容易说得浅显时，使用它最为适当。另要注意，把它和例证法、引证法等结合起来使用，文章会更出彩。

三、比喻论证与比喻修辞、类比论证的区别

常有人把比喻论证和比喻修辞、类比论证等混淆。这主要是由于它们的外部轮廓非常像，为了能更好把握它们之间的区别，我们试用表格的形式，把它们集中到一起做直观比较。

（一）比喻论证与比喻修辞

比喻论证与比喻修辞既有联系，也有显著的区别，为了便于直观区分，我们用表6-2来展示。

表 6-2　比喻修辞与比喻论证的比较

类别	共同点			不同点		
	二体名称	二体性质	目的与功能	本体	喻体	论证过程
比喻修辞	本体&喻体	异类相比本质不同	追求形象、生动	事物	具体、浅显、熟知	点对点作比
比喻论证				道理	具体、浅显、熟知；新奇的神话、虚构的寓言等也可	过程推理

例 6-52　各国政府……都竞相诽谤他，诅咒他。他对这一切毫不在意，把它们当做蛛丝一样轻轻拂去，只是在万不得已时才给以回敬。（恩格斯《在

马克思墓前的讲话》）

《在马克思墓前的讲话》虽是议论文，但这一段话只是一种描写与叙述，既然不是议论，当然也就谈不上比喻论证了。其实，语段里把"诽谤""诅咒"当作"蛛丝"，只是一个比喻修辞。

例 6-53 我们从古以来，就有埋头苦干的人，有拼命硬干的人，有为民请命的人，有舍身求法的人……虽是等于为帝王将相作家谱的所谓"正史"，也往往掩不住他们的光耀，这就是中国的脊梁。（鲁迅《中国人失掉自信力了吗》）

在鲁迅的这个语段中，"这就是中国的脊梁"是用比喻修辞来概括前面的各种"人"的特点，用陈述式直接提出一个小论点，不是比喻论证。

例 6-54 这三个人物出场之时，除了简短的容貌描写而外，别无一言介绍他们的身世，自然更无一言叙述他们的品性了；所有他们的身世和品性都是在他们的后来的行动中逐渐点明，直到他们的主要故事完了的时候，我们这才全部认清了他们的身世和性格。这就好比一人远远而来，最初我们只看到他穿的是长衣或短褂，然后又看清了他是肥是瘦，然后又看清了他是方脸或圆脸，最后，这才看清了他的眉目乃至音容笑貌：这时候，我们算把他全部看清了。

这是茅盾在《谈〈水浒〉的人物和结构》中谈《水浒》的人物描写的"又一特点"时所写的一段话。联系下文看，节选文段中的省略号前的文字，是文章中的一个小论点，也是本体。省略号之后的内容，是论据，同时也是喻体。由此，我们可以明显看出，其本体是一个完整的过程，喻体也是一个完整的过程。这是比喻论证的典型形式。

（二）比喻论证与类比论证

比喻论证与类比论证也有相同点，但更多的是区别，我们用表 6-3 来直观比较。

表 6-3　比喻论证与类比论证的比较

类别	共同点	不同点			
		二体名称	本质	说理材料的特点	目的与功能
比喻论证	外部形式相似，都涉及二体	本体 & 喻体	异类相比重在"喻"	具体、熟知、浅显、生动	形象生动
类比论证		本体 & 客体	同类相比重在"较"	具体、熟知、浅显	由已知推出未知

仍以例 6-43 与例 6-48 为例。例 6-43 中"鱼""熊掌""舍鱼而取熊掌"

与"生""义""舍生而取义"为喻体与本体的关系，喻体与本体，本质不同。例 6-48 中的"木"之"根本"、"流"之"泉源"是喻体，显然与本体"国安"之"德义"也有本质不同。两个例子的说理，如前所言，显然都产生了形象生动的效果。因此，此二者是比喻论证。

例 6-55 正像达尔文发现有机界的发展规律一样，马克思发现了人类历史的发展规律。（恩格斯《在马克思墓前的讲话》）

例 6-56 1852 年斯佗夫人写了一本《汤姆叔叔的小屋》导致了美国南北战争爆发，林肯说是一个小妇人引发了一场解放黑奴的大革命。比斯佗夫人约晚 50 年，居里夫人发现了镭也是一个小妇人引发了一场大革命，科学革命。（梁衡《跨越百年的美丽》）

例 6-55 中无论是达尔文与马克思两个人还是材料所述的二人的行为，例 6-56 中"斯佗夫人（小妇人）引发了一场解放黑奴的大革命"与"居里夫人（小妇人）引发了一场大革命，科学革命"，二者在本质上是相同的；作者只是通过相似的人与事的比较，推导出与之相应的结论。

四、比喻论证法在提升深度思维方面的功效

在议论文写作中，比喻论证法作为一种重要的论证方法，除能够增强文章的生动性和形象性以外，还能够提升文章的思维深度，具体表现在以下方面：

一是揭示抽象概念的内在逻辑。比喻论证通过具体、熟悉的事物来比喻抽象、复杂的概念，从而揭示这些概念之间的内在联系和逻辑。这种揭示过程要求写作者具备深厚的思维能力和分析能力，能够准确把握事物之间的相似性和差异性，进而构建出恰当的比喻关系。因此，比喻论证的运用本身就体现了写作者思维的深度和广度。

二是深化和拓展论点的内涵与外延。比喻论证不仅能够直接阐述论点的核心意义，还能够通过比喻的延伸来深化和拓展论点的内涵与外延。例如，一个关于"勤奋与成功"的论点，可以通过将勤奋比喻为"磨刀石"或"阶梯"，来进一步阐述勤奋对于成功的重要性和必要性。这种深化过程不仅丰富了论点的内涵，还拓展了论点的应用范围，使论点更加具有说服力和普遍性。

三是促进不同领域的融合与碰撞。比喻论证往往涉及不同领域之间的比较和联系。通过对不同领域的事物进行比喻和类比，可以促进这些领域的融合与碰撞，从而产生新的思想和观点。这种融合与碰撞不仅有助于拓宽人们的思维视野和认知边界，还能推动学术和文化的创新与发展。

四是引发读者的共鸣和思考。当读者在阅读过程中遇到一个生动形象的比喻时，他们可能会不自觉地联想到自己的生活经验或知识背景，从而引发更深入的思考和探讨。这种思考过程不仅有助于读者更好地理解论点，还能帮助他们拓宽视野和思维边界，挖掘思维深度和拓宽思维广度。

第八节　对比论证：直观鲜明的反差

对比论证法，就是对两种矛盾或对立的事物加以对照，从正反两方面进行分析比较，从而揭示事物的本质，使所阐述的事理更加深刻、更有说服力的一种论证方法。

对比论证的内容主要有两类：第一类是从事物现象或行为表现的角度对比，如真与假、善与恶、是与非、主动与被动、感性与理性、主观与客观、努力与颓废等；第二类是从事理的逻辑上对比，如由现象到本质、由结果到原因、由个别特例到一般规律、由分析条件到审视结果、由已然情况到通过假设推导出可能出现的结果等。前一类侧重既已存在的显性表现，后一类侧重探究事理背后的逻辑。

一、对比论证法的表现形式

对比论证法的形式可分为两类：纵向对比（纵比）与横向对比（横比）。

（一）纵比

纵比即对历史和现状、过去和现在进行对比。如贾谊的《过秦论》，先讲述秦国自秦孝公到秦始皇逐渐强大的经过和原因，之后写陈涉虽力量微小，却能使强大的秦国覆灭，在对比中得出秦亡在于"仁义不施而攻守之势异也"的结论。纵比突出人或事的变化。

例 6-57　《百鸟朝凤》中新老两代人对于唢呐的传承与坚守，哪怕付出鲜血与生命也在所不惜。那是一种"摇滚精神"，是在拿生命去奔赴，用尽全力开腔嘶吼，敬畏且捍卫祖先情思。而老腔，更为甚者。

<u>然而</u>，当下是一个快节奏与机械化加剧的时代，情怀难有，文明难再。有人愿为复制凤凰古城、北宋"汴京"、大同古城一掷千金，却不愿去为某处青石砖瓦驻足叹息；有人愿为兴教寺的辉煌出一份力，却不愿为面临拆迁的唐僧墓鸣一句冤。我不禁要问，当文化成了名利的台阶，当文化从追逐名利的狂热中渐渐淡薄，我们又能走多远？（考场佳作《"老腔"何以令人震撼》）

第六讲 论证方法：鞭辟入里的思维艺术

选段中，"然而"的转折，把历史上《百鸟朝凤》中两代人的传承和坚守与当下的"追逐名利的狂热"形成先后的纵向对比。

（二）横比

横比即对同一个时期的这种现象与那种现象、这个人或事与那个人或事进行对比。横比突出人或事之间的差距。

例 6-58 积土成山，风雨兴焉；积水成渊，蛟龙生焉；积善成德，而神明自得，圣心备焉。//故不积跬步，无以至千里；不积小流，无以成江海。/骐骥一跃，不能十步；驽马十驾，功在不舍。//锲而舍之，朽木不折；锲而不舍，金石可镂。/蚓无爪牙之利，筋骨之强，上食埃土，下饮黄泉，用心一也。//蟹六跪而二螯，非蛇鳝之穴无可寄托者，用心躁也。

这是荀子《劝学》中的一个片段，其中就运用了三层横向对比：第一层围绕"积累"话题，进行"积"与"不积"的对比；第二层围绕"坚持"话题，把"骐骥"与"驽马"放在一起对比；第三层围绕"专一"话题，将"蚓"与"蟹"对比。

例 6-59 在当今这样追名逐利的快速消费时代，很多人甘愿陷入物欲横流的社会囹圄，他们慢慢变成大理石和黄金下栖息的奴隶，迷失自我、无法自拔。相反，那些不谙世俗的人却清醒地洞悉这个社会，他们虽然没有高官厚禄，甚至过得不算富足，但守住了本心、获得了自由。我相信，在那些远离喧嚣的茅草屋顶下，一定住着自由的人。（考场佳作《坚守本心与向往自由》）

（三）综合对比

除前面两种各自单单采用纵比或横比的形式外，还有写作者选取多则材料，把纵比、横比交叉或综合起来使用，如韩愈的《师说》：

例 6-60 古之圣人，其出人也远矣，犹且从师而问焉；今之众人，其下圣人也亦远矣，而耻学于师。是故圣益圣，愚益愚。圣人之所以为圣，愚人之所以为愚，其皆出于此乎？爱其子，择师而教之；于其身也，则耻师焉，惑矣。彼童子之师，授之书而习其句读者，非吾所谓传其道解其惑者也。句读之不知，惑之不解，或师焉，或不焉，小学而大遗，吾未见其明也。巫医乐师百工之人，不耻相师。士大夫之族，曰师曰弟子云者，则群聚而笑之。问之，则曰："彼与彼年相若也，道相似也。位卑则足羞，官盛则近谀。"呜呼！师道之不复可知矣。巫医乐师百工之人，君子不齿，今其智乃反不能及，其可怪也欤！

这段文字中，前面古之圣人与今之众人的对比，属于纵比；后面对待孩子与对待自己、巫医乐师百工之人与士大夫的对比，都是横比，强调从师的必要性。对比鲜明突出，贬抑之词恰如其分，具有说服力，批判了当时耻学于师的态度与风气。

同时采用纵比与横比进行写作，所涉及的对比材料肯定有多则，因此写作中应特别注意材料的取舍与提炼，否则，没把理说清，倒给人堆砌材料之嫌。

在当下的写作运用中，对比常用"与……略有不同的是……""……相反……""从短期效果看……从长远利益看……""反观当下（一些人）……"等标志性词句，当然也有不使用这些标志性词句的。

二、对比论证法的使用

（一）同一论题，既可采用纵比，也可采用横比

对于既定的论题，用纵比与横比，论述的核心目的应该接近，至于最终采用纵比还是横比，取决于写作者占有的材料。纵比、横比的不同方式可能影响写作说理的深度。如对于"学会放下"的论题，下面两例即分别采用了纵比、横比的方式：

例 6-61 学会放下，是一种旷达通透的智慧。科考中出人头地的苏轼，才华横溢又争强好胜。他争来了官职，争来了名誉，还争来了一大帮朋友。可造化弄人，一场官司，一次历劫，一切又化为乌有。至此，他才大彻大悟，放下了恃才傲物之气，放下了追名逐利之心，收获了山间明月与江上清风，拥有了"苟非吾之所有，虽一毫而莫取"的豁达清明。一个"放"字，将神秘天光引向了黄州。

该语段围绕苏轼，选取"乌台诗案"前后其迥异的人生态度——前期争名争理，锋芒毕露；后期学会放手，旷达通透——进行对比，论证了观点"学会放下，是一种旷达通透的智慧"。

例 6-62 学会放下，是一种旷达通透的智慧。"乌台诗案"没有击垮苏轼，他逐渐放下了恃才傲物之气，放下了追名逐利之心，拥有了"苟非吾之所有，虽一毫而莫取"的大彻大悟。反观贾谊，"梁王堕马寻常事，何用哀伤付一生？"他放不下文帝的托付，放不下壮志难酬的境遇，一味自责抑郁而致英年早逝，可惜了"胸罗文章兵百万"的才华，真真令人扼腕悲慨。

论题观点仍然是"学会放下"，但该语段横向选取了两个人物——苏轼和贾谊，将苏轼历经磨难，放下执念，逐渐变得旷达通透，与贾谊在梁王坠马夭

亡后，一味自责懊悔，抑郁而终，进行横向对比。

（二）同一论题，既可集中对比，也可分开对比

对于集中对比与分开对比，主要是根据对比内容（论据材料与分析语言）在文段中是否集中来区分的。

对比分析，不仅要对论据材料进行对比，还要对论据材料进行分析。在文段内部具体的文字安排上，论据材料与分析说理的内容存在两种安排：其一为集中对比，即先集中列举对比性的论据材料，再集中进行对比性的分析；其二为分开对比，即呈现了一则论据材料后随即进行分析说理，然后列举下一则材料，再进行分析说理。这其实也就是前面所说的，多个"材料句"与对应的多个"分析句"的编排问题。只不过这里不再是"多则"，而是具有正反对比效果的"两则"而已。

1. 集中对比

例 6-63 从容是面对得失时坦然置之的豁达。【观点句】2000 年奥运会上，面对枪靶，44 岁"高龄"的王义夫一枪失准，最后关头的二次举枪显示出过人的老练，终于用金牌弥补了亚特兰大奥运会的遗憾。而在今年的北京奥运会上，美国步枪选手埃蒙斯在倒数第二轮领先将近 4 环，金牌几乎唾手可得的情况下，却重演了雅典的严重失误，最后一轮仅打出了 4.4 环，又一次与金牌擦肩而过。【材料句：正反两则】同样是一流高手，结果却大相径庭，究其原因是个人的心理素质起了关键的作用。王义夫能沉着冷静从容面对失利，所以在一枪失准的情况下，能快速调整心态，重整旗鼓，打出最好的成绩，最终赢得金牌。而埃蒙斯却没能让自己的从容状态保持到最后，心理上再次崩溃，留下了终身的遗憾。【分析句：对比分析】因此，不管在什么时候，我们都要从容地面对一切。【结论句】（2008 年四川卷佳作《从容面对人生风雨》）

这段文字，先集中叙述正反对比的论据材料，再对论据材料进行集中的正反对比分析。

2. 分开对比

例 6-64 沉稳从无欲而来。【观点句】孟子曰："无欲者，可王矣。"无欲就是没有私欲，做大事者，不能因蝇头私利而毁坏全局，只有这样才能练就沉稳的性格，赢得最终的胜利。【阐释句】如来佛祖抛除私欲，性格沉稳，终修成正果，普度众生；诸葛孔明淡泊明志，宁静致远，终运筹帷幄，功成名就。【正面：材料+分析】有了私欲，心中自然无法沉稳下来，遇事则慌，处事则乱。霸王以一己私欲，赶走亚父，气走韩信，终被困垓下，遗憾千古，长

使英雄泪满襟。【反面：材料+分析】霸王之败，后人哀之。后人哀之而不鉴之，则必使后人而复哀后人矣。【结论句】(2004年江苏卷满分作文《稳中求胜》)

该语段的中心句是"沉稳从无欲而来"。写作者先以如来佛祖、诸葛孔明为正面论据，边列举论据边分析；然后以霸王项羽为反面论据，同时也是边列举边分析。通过这种分散的对比，正面肯定"无私欲"对沉稳性格的作用，反面批驳"有私欲"造成的严重后果，中心突出，无可辩驳。

例6-65

为自己插上一双创新的翅膀

① 创新是清澈的泉水，浇灌我们日渐枯萎的心灵；创新是远处的山巅，激励我们不断勇攀高峰；创新是飞翔的翅膀，带领我们抵达理想的彼岸。我们每个人，因为有了创新才这么幸福、快乐；我们的民族，因为有了创新才这么繁荣昌盛；我们的世界，因为有了创新才这么丰富多彩。所以我们只有为自己插上一双创新的翅膀，才能飞得更高、更远。

② 我国著名的画家齐白石，从小就对画画产生了浓厚的兴趣，经过艰苦的自学终于成为一代绘画大师。但成为"大家"的齐白石没有止步不前，而是不断地汲取名家的长处来填补自己的"空白"。60岁、70岁、80岁，齐白石的画风在不断地改变，水平也在一次次的改变中突飞猛进。他一生五易画风，一次次的成功之后，是一次次的进取创新。齐白石的成功，得益于一次次的大胆创新。

③ 然而，也有因畏惧创新而延缓科学进程的教训。

④ 德国柏林大学名教授普朗克，早在1900年就提出了量子力学假设，即普朗克公式。但他觉得自己的这一发现破坏了他一生崇拜并奉为权威的牛顿的完美理论。最终，他又宣布取消了自己的假设。他不知道，几十年后，爱因斯坦正是根据他的假设纵深引申，提出了光量子理论，奠定了量子力学的基础。普朗克的畏惧不仅使他个人了失去成功的机会，而且使物理学理论发展停滞了几十年。

⑤ 创新不仅可以使个人不断成长、不断进步，而且可以使一个民族不断强大。中国自改革开放以来，在经济、文化、科技等领域飞速发展，取得了举世瞩目的成就。中国正在由"中国制造"时代转变为"中国创造"时代。一字之差，显示了中国人靠创新来富强国家的梦想。我们在农业上有以"杂交水稻之父"袁隆平为核心的团队在不断创新，提高水稻的品质和产量；在文化上有以诺贝尔文学奖得主莫言为代表的文学创作团队，提高我国民族文化在世界

文化史上的地位；在国防上有以钱学森为代表的科研团队，不断提升我国国防的防御能力。创新使我们国家由弱变强，创新使我们的灵魂由自卑到自豪。

⑥创新，是一个人、一个民族、一个国家所必需的一种精神。有了创新，我们可以乘坐神舟飞船，遨游"九天揽月"；有了创新，我们可以搭载"蛟龙"号，直下"五洋捉鳖"。趁我们还年轻，为自己插上一双创新的翅膀吧！我们一定会展翅飞翔，搏击长空。

该文是2023年辽宁考生的一篇佳作。第①段先用排比开篇，既颇具气势，又直率快捷。接着，第②段选取齐白石作为正例使用；第③段用"转"的方式，引出第④段用普朗克"取消假设"与几十年后爱因斯坦"根据他（普朗克）的假设纵深引申，提出了光量子理论"，论证没有坚持"假设"的后果，这里又用到一处对比。文章对比论证突出，说理深刻而透彻。

第九节　驳假想敌：苦心孤诣的设计

驳假想敌法亦称虚拟论敌法。高中语文选择性必修上册第四单元《逻辑的力量》中，对"虚拟论敌"法有具体介绍："在证明某个观点时，可以想象存在一个驳论者，不妨称其为'虚拟论敌'。这个'论敌'可能会对我们的论点举出反例或从论点推出错误，也可能会质疑论据及隐含前提的可靠性，抑或指出论证中存在的逻辑问题。面对这些可能受到的攻击，我们再进一步考虑采取怎样的措施能使自己的论证免于或抵御这些攻击。"

驳假想敌法，即写作者在行文中，试着换位思考，主动假想出一个站在"我"的对立面的"敌手"，其提出与前文"我"截然相反的观点或看法。然后，"我"再对"假想敌"的观点进行全面、深刻的批驳审视。

驳假想敌法，不是指驳论文中的驳论。驳论文中的驳论，与立论一样，是一种基于全文的整体性进行分析说理的方式。它一般是通过驳斥敌论点，证明它的错误与荒谬，来证明自己观点的正确性。驳论可分为驳论点、驳论据和驳论证三种。

电影《伟大辩手》中说："谁是你的对手？对手根本不存在？为什么不存在？因为他只不过是对我所说的真理表示反对的人。"在追求真理和梦想的道路上，真正的对手并非那些与我们竞争的人或事物，而是我们内心的恐惧、疑惑和不安。议论文说理有时候就像辩论，真正的对手其实不是对方辩手，而是你自己——那个"假想敌"。如果在对方找到你的论辩说理漏洞前，你自己已经把这个"空白"找到并且填补上了，那么，你就可以先发制人，而不是坐以待毙。

因驳假想敌法中的"假想敌"的观点、论据或分析，均是假想出来的，"假想敌"没有确定的对象，所以在行文论述分析中，常会用一些模糊的语言来提出将要批驳的内容，常见的会先用"或许有人会认为/提出……""有网友称……""有人会说……""放眼四周，我们不难发现……""生活中常常有这样的情况……"等抛出"假想敌"的论断，然后用"诚然/但是/所以"领起接下来的对对方观点、论据或分析的具体批驳。北宋苏洵的名篇《六国论》，开篇就运用了驳假想敌这一方法。

例 6-66 六国破灭，非兵不利，战不善，弊在赂秦。赂秦而力亏，破灭之道也。<u>或曰</u>：六国互丧，率赂秦耶？曰：不赂者以赂者丧。盖失强援，不能独完。故曰：弊在赂秦也。

苏洵首先亮出观点：六国破灭，弊在赂秦。然而，他意识到这一观点可能受到反驳，因为六国中并非所有国家都贿赂了秦国。为了堵塞这一逻辑漏洞，他立即预设了一个"假想敌"的观点：不赂者以赂者丧。随后，他通过分析指出，不直接贿赂秦国的国家也因失去了强援而无法独自保全，从而进一步巩固了自己的观点。通过驳假想敌法，苏洵不仅增强了文章的说服力，还展示了其论证的严谨性和深度。他预见到可能受到的反驳，并提前进行了有效的回应，使文章更加无懈可击。

一、驳假想敌法的常见角度

有了"假想敌"，就可以针对"假想敌"展开辩驳分析，具体可从三个角度入手。

（一）批驳观点

为了反驳某个论点，先假定它正确或者逻辑成立，然后由它推导出荒谬的结论，驳斥该论点的虚假性，从而证明自己的观点。如某模考佳作《审美标准应多元开放》的片段：

例 6-67 <u>有人认为</u>：满屏都是"小鲜肉"的"娘化"现象是时代审美的倒退。我倒不以为然。娱乐圈、艺术界，作为公众人物的集合，自始至终便存在着"奶油小生"和"硬汉"之争。无论是早期的蔡国庆和姜文，还是如今的众多小生和吴京，观众总要有个比较。但是，现在的文化产品获取渠道不再单一，人们受教育的水平大幅度提高，审美也更趋多元，<u>倘若</u>每天一打开电视、用上手机,看到的都是战争剧中满身伤痕的壮汉,抑或是各种健硕的肌肉男,这和翻来覆去听样板戏有什么区别?

例 6-67 先用"有人认为"提出"假想敌"的观点:"小鲜肉""娘化"现象是时代审美的倒退。为了反驳这一论点,先假定"硬汉"审美才是正道,那么"每天一打开电视、用上手机"就会出现"看到的都是战争剧中满身伤痕的壮汉,抑或是各种健硕的肌肉男"的现象,进而推导出"这和翻来覆去听样板戏有什么区别"的结论,以此类比凸显对方观点的荒谬。

例 6-68 有人也许会说,知识和道理,可以从书上读到,老师也会给我们讲解,只要努力学习,牢牢记住就成了,何必多问?说这话,大概自以为是。可是仔细想想,就会看出漏洞。

书本的记载,老师的讲解,大都是前人思想和研究的结果。可是世界天天在变动,在进步。变动和进步又不断地给我们带来许多新道理、新知识、新问题,往往不是前人留下的知识和道理所能包含的,有时甚至彼此冲突。假使墨守旧说,不能发问,那怎样能研究,文明又怎么能进步呢?(启凡《发问的精神》)

例 6-68 用"有人也许会说"引出当下一些人的观点,接下来一段就对这一观点进行具体的分析与批驳。有了"假想敌",我们的滔滔之理就能在与"对手"的针锋相对中生发展开。而且,有了与虚拟对手的思想博弈,就更有可能将思考引向深入,激荡出真知灼见。

(二)分析实质

还可以透过现象,阐述分析"假想敌"观点的本质内涵,通过对本质内涵的揭示,指出"假想敌"观点的荒谬。

例 6-69 我们的生活中,不难听到"命里有时终须有""努力干什么,顺其自然吧"之类的话,这些被人们奉为人生格言的"金句"背后,无所作为而又追求好结果的心态不言而喻。人们对于成功时刻投入过多的关注,导致偶然运气的因素被无限放大,最终成为运气决定论的拥趸。这样看来,"佛系"心态又何尝不是一种变相的运气主义论?但生活绝不是靠运气来经营的,年轻人对命中注定的肯定,无疑是对主观努力的否定,是对人生掌控权的放弃,是对自己的放任自流。(某地模考佳作《用努力打破运气决定论》)

例 6-69 用"我们的生活中,不难听到"引出"假想敌"的"命里有时终须有""努力干什么,顺其自然吧"等人生"金句";之后通过分析,点明这种观点的实质是"无所作为而又追求好结果的心态""运气决定论""变相的运气主义论";最后用"对主观努力的否定""对人生掌控权的放弃""对自己的放任自流"三个短语构成排比,对其实质做进一步的阐释,凸显对方论调的错误性。这样的论述分析客观理性,富有逻辑力量。

例 6-70 或有人言网红书店创新了书店经营模式,拉动了纸质书经济发展,应多加支持,所以利远大于弊。恕我不敢苟同。表面上看人潮涌入所谓网红书店,似乎真形成了一派欣欣向荣的读书氛围。然而这繁荣的背后又隐藏着多少人的从众?读书热为假,消费主义的膨胀和跟随大流、追逐新潮的狂热成为本质。读书不需要装潢华丽,亦无须人声鼎沸,唯有一个"静"字。让对文字的热爱,在一片纯粹中丰润,在习习墨香中流淌。(学生习作《宁静以致远》)

这个语段开头,写作者也是先抛出了"或有人言"的观点,紧接着直接表明自己的态度——"恕我不敢苟同"。接下来的文字,从"表面上看"到"繁荣的背后",揭示"读书热"的本质是"消费主义的膨胀和跟随大流、追逐新潮的狂热",文字简练而又有洞察力。

(三)指明危害

分析负面现象或对方所持的错误观点可能造成的恶劣后果、严重危害,借此从反面论证自己的观点,与分析实质结合在一起使用,可以增强说理效果。如考场佳作《警惕"丧系",远离颓废》的片段:

例 6-71 当下,"佛系青年""积极废人"这些热词广泛传播,在年轻人中大行其道。有的人认为:这些热词不过是青年人的自嘲而已,何必看得这么严重呢?确实,单独看来,这一系列"丧系"名词,更多的是带有一种自嘲的意味。但是,当这一堆"丧系"名词频繁地在社会生活中出现、流行乃至火爆,它可能不是一种人的自嘲自解,而是一个群体的自哀自怜。它们传达出的是一种消极等待、追求安逸、不思进取的想法:我已经足够努力了,歇一会儿理所应当。而且,这样的想法在群体内不断得到响应,在不知不觉间腐蚀着青年的思想,消磨了青年的斗志。如果放任这样的"丧系"思想传播,会懈怠了气力、软化了精神。

例 6-71 语段中,写作者在分析了"假想敌"——"佛系青年""积极废人"实质是"一种消极等待、追求安逸、不思进取的想法"之后,揭示了其可能造成的严重危害——"腐蚀着青年的思想,消磨了青年的斗志""懈怠了气力、软化了精神",不可不谓是敲响了警钟。

二、驳假想敌法与假设论证法的区别

驳假想敌法与假设论证法有较大的不同。驳假想敌法,核心是批驳观点;

而假设论证法，核心是基于论据的分析。

例 6-72 纵有千古，横有八荒；前途似锦，来日方长。于敏投身戈壁，数十年如一日，终于守得导弹制成，壮丽的蘑菇云于万里风沙间腾空起；南仁东肩鸿任矩，潜心研究 22 年，以苦作舟，助力中国伟大工程事业蓬勃发展。没有"国家需要我，我一定全力以赴"的坚定信念，何来于敏先生隐姓埋名数十年，终成"中国氢弹之父"的艰难探索，又怎会有今日蓬勃发展的中国核事业？没有"心怀家国，志在苍穹"的伟大志向，何来南仁东先生艰苦奋斗二十载，终成"天眼之父"的坎坷前行，又怎会有"中国天眼"的落成启用？爱国信念，丹心报国家。（学生习作《心怀天下，报国有我》）

该语段采用了假设论证法。后半部分"没有……何来……又怎会有……"的句式领起的内容，是就前面于敏、南仁东在事业上数十年如一日投入的事实而反向假设而言的。反向假设的内容仍属"论据"方面。反向假设分析和原来的正面事实列举一起，增强了文章的说服力。而上面的例 6-67 语段后半部分虽然也有"倘若"的假设，但其假设目的不是分析论据"壮汉""肌肉男"，而是借这种情况的出现来批驳推导出"这和翻来覆去听样板戏有什么区别"的结论，以此凸显对方观点的荒谬。

三、使用驳假想敌法的好处

议论文要说服别人，就要求写作者了解读者对某一问题有什么看法，既然是说服别人，别人一定会有一些不同的看法和不认同的理由。我们可以把读者想象为自己的对手，他不一定信服自己的观点，一直持着将信将疑的态度在阅读自己的文章，对自己的观点提出疑问。如果有这样一个"对手"存在，我们在写作议论文时就会考虑得更周全，更细致，更妥帖。因为有"对手"存在，文章内容会更丰富，论证不是在一个平面上进行，不是"趴在地上说话"，而是在思想的激烈交锋中，使文章一步步"站立"起来。

（一）引发议论的不同视角

议论文从某种意义上说属于公共说理，在进行公共说理时，我们往往容易把读者放在一边，自说自话，而我们所表达的看法和依据，往往是读者认可的，甚至是读者认为不言自明的；但是，对于我们所表达观点的某些论述，读者未必认同，若我们在议论时不加注意，或者是轻描淡写，就不能击中读者，不能真正说服对方。所以，在议论过程中，可以直接针对论敌想法发表议论。

（二）寻找立意的新起点

议论文写作，不仅在行文过程中要有"对手"，甚至在面对写作的问题或

写作的题目时,就应该有"对手"存在,与"对手"一起讨论应该如何看待这一问题,这样才可能在讨论过程中形成新的观点。

正如《孟子·滕文公上》中的一句话:"物之不齐,物之情也。"一般来说,我们都会从中得出一个观点:要尊重差异,包容个性。但是,如果有个"对手"存在,或者说我们有批判性思维意识,我们就可以质问:尽管万物都是不一样的,但是毕竟有同类的事物存在,否则如何对事物进行归类呢?又怎么会说"物以类聚"?所以,有一个"对手"存在,我们可能就不会简单地说要尊重个性差异,可能会进一步认识到我们要"求同存异",因为事物是不齐的,所以要"求同";因为事物是"齐"的,所以要"求异"。这一观点既表达了自己尊重差异的认识,又兼顾到了"对手"的一些想法。

(三)于辩驳中深化自己的认识

苏格拉底想知道勇敢行为的共同点,就问著名的勇士拉凯斯,拉凯斯的回答是:勇敢,就是坚守岗位,与敌人战斗。苏格拉底举出反例:在大海上,在疾病中,在贫困中,也有人是勇敢的。拉凯斯同意,于是将"勇敢"的定义修改为"灵魂的忍耐"。但苏格拉底再一次反驳:不是每一种忍耐都是勇敢,也有邪恶的、有害的、愚蠢的忍耐,而勇敢绝不是这些。于是,拉凯斯再次调整观点。就这样,在不断的辩驳中,他们对勇敢的认识也越来越深刻。

议论文写作也可以让"对手"不断地出来说话,用"对手"的想法挑战自己的思维和认识,使自己的分析不断走向深入。

(四)辩证地看待问题

一旦假想出"对手",我们对问题的看法就不能够太绝对,否则难以自圆其说,而有时候我们需要退让一步,辩证地看待问题,这样更容易让自己的观点被接受。

以"山的存在,让我们知道,有一些事物必须仰视"这句话作文,尽管我们坚持的仍然是"要保持信仰,有所敬畏"的观点,但是为了让"对手"接受自己的观点,我们可能要做到敬而不畏。

例 6-73 当然,敬则敬矣,却并非要这高山来桎梏住人们的脚步。吾尝跂而望矣,不如登高之博见也。高山横亘于前,也绝非让我们心下震颤、望而却步的。清初康熙、雍正二帝开创了清王朝的恢宏伟业,乾隆并未在祖辈的汗马功劳中坐享其成,而是同样励精图治,再攀高峰。小仲马并未因其父大仲马的声名鹊起而在写作上畏首畏尾,而是辛勤耕耘,开创了自己的一片天地。前人高山般的成就是一段过程中的里程碑,以供后人敬仰,但绝非阻挠后人前进的天险。知敬固然重要,但绝不能将这样的"敬"草率地与"畏"挂钩。由于对前人成就高山仰止，在行路前就完全否定自己的才能，将前人之业供奉在神坛上顶礼膜拜，把自身定义成神祇下一个庸碌无能之辈，这样的诠释显得懦弱。少了勇往直前的胆量，自然也只能做一只安分的井底之蛙，虽不会因贸然攀登而头破血流，但同样也品尝不到登顶者的成就感，被一"畏"字禁锢终生。

一如水能载舟，亦能覆舟，山的存在同样是多元性的，知敬则修身养性，尊重前人的同时也塑造自己，有资于治道；而知不畏则大气开阔，在前人基础上奠定自己的成就，才能不惧高耸而勇创佳绩。（考场佳作《敬且不畏》）

例6-73在分析我们应该保持仰视的姿态时，强调了以尊重和欣赏的态度对待前人的成就，但是同时指出，我们不能望而却步，要敬而不畏。

（五）使论证更加周密而有分寸

美国陆军最优秀的坦克防护装甲专家乔治·巴顿中校为了研制防护装甲，特意请来破坏力专家迈克·马茨，让他来搞破坏。巴顿正是在马茨的一次次破坏中，不断修正完善，研制出M1A2坦克防护装甲。议论文写作也是这样，假想"对手"，可以发现论述中的漏洞，通过堵塞漏洞让思维更加周密。

议论文写作中，我们经常会根据"对手"的看法，阐明自己的认识和看法，使自己的论证更加严密。如果有树立"对手"的意识，让"对手"挑战我们的思维，我们论证的角度就会增加不少，认识可能会发生转向或者进一步深化和丰富，使论证变得更加周密和有分寸。

辩证思考：开启深层密室的钥匙

辩证思考，作为一种哲学性的思维方式，可被视为开启思维深层密室的钥匙，它能够帮助我们打开通向深层理解、全面思考、创新思维的密室，认知事物的内在矛盾、相互联系及发展变化的规律。具体到议论文写作，辩证思考不仅能够提升文章的深度和广度，还能够增强论点的全面性、深化分析层次、提升论证的严密性、激发创新思维，以及增强文章的可读性和吸引力。

第一节　普遍联系，莫持"片面观"

事物是普遍联系的，任何事物都不能孤立存在。联系就是事物之间及事物内部各要素之间的相互影响、相互制约。整个世界就是一个普遍联系的统一整体。

联系的观点，就是内抓相关要素，外寻相关事物，在联系中分析，拓展思路，实现跨越，思及千载，视通万里。正如鲁迅所说："无穷的远方，无数的人们，都和我有关。"

在议论文写作中，要运用联系的观点，善于由此及彼，由实到虚，发现命题材料与现实人生的联系，分析这种联系的科学性。这对于打开思路、深化认识有着极为重要的意义。考场议论文写作，若题内资料不足，就到题目之外去寻找，要善于由此及彼，由实到虚，找到与现实人生的联系，有效避免陷入思路阻塞、无话可说的窘境。莫持"片面观"，应避免"就事论事"，更不能"一叶障目，不见森林"。用联系的观点看问题，可用以下两种方法。

一、联想直接相关事物

直接相关事物，就是与故事很接近的事物——相关的对象、涉及的范围、所在的时空、前因与后果等。找到那些与故事相关的最有价值的东西，把它们

第七讲　辩证思考：开启深层密室的钥匙

发掘出来，对故事的分析具有最大的助益。因此，面对分析对象，首先应该想到的事物就是直接相关事物。看一则《日本人的信息眼》的材料：

当年，我国开发大庆油田是在严格保密的状态下进行的，不仅对国际社会保密，还对国内百姓保密。可眼尖的日本人硬是从公开报道的蛛丝马迹之中"看"出了眉目，还从中得了好处。

从《人民画报》封面刊登铁人王进喜身着大棉袄、背景飘雪花的照片，日本人推断，大庆在东北；《人民日报》报道王进喜到了马家窑，大喊一声"好大的油田啊"，日本人推断，马家窑是大庆的中心部位；《人民日报》报道，大庆人发扬"一不怕苦、二不怕死"的革命精神，肩扛人抬各种设备，日本人推断，大庆附近有铁路、公路，否则，哪里扛得动；1966年，王进喜参加全国人民代表大会，日本人推断，大庆出油了，否则，王进喜当不了代表；《人民日报》刊登了一张石油钻塔的照片，日本人测算出油井的直径；根据《政府工作报告》关于大庆的资料，日本人又测算出生产规模与产量。依据各种推断，日本人设计生产了石油设备，与大庆的需要正相吻合，大受欢迎。

与其说日本人脑子好用，嗅觉灵敏，不如说日本人思维灵活，善于联系——是联系帮他们找到了答案。透视这个例子，我们要强调一个道理：构思一篇文章，有时仅凭一个思维起点——题目中简简单单的材料是不够的，得放飞思想，多方联系，多视角寻查，在综合分析中突破。日本人就是通过联系，聚合零零星星的资料做出判断，进而做成大生意的。

当然，联系需要素材，需要知识，否则，脑子空空，往哪里联系？知识丰富的人"联系能力"就会很强。

2020年全国Ⅰ卷作文命题，写作任务中问对齐桓公、管仲和鲍叔三人"哪个感触最深"。审题立意首先要进行发散思维，对三位先贤分别进行简单的思考，然后再运用创造思维、聚合思维寻找并确定写作方向。

例7-1　鲁迅先生曾说："无穷的远方，无数的人们，都和我有关。"不同于春秋战国时期的战火纷飞，21世纪的中国国家富强，人民生活幸福。但是身为新时代的青年同学们，我们不能只限于自身，不能只关注自己身边的方寸土地，而是应该像鲍叔牙一样，具有社会责任感，以天下为己任，努力奋斗。

随着"人类命运共同体"概念的提出，这个世界上不再有真正意义上的

"国界",在这个社会,也不会再有一个人的"孤岛",所以我们不再是旁观者,而是一名实实在在的参与者。山川异域,风月同天,牵一发而动全身。(2020年全国Ⅰ卷佳作《以天下为己任,书华夏之华章》)

这篇佳作,从文题即可看出,立意重心是赞扬鲍叔牙的"大局为重"的品质。既然是"大局为重",就涉及个体与集体、个人与国家的利益关系,而这些客观关系的存在,在个人认知上,首先就表现为鲍叔牙能认识到"集体""国家"的利益与他有很大的关系。无论是鲍叔牙,还是社会上的每一个"我",都应该像鲁迅那样认识到,"无穷的远方,无数的人们,都和我有关"。

二、类比、比喻相似事理

有些道理很抽象,很难说清楚,此时,用类比或比喻等化抽象为形象的方式,化难为易,化繁为简,会易于理解与接受。如下面这则命题材料:

现在"官二代""富二代""啃老族"之类的说法很多,这类人需要积极引导,鼓励他们自己创造美好的人生。请写一段话,好好告诫这些人。

"写一段话,好好告诫这些人",怎么"告诫"?直言斥责,则失之太重;逐条分析,则又太繁。最好的办法,就是用类比法或喻证法,用启发式语言进行告诫。某学生联想到一种"踩高跷"民间杂技,真是绝了,令人拍案叫绝:

例7-2 人生是自己的,只有自己的汗水才能使自己的人生在阳光下闪亮。也许你有富裕的家境,也许你有身在仕途的父母,也许你有父母已为你铺就的人生坦途,这些用金钱、地位和宠爱做成的"高跷"也许能让你在人生之路上一起步就在高位上,而且能够昂然阔步一阵子。可是,一旦"高跷"倒了,你便会重重地摔倒在地,除了落得个鼻青脸肿外一无所有——没有用自己的头脑设计的未来,没有用自己的双手种出的果实,更没有用自己的双脚走出的人生之路。德国的布莱希特说过:"不管我们踩着什么样的高跷,没有自己的脚是不行的。"这话说得多么深刻啊!高跷虽好终是外物,无法替代自己的双脚,也无法嫁接到自己的脚上。我还要再加上一句:高跷嫁接远离地气,自己的双脚才能站稳脚跟。(2022年浙江模考佳作《仰望别人与提升自己》)

聪明的写作者找到"高跷"这个远处的联系物,用来作比喻,形象生动,内容深刻。的确,父母创造的条件就是个"高跷",有了这个"高跷",文章立即生动了起来,读者的眼睛立即亮了起来,全文的说服力立即强了起来。

知识拓展

"普遍联系"的典型论据

1. 《没有人是一座孤岛》（约翰·多恩）

没有人是一座孤岛/可以自全/每个人都是大陆的一片/整体的一部分/……/任何人的死亡都是我的损失/因为我是人类的一员/因此/不要问丧钟为谁而鸣/它就为你敲响。

2. 蝴蝶效应

20世纪60年代，在美国气象学家爱德华·洛伦茨用计算机研究气象时，一个极为细微的初始数据的改变导致了巨大的结果差异，于是他提出一个假设：一只南美洲亚马孙河流域热带雨林中的蝴蝶，偶尔扇动几下翅膀，可能引起美国得克萨斯州的一场龙卷风，这就是著名的"蝴蝶效应"。其内在的根据是：蝴蝶翅膀的振动，产生微弱的气流，而微弱的气流又会引起四周空气或其他系统的相应变化，由此引起一连串连锁反应，最终导致气候系统的极大变化。

3. 欧洲民谣："一个马钉亡掉一个帝国"

丢失一个钉子，坏了一只蹄铁；坏了一只蹄铁，折了一匹战马；折了一匹战马，伤了一位骑士；伤了一位骑士，输了一场战斗；输了一场战斗，亡了一个帝国。这个民谣讲的是，在一次生死存亡的战争中，一位将军因为不耐烦等待马夫钉上最后一个马钉，而匆匆率领军队上了战场，结果一连串的失误导致全军溃败。

4. 塞戈维亚引水渠

修建于公元109年的罗马时代的西班牙塞戈维亚引水渠，将山里的凉水引入干燥炎热的城市，近两千年来，当地人的生活用水一直依赖这条引水渠。然而，到了近代，有人建议：塞戈维亚引水渠是一项宏伟的工程，一个伟大的奇迹，应被保护起来，留给子孙后代。于是，塞戈维亚人动手铺设了一条新的铁皮水管，代替了原先的古引水渠。出乎所有人意料，现代化的水管铺好不久，那条千年引水渠就发生了质变：经过日光暴晒之后，那些千年古砖和石块开始开裂，干涸的引水渠很快就到处坍塌了。没过多久，那条历经千年岁月洗礼的引水渠，竟被好心彻底葬送掉了。其实，山里的凉水已与古砖、石块构成一个相互联系的整体，人为地割断它们之间的联系，就是破坏它。

第二节　发展观点，防止"近视眼"

古希腊哲学家赫拉克利特说："人不能两次踏进同一条河流。"他把存在的东西比作一条河，当人第二次进入这条河时，已是新的水流而非原来的水流。赫拉克利特用非常简洁的语言概括了运动变化的思想："太阳每天都是新的。""一切皆流，无物常驻。"宇宙万物没有什么是绝对静止和不变化的。恩格斯在评价赫拉克利特的这个思想时也说："一切都存在，同时又不存在，因为一切都在流动，都在不断地变化，不断地产生和消灭。"

看待事物，论证问题，不能用静止的眼光，而是应该用发展的眼光，防止"近视眼"。将分析对象置于特定的背景中，既要有破除思想僵化、墨守成规和安于现状的观念，也要有敢于创新、促进新事物成长的勇气。

一、发展观点常与联系的观点、一分为二的观点相结合

世界上的任何事物都不是孤立存在的。既然事物在运动中有必然的发展，则这个发展也不是脱离周围事物而独自存在的，而是在周围事物的彼此联系和推动下，才有了某种发展结果。换句话说，"发展"或许只是某事物表现出来的结果，其诱因及过程中的助力，一定与外界事物有着某种联系。

用发展的观点看问题，还应与一分为二的观点相结合。就整个世界的发展过程来看，一分为二是普遍的，既要看到矛盾双方的对立和排斥，也要看到矛盾双方的联系和统一，以及在一定条件下的相互转化。所以，事物的发展，也是对立的矛盾双方相互转化与辩证统一的结果。

比如，对于自媒体、网络短视频的迅猛发展，我们用发展的眼光进行评价，显然要联系时代的进步与科技的发展；同时，我们也要用一分为二的观点来看待具体问题，如自媒体的迅速发展，促进了信息的快速传播，提高了信息的透明度，但也带来了泥沙混杂、真假难辨的弊端。而应采取的具体对策，不是简单地一棒子打死，而是秉持"一分为二"的原则，有针对性地采取措施。

例 7-3

世界每天一个样

近日，一位心烦的母亲上门"诉苦"，说自己的孩子已经上初三了，成绩依旧在四十分和五十分之间徘徊。谈话中，她说得最多的话就是："他还有什么前途？"

说实在的,第一次听到这句话,我感到同情,为她伤心;第二次听到这句话,我感到难过,为她的孩子竟连母亲的信任都得不到;而当第三次听到这句话时,我感到的已是一种反感情绪了。

明天就一定和今天一样吗?

有一则关于巴尔扎克的故事,说他看了一个小学生的作文本后,根据这个小学生书写迟钝、笨拙,做出了这个孩子将来出息不大的结论,但有趣的是这正是他自己小时候的作文。

从这一点上看,这位母亲和巴尔扎克犯的错误是一样的——持静止的一成不变的狭隘观点。

世界上的一切事物都处在永不停息的运动、变化、发展过程中,科学发展史表明,地球有一个产生、发展的过程,太古代、远古代、古生代、中生代、新生代……社会发展史表明,社会有一个产生、发展的过程,原始社会,经过了多少万年的发展才进入奴隶社会,此后是封建社会、资本主义社会和社会主义社会乃至共产主义社会。发展和变化是永无止境的。人不也是如此吗?身体的发育,思维的形成,世界观、人生观的更改,知识体系的深化,在这之中谁能保证自己一定会变得怎么样。

昨日种种,那不过是今日的起点;明日种种,还要看今日的汗水几何。

狭隘的一成不变的观点是一种腐蚀剂,消磨了意志,消磨了自信,也就消磨了前进的动力。连动力都丧失了,你的明天就真的销毁了。从这点看,我很庆幸巴尔扎克小时候没有静止的一成不变的狭隘观点,否则人间就不会有《人间喜剧》了。

年年岁岁花相似,岁岁年年人不同。这位伤心的母亲,也请你想一想爱因斯坦、爱迪生、华罗庚,他们小时候读书并不聪明,兴许也和您的孩子一样,可为什么他们成了世界闻名的科学家、发明家、数学家?因为自信、坚持和发展。别再叹息了,你的孩子需要的是鼓励。请相信,一切都会改变。(2009年河南模考佳作)

文题"世界每天一个样"即包含着发展的观点。文章从一位母亲的"诉苦"谈起,指出其"诉苦"行为的错误就是持"静止的一成不变的"观点,从而看不到自己孩子的希望和前途。行文之中,写作者列举了巴尔扎克、爱迪生、华罗庚等典型事例,雄辩地证明"静止的一成不变的"观点的错误所在。

二、发展观点可能要和量变与质变、内因与外因等原理结合

说量变与质变、内因与外因,核心话题都是阐释事物的"变化",因此,

反过来，当事物发生变化，或者用发展的观点分析事物时，我们就可能要从量变与质变、内因与外因等角度去观察思考。如"千里之堤，溃于蚁穴"等句，不为"恶小"而应为"善小"的忠告，"蚁穴"不堵最终可"溃"了"千里之堤"，都是讲量累积到一定程度就能使人、事、物发生根本的变化。孟子后来成为一代圣哲，肯定有自己刻苦好学的内因，但"孟母三迁"所带来的外部环境变化即外因，毫无疑问起到重要作用；而曾经的"吴下阿蒙"之所以让鲁肃感叹"士别三日，当刮目相待"，则又是吕蒙的主观努力即内因起决定作用。因此，无论是外因起决定作用，还是内因起决定作用，抑或是内因与外因共同作用于人、事、物，都促成了人、事、物的发展与转变。所以说，分析人、事、物的发展时，或许也离不开内因与外因原理。

例7-4 "金手天焊"是怎样练成的？火箭的零件非常小巧，精度要求非常高。动作不细，呼吸太重，焊缝就不均匀了。从姿势到呼吸，高凤林从学徒起就开始了最严苛的训练。为了练好基本功，他甚至在日常生活中也进行各种练习：吃饭时习惯拿筷子比画着焊接送丝的动作，喝水时习惯端着盛满水的茶缸练稳定性，休息时举着铁块练耐力，更曾冒着高温观察铁水的流动规律。正是有这样日积月累的艰苦磨炼，高凤林才锻炼出一手炉火纯青的焊接技术，成为当之无愧的"火箭发动机焊接第一人"。

高凤林从学徒练成"金手天焊"，这里有发展观，但在对发展观的分析中，显然考虑到了内因与外因、量变与质变等因素："火箭的零件精度要求非常高"是外因，个人的"艰苦磨炼"是内因，当然内因是关键；"从姿势到呼吸"再到"日常生活"，是"日积月累"的量的积累。

三、既要看到现有条件，也要关注发展的可能

事物总是处于运动与变化之中，对于某一阶段的事物，不能用静止不变的观点来判定它。既要看到某事物在特定背景下的表现，也要联系周围的相关条件，研究或预测其将来发生变化的可能。

当年露天电影盛行，那是由于当时经济条件落后及人们文化生活贫瘠，随着社会经济逐步发展，文化生活逐步丰富，我们就应该能判断出，露天电影将会逐渐退出历史舞台。这是因为经济繁荣了，社会进步了，人们有钱建筑高大华丽的电影院而舒适地观影，也可以有更多样、更丰富的文化娱乐或休闲方式。这是用发展的观点来分析。如果说这里对露天电影的发展的分析，似乎是今天对既成事实的对号入座，那么我们还可站在当下，再对露天电影的未来做一点推断：露天电影，将来不会是观影的主流方式，但它不会从生活中消失。

它将是邻里社区凝聚人心、构建和谐社会的一种工作策略,是小型聚会的一种娱乐方式。

例 7-5 长远的眼光是我们发展自我的必要素质。天涯望尽,常思吾身。古有齐桓公不为一己痛快而杀掉管仲,反而看到管仲的才能,看到他将带来的长远利益,而任其为相;越王勾践卧薪尝胆多年,忍得一时侮辱,最终报仇雪恨;今日,华为多年前准备的芯片在遭遇美国封杀时大放异彩。物欲横流的今天,诱惑从方方面面而来,身为青少年,我们不能选择眼前的安逸,荒废学业与生活,而应为将来的幸福,去拼搏奋斗,去努力实现梦想。可能此时此刻你身处逆境,四处碰壁,但如村上春树说的那样:尽管眼下十分艰难,可日后这段经历说不定就会开花结果。眼光放长远,要相信来日方长。(2020 年全国Ⅰ卷佳作《胸有丘壑,明月入怀》)

这段文字运用了发展的观点分析问题,段首提出"长远的眼光是我们发展自我的必要素质"的观点,接着列举齐桓公、越王勾践、华为等当年都着眼于长远而最终时来运转的典型实例,既证明了段首的观点,又作为当下青少年的"镜子",警策大家"不能选择眼前的安逸,荒废学业与生活",而是要"努力实现梦想"。段尾引用村上春树的言论,再次勉励大家"风物长宜放眼量"。

四、事物发展变化,人的认知观念也应随之变化

时间在变,空间在变,显性与隐性的条件都在跟着变,如果我们对待事物的态度不变,就会演绎"刻舟求剑"的现代笑话。换句话说,对于某事的是非曲直,也只有将其放在特定背景中去考察,才能辨明其适宜性或正确性。

一个节疤遍布、湮没弃置的树桩是"无用之物",但经过园艺师的精心雕琢能变成一盆独具情态、令人赏心悦目的"艺术盆景";老鼠是人人喊打的污秽之物,但经过特殊训练的"警鼠"可以用来侦察毒品及危险的爆炸装置。爱迪生、爱因斯坦小时候都曾被老师视为愚不可教的学生,但后来努力学习,却成了改善人类生活、改变人类认知的伟人。这里所举的无论是物还是人,人们对其认知与评价,都由"坏"变为"好"。之所以产生这样的认知变化,正是因为人们分别注意到了"树桩经过园艺师的精心雕琢""老鼠经过特殊训练""爱迪生、爱因斯坦,后来努力学习"等相应的条件变化。

例 7-6 当我们站在路边使用"高德"叫车软件时,"高德地图"已然完成了它的跨界;当我们享受着"美团"的高效外卖服务时,"康师傅"正在柜台上黯然神伤。"跨界"已悄无声息地走进了我们的生活,以一种时尚的生

活态度、新锐的眼光，引领时代的新潮。

……

因此，那些被暂时压住风头的行业若想再次翻身而起，无疑也该学会跨界，学会用新锐的世界眼光与时尚的生活态度改变发展方向与产业结构，在紧跟时代脚步的同时适应消费者的需要；再者要有大格局，要有足够的能力和强大的心理，使企业具有竞争力；最后还要有创新的态度、全新的追求、时尚的思维，不断突破原有的格局，开辟新天地。只有具备这些，才能在新时代焕发新活力。

这是考场佳作《跨界引领时代新潮》的首、尾两段。首段以新闻材料为写作切入点，旁征博引，强调不同事物出现，人们"跨界"的态度与眼光也随之变化；尾段提醒"那些被暂时压住风头的行业"，也要随着社会的变化"学会跨界"，"要有大格局"，"还要有创新的态度、全新的追求、时尚的思维"，等等。这正是强调人的认知观念要随着事物的变化而变化。

知识拓展

"发展观点"的典型论据

1. **刻舟求剑**

出自战国吕不韦《吕氏春秋·察今》，指在船上刻记号，寻找掉落水中的剑。刻舟求剑比喻办事方法不对，死守教条，拘泥成例，固执不知变通，以静止的眼光来看待发展变化的事物，必将导致错误的判断。此即提醒人们：世界上的事物总在不断地变化，情况变了，解决问题的方法、手段也要随之变化。

2. **士别三日当刮目相待**

出自西晋陈寿《三国志·吕蒙传》。吕蒙原是一介武夫，鲁肃路过浔阳，看大将军吕蒙唯有匹夫之勇，脱口道："真为吴下阿蒙。"吕蒙得知，闭门苦学，后鲁肃第二次路过浔阳，与吕蒙交谈后感叹："士别三日，即更刮目相待。"此即改变老眼光，以发展的眼光去看待他人。

3. **存储介质飞速发展**

1725年，发明打孔纸卡，此后近百年存储介质发生了超快节奏的变化：1932年发明磁鼓，1946年发明计算电子管，1950年发明盘式磁带，1958年发明LD光盘，1963年发明盒式录音磁带，1969年发明软磁盘，1979年发明光盘。现在，硬盘、"云空间"等已成为常用的存储介质，其材质、存储能力等还在继续有着更高品质的发展。

第三节 一分为二，不说"过头话"

对立统一是指一切事物、现象、过程都可分为两个相互对立和相互统一的部分。任何事物都包含两个方面，这两个方面是不同的、相互对立的，但又是相互依赖、相互统一的。自然现象与生活事理中，存在着大量对立统一的现象，如有无、长短、高下、曲直、大小、轻重、难易、宠辱、得失、清浊、进退、利害、祸福、智愚、强弱、规则与自由、继承与发展、战争与和平、病毒软件与杀毒软件、经济发展与环境代价等。

分析事物或现象时，应一分为二，全面地认识问题，不说"过头话"：既要看到它的这一面，又要看到它的另一面；既要看到它的正面，也要注意它的反面。不能一味地唱赞歌，也不能一棍子打倒，否则容易陷入绝对化、片面化、表面化的陷阱。如果说话主观臆断，以偏概全，用特殊性来否定一般性；或者只注意事物的一面，不注意事物的另一面；或者重视了某一方面的因素，而忽略了其他方面的因素；或者把事物间的必要条件理解成充分条件，夸大某一方面的作用：这种"过头话"势必造成观点的绝对化和片面性，削弱议论的逻辑力量。

虽然一分为二是普遍的，但对其理解与划分不能机械，应该看到事物可分性的内容、形式是多种多样的。分析思考时，要洞悉内部的二元对立因素，某方面呈二元对立，另一方面则未必是二元对立的。

一分为二的深度思维，是一种重要的、高层次的思维能力，是我们认识世界的锐利武器，也是高考作文获得高分的重要凭借。但一分为二是哲学术语，用它来指导写作，不是要把这种术语生搬硬套于行文过程中，而是要用这种哲学思维，全面地观察事物，辩证地思考问题。

一、"一分为二"的内涵把握

（一）客观全面不孤立

一分为二，"一"是特定时空条件下的整体事物，"二"则是这个特定情境下事物内部相对的"一"与"另一"的两面。我们在分析事物时，不能只知"其一"，不知"其二"；也不能知"其二"而不谈"其一"。当然，"其一"与"其二"在写作中并非要"等量齐观"，而是可有所侧重。如鲁迅《记念刘和珍君》的片段：

例 7-7 时间永是流逝，街市依旧太平，有限的几个生命，在中国是不算什么的，至多，不过供无恶意的闲人以饭后的谈资，或者给有恶意的闲人作"流言"的种子。至于此外的深的意义，我总觉得很寥寥，因为这实在不过是徒手的请愿。人类的血战前行的历史，正如煤的形成，当时用大量的木材，结果却只是一小块，但请愿是不在其中的，更何况是徒手。

然而既然有了血痕了，当然不觉要扩大。至少，也当浸渍了亲族，师友，爱人的心，纵使时光流逝，洗成绯红，也会在微漠的悲哀中永存微笑的和蔼的旧影。陶潜说过，"亲戚或余悲，他人亦已歌，死去何所道，托体同山阿"。倘能如此，这也就够了。

从思维角度看，这是一分为二的分析。"一"是刘和珍君等人牺牲的"三一八惨案"，"二"是这个特定事件的影响：其"一"为节选的前一段，讲刘和珍等人死难意义的有限性，因为在当时的中国"几个生命""是不算什么的"，再说，刘和珍等人的死难起因于"徒手的请愿"，其根本谈不上推动历史的进步，因为那时的历史是"人类的血战前行的历史"——但作者并没有就此止步（如果止步于此，就是纯消极性观点），而是在后一段，谈了其"另一"，即刘和珍等人死难的意义："既然有了血痕了，当然不觉要扩大"，这是事实，而且是包含着作者某种坚定信念的事实。前后语段的顺序不能倒置，现有的安排给人一种理性中的乐观之感。

（二）运动发展不静止

前面的"一分为二"，强调不孤立地看问题，似乎着眼于空间的立体性；"一分为二"，其实还可从时间维度，从纵向的发展角度看问题。看到当下某事物好的一面时，也要从发展角度，注意"防微杜渐"；看到事物不好的一面时，也要想到事物有向优秀一面转化的可能，不能一棒子打死。如 2021 年上海卷"经过时间的沉淀，事物的价值才能被人们认识"的材料，命题本身已从发展的角度做了暗示，则写作中用"一分为二"之发展眼光进行分析，是为必然。如下面的佳作片段：

例 7-8 当然，"时间能证明一切的"说法也不无道理。历经时间的打磨，事物没变，变的是我们的眼界，我们的观念，我们的阅历。我们的时光被消耗，转而换来的是全新的思考角度与多元的判断方式。时间的积淀让我们丰富了对价值的思考与判断。

但在我看来，价值是存在于事物与事物之间的一种固有关系，它并不以人的意志为转移。既然是固有关系，为什么事物的价值就不能在当下被认识到呢？因此，于当下发现价值，我认为更具有时效性，而时间，则是让发现的价

值历久弥新。（上海考生佳作《时间可沉淀一切》）

例 7-8 片段，运用了一分为二的观点分析问题，但它较其他佳作突出的是：它不是循着常规的思路——"当下"经过"时间的沉淀"，"未来"才能发现"事物的价值"，而是反其道而行之——既然"价值是存在于事物与事物之间的一种固有关系，它并不以人的意志为转移"，则"事物的价值"在"当下"就应该被认识到，而"时间"只是"让发现的价值历久弥新"而已。这里的"一分为二"看问题，虽也是从时间角度出发，但显得异常巧妙。

二、议论文中的"一分为二"

（一）两种思维立体呈现

这里的两种思维，即正反对比思维与发散思维。既可用正反对比思维，就同一问题的正反两面来分析，也可用发散思维，就一个事物的不同侧面来分析。无论是从正反面分析，还是从不同侧面分析，都是立体式呈现事物的样貌。

1. 正反对比思维

例 7-9 独立，如同锋利的剑，它让我们敢于挑战传统，勇于展现自我。简·奥斯汀，那位坚守独立精神的女性，她拒绝了当时社会盛行的婚姻观念，选择了用笔墨书写自己的爱情观。她的《傲慢与偏见》不仅成为传世之作，还是她独立精神的最好注脚。正如尼采所言："成为你自己。"独立，就是要有勇气去摆脱依赖，去追寻自己的价值，去创造自己的世界。

然而，独立并不意味着与世隔绝，相反，它需要在与他人的互动中汲取养分。正如"数字游民"这一新兴群体，他们虽然在世界各地漂泊，却通过网络社群紧密相连，相互支持，共同成长。这种新型的依恋关系，让我们看到了独立与依恋的完美结合。马斯洛的需求层次理论告诉我们，归属与爱的需要是人的基本需求之一。我们在追求独立的同时，也需要建立有益的依恋关系，以满足这一需求。（2024 年湖北模考佳作《独立之旅：在探索与依恋间起舞》）

例 7-9 的文字主要在探讨"独立"是什么："独立"是勇于展现自我，向传统挑战的勇武之举；"独立"不是与世隔绝，而是与外界有着密切联系，即"在与他人的互动中汲取养分"。就前一方面而言，它是"锋利的剑"，应斩断与周围的联系，以"展现自我"；而后一方面则强调"密切联系"。这里正是运用正反对比的态度与方式，一分为二地分析如何对待"独立"。

2. 发散思维

写作话题材料是"漂流壮举，在全国引起极大反响，褒贬各异，称赞者认为这是为国争光，批评者则认为是冒险活动，寻求刺激。对此，你怎么看？"有人用发散思维，写出如下文章：

例 7-10 他们没有为前仆者的牺牲所吓倒，也没有畏缩于虎跳峡那几十米的落差，毅然投入这中华民族的大动脉中。漂流壮举，在全国引起极大反响，褒贬各异，称赞者认为这是为国争光，批评者则认为是冒险活动，寻求刺激。我对它的看法是：赞赏其精神，不解其行动。

首先，我们不能把漂流单纯地看作年轻人寻求刺激。试想一只古老的皮筏，载着血肉之躯，与"惊涛拍岸，卷起千堆雪"的长江搏击，此等壮举，难道是一般人所能为之的吗？他们是要为中国人争一口气呀！

……看着那小小的皮筏被巨浪肆意戏弄，我不禁疑惑：这难道就是曾经遨游过太空与深海的人类吗？此为我不解之一。

那么之二呢？乃是我对漂流者过虎跳峡的方式感到吃惊。一个橡皮艇，密封的，四周捆上一些轮胎，人就在艇里，任激流冲打，里面的人根本无法掌握自己的命运，一旦漏水，便意味着死神降临；否则，功成名就，被称为征服长江的英雄。试问，这行动与昏天黑地的赌博有何区别？（请原谅我用这个词，很明显，两者的目的截然不同，前者是高尚的。）如果说坐在皮筏里靠船桨与长江搏斗是使用蛮力，那么躲在皮艇里漂流又算什么呢？惭愧呀！（学生习作《勇士耶？葬夫耶？——评漂流的价值》）

例 7-10 是对文章主体论证部分的摘录，是针对"长江第一漂"发表自己的看法。写作者在分析时，并没有人云亦云，而是用发散思维，就"长江第一漂"的不同侧面，进行一分为二的深入思考，即如节选的第一段段尾的论点句"赞赏其精神，不解其行动"所言：写作者既肯定了"长江第一漂"的积极影响——精神层面的，也点明了"长江第一漂"存在缺陷——使用工具与跳峡方式——行动方面。看法独到，分析辩证，具有较强的逻辑性。

（二）退让中攻防兼备

退让中攻防兼备，即以退为进，先承认对立面观点，然后再确立自己的观点。任何一种观点都会有反对的声音，而这些声音往往也有一定的道理。写议论文，在确立自己的观点时，先承认对立面观点的某些正确性，然后再用自己的观点加以补充或更正，这是辩证分析常用的方法。如 2019 年全国 I 卷考场佳作片段：

例 7-11 人工智能固然便捷高效，但如果不慎重对待科技，忽略了人的劳动实践，它也会消解我们人生的意义和价值。要知道，科技本质上是为了实现人的对象性力量，四十多年前，人工智能发展的初衷不过是作为人的"无机的身体"。试想：如果未来发展方向，是科技一步步取代一个人的正常生活节奏，那么我们人存在的价值和意义又在哪里呢？再仔细思量，人之所以成为人而区别于其他万物，正在于人具备思考能力——能创造和使用劳动工具——且不断地用勤劳的双手改变彼时和此时的生存环境。在百万年的漫长时光里，依靠劳动实践探索，现代人从人猿一步步进化而来，直至逐步实现人工智能化的今天。所以，即便是人工智能化，那也是人类为进一步创造美好生活而努力思考，并且用双手勤奋劳动创造出来的科技价值。它本质上是我们人劳动创造的成果。（2019 年河南考生满分作文《尊重劳动，才有美好未来》）

例 7-11 运用了一分为二的观点分析问题。写作者先以"固然"对人工智能技术加以肯定，接着以"如果"的假设从另一层面提出"消解我们人生的意义和价值"的看法，继而以"要知道""试想""再仔细思量"等语句领起，条理清晰，富有深度地阐述了对人工智能"另一层面"的看法。

（三）肯定与否定的辩驳

肯定与否定的辩驳，即在肯定中否定，在否定中肯定。任何行为或现象都有一定的合理性或先进性，也会存在一定的消极作用和负面影响。在论述某种行为或现象时，按照"先肯定，后否定"或"先否定，后肯定"的思路进行分析，这也是辩证分析常用的方法。辩证说理，就要学会在承认对立面观点的基础上确立并阐述自己的观点，即先承认对立面观点的某些正确性，然后再用自己的观点加以补充或更正。如：

例 7-12 是科学让人类生出了翅膀，坐着飞机飞上蓝天，"巡天遥看一千河"；是科学让人们乘上了高铁，"坐地日行八万里"，千里家乡半日还；是科学让人们"可上九天揽月，可下五洋捉鳖"！有位伟人如是说：科学是第一生产力！从这一点上说，科学无疑应当姓"善"。但是，当科学家认清原子结构，研制出原子弹，人类自相残杀的手段提高了，这时还能说科学姓"善"吗？广岛、长崎在原子弹爆炸后，顷刻之间变成废墟，无数生命在一刹那消失，科学在此刻又变成了十恶不赦的魔王。

为了阐述科技发展对人类的危害，例 7-12 先充分肯定科学的丰功伟绩，然后再以"但是"领起，转入对危害的阐述，先肯定，再否定，否定中有肯定，肯定中有否定，说理辩证令人信服。

（四）用修饰限定语来体现分寸

运用限定词和修饰语，可使说话有分寸，是辩证思维的具体体现，也是不说"过头话"的典型表现。如下面一段：

例 7-13 少为光环费神思，这也是理智的表现。头衔常常是对一个人某一方面的奖赏，但是，获得某种头衔，这并不纯粹是个人努力的结果，它是由多种因素决定的，具有一定的偶然性。我们的社会正处在转型期，法制还不健全，不公正现象实属难免。在这样的社情下，埋头干好自己的工作，少为光环费神思，花开花落两由之，实在是一种明智的选择。（《少为光环费神思》）

这段议论分寸感很强。比如，"少为光环费神思"，而不是绝对的"不为光环费神思"；"头衔常常是对一个人某一方面的奖赏"，有了"常常"的修饰，就说明头衔有时也并不是对一个人某一方面的奖赏；获得某种头衔，"并不纯粹是个人努力的结果"，有了"纯粹"一词的修饰，就表明获得某种头衔也是"个人努力的结果"。再如下面几个议论句：

① 难道"生气"已经成为国人生活的常态选择了吗？
② 一味"生气"并以暴力方式进行表达，并不是一个理性和成熟社会中应有的状态，只能加剧社会矛盾。
③ 社会得以形成的原因之一，在于保障个体的安全，帮助公民更有效率地解决问题。
④ 制度固然重要，但文化是降低制度实施成本最有效的因素。

在例句①里，有了"常态"一词的限制，就表明写作者反对的只是将"生气"常态化，而不是一概地反对"生气"。在例句②里，有了"一味"的限制，就表明过分的"生气"才是有害的，并非所有的"生气"都会加剧社会矛盾。在例句③和例句④里，"之一""固然""但""最有效"等词语都具有使语言更辩证、表意更全面的作用。

例 7-14 得与失既不是人生的起点，也不是人生的终点，一切得失不过是人生必经之过程。我们在高考前，常听人说高考是人生的转折点，它是十年寒窗的终点，也是迈入更高学府的起点，可是谁又能说，高考就是人生的起点或终点呢？漫漫一生中，我们会面临无数抉择，一个抉择是一段故事的结局，也是另一段故事的开篇。起点也好，终点也罢，都是人生中的一段过程，人生的价值是在得与失的不断转化中才实现的。如果非要为生命选一个终点，我觉得只有死亡，但细究起来，死亡也不是生命的终点，有的人死了，他还活着，就像屈原，两千多年了，他"虽九死其犹未悔"的爱国情怀滋养了一代又一

代中华儿女——而这，就是他生命的延续。（2021年浙江卷佳作《无论得失，皆是过程》）

这段文字先用"既不是……也不是……不过是……"强调"得与失"是人生中的一段过程；再以高考为例，说明起点与终点也只是人生中的过程而已；接着分析"死亡也不是生命的终点"。写作者采用一分为二的观点看问题，整段文字呈现出极强的思辨色彩。行文中，写作者的一些观点和看法闪烁着哲思光芒。

> **知识拓展**
>
> ### "一分为二"的典型论据
>
> 1. 塞翁失马
>
> 出自西汉刘安《淮南子·人间训》。边塞一老翁丢了一匹马，过了些日子，这匹马竟然带着一匹好马回来了；老翁的儿子喜欢骑马，结果从马上掉下来摔得大腿骨折；后老翁的儿子又因此而免于塞外征战，父子得以保全性命。这比喻虽然暂时遭受损失，却也因此得到好处，坏事在一定条件下可以变为好事。
>
> 2. 管宁割席
>
> 出自南朝宋刘义庆《世说新语》。管宁和华歆同坐一张席子上读书，有个穿礼服的人坐着车从门前经过，管宁读书依旧，华歆却放下书出门观看。又一次，二人同在园中锄草，地上有一金片，管宁视而不见，挥锄依旧，而华歆却高兴地拾起金片，但看到管宁的神色后又扔了。于是，管宁就和华歆割断席分坐且断交。管宁割席故事传诵至今，人们一直视管宁割席为不慕荣华的典型，但管宁不能一分为二地看待自己的朋友，采取绝交的态度，实在是过于片面与武断了。
>
> 3. 体育运动
>
> 适量的运动可以促进身体健康，但过度的运动会对身体造成损害。我们需要根据自己的身体状况和运动目的来平衡运动量与保护身体。

第四节 现象本质，切忌"吃浮食"

现象与本质是哲学里的一组具有对立统一关系的重要概念。现象是事物的外部联系和表面特征，事物的本质往往通过表象反映出来；本质是事物的根本

性质和内在联系,深藏于内。

现象是表面的、具体的,可以直接为我们所感知;本质则是隐蔽的、共同的,只有通过抽象思维才能把握。现象富于变化,而本质则具有相对稳定性。苹果落地、天降雨雪、山石滚落等自然现象,其背后包含着万有引力的本质。但只有牛顿最先透过现象看到了本质。

现象有真相和假象,假象具有迷惑性,只有认清真相,事物的本质才容易被揭示出来。很多事物表面会被层层迷雾遮障,唯有拨"云"方可见"日"。我们认识事物的本质需要一个不断反复、深化的复杂过程,需要客观,需要理性,需要时间。

现象有主流现象和支流现象,支流现象不代表事物的本质和发展趋势,只有抓住主流现象,才能把握事物的本质。本质也有主流和支流之分,只有抓住主流,才能真正认识事物。《庄子·秋水》中河伯见百川灌河,两岸间不辨牛马,便欣然自喜。后至于北海,方望洋兴叹。类似河伯的这种认知,现实生活中的确不少。

写作中的"思想深刻",主要指考生在作文中表现出来的独立思考,透过现象深入本质,揭示事物内在因果关系的能力。所谓"深刻",其中之一,就是能够穿透重重迷雾,透过纷繁复杂的事物表象,看清事物的本质,切忌"吃浮食"。让观点具有"发现性",使文章"深刻",具体有以下几种方式。

一、由表及里

由表及里,"表"即现象、表象,"里"即本质、内涵。由表及里,即富有探索精神和创新能力,这是新课标对学生培养的重要方向,也是现代社会对人才素养的基本要求。落实到写作,就是指观察事物、分析问题时,能透过自然、社会或人生等诸多现象,表达出具有独立性与深刻性的思考和认知。

透过现象看本质,基本角度有两个:一是透过纷繁复杂的事物表象,抓住问题的核心,探讨事物的内在属性和基本规律;二是着眼于人物行为表现,探究其精神品质、意义、影响等。

就写作的命题材料而言,"现象"主要包含两个方面:一是材料中所表达的客观事实;二是材料表述的主要内容只是一个"喻体",这个"喻体"也只是一种表面现象。审题时,对于前者,应透过客观事实(现象),看到事物本质;对于后者,应领会此处只是"打比方",要精准寻找"本体",深刻体察命题材料所要表达的意思。如2021年新高考全国Ⅱ卷关于"人"字描红的4则漫画,材料只是"喻体",其"本体"则是学会怎样做人的问题。写作这类比喻性质的题目,其"喻体"只是审题入门的向导,入门之后,应重点论述其所比喻的意义。要写好这类题目，必须就这样或那样的"现象"进行深入思考，抓准本质，正确立论，展开具有针对性的论述。

考查现象与本质的哲学思辨关系的高考原题比较多，除去上面列举的2021年新高考全国Ⅱ卷"人"字描红的4则漫画，近年还有：2016年新课标全国Ⅰ卷，材料出示的是4幅漫画，即孩子因不同考分而受到不同对待——我们应透过这些漫画反映的表象，看到当前教育的本质行为；2018年全国Ⅱ卷，有关第二次世界大战期间战斗机防护的材料作文，要求透过"弹痕累累"的现象看到"幸存者偏差"的本质。

例 7-15

拂去现象尘，乃见本质真

① 当专家独到的见解被证明是正确的，一个真相也浮出水面：弹痕少不过只是现象，若受到重创后果严重才是本质。是啊，本质往往就是这样，在现象尘埃的遮蔽下总是难以见其真容，但也只有拂去现象的尘埃，才能见到本质的"庐山面目"。

② 张方宇在《单独中的洞见》中有云："只有穿透身体和感官的重重阻碍，真理的光芒才能够照亮我们的灵魂。"我们应当明白，本质难寻，但我们一定要去寻。反观当下，多少人流连于事物表面而对一切都浅尝辄止，探求甚少，对现象之下的本质漠不关心，他们手揣一团浮华行走于世间，却以为自己活得很明白。殊不知，本质门前，往前一步是得道，是通悟，退却一步是蒙昧，是永远的不解。

③ 比如面对突如其来的灾难，有的人便会就此沉沦，而有人却能从灾难中看到生命的本质。比如能够从病痛的表象中看到生命的意义的史铁生——当史铁生在最狂妄的年龄失去了自己的双腿，当时他也觉得自己是世界上最不幸的人，但是在经历一番颓废之后，史铁生开始思考，他认为这一切都是上帝给他安排的命运，上帝这样安排自有道理，这个世界因为有我，因为有其他很多各种各样的命运，所以才会变得精彩。史铁生醒悟："人生有困境是不可避免的，人生就是与困境周旋。"当史铁生从病痛的表象里看到了生命的本质其实就是与困境周旋，从此他扶轮问来路，握笔写人生，于是，他的生命得到了升华……

④ "世人大多眼孔浅显，只见皮相，未见骨相。"行走于世，我们无法做到每件事都明白得透彻，但至少对于事业、学业，应该永葆一颗积极探求本质的心。不为现象所惑，修炼把握本质的能力。现象不是坏事，至少它是打开本质的钥匙，但若仅仅徘徊在事物表面，仅仅能看见表象，就显得有些肤浅了。

只有真正通达，不为现象所蒙蔽，积极求索现象背后真正值得探寻的东西，才能真正有所掌握，才能在"众人皆醉"之时，"独醒"其间，清醒地做出自己的判断，才能在众声嘈杂之中发出不一样的、掷地有声的声音。这便是拂去现象之尘后看见本质所能带来的东西。

⑤ 现象如纱，只有亲手掀起这层纱，才能看见纱下的美人；现象如云，只有亲身穿越这重重雾霭，才能看见云外南山；现象如尘，只有亲自拂去这层尘埃，世事才得以明朗，本质才为人所知。让我们都做这拂尘之人，都做这追寻本质之人。(2018年全国Ⅱ卷大连考生佳作)

例7-15是通过现象看本质的典型之作。文章第①段由简洁点扣材料开篇，迅速揭示问题的本质并提出论点。第②段通过引用张方宇《单独中的洞见》中的言论，正面提出我们应"寻本质"，接着又用"反观当下"作对比，并分析当下人的本质是"蒙昧"和"永远的不解"。第③段重点以史铁生为例，说他"从病痛的表象里看到了生命的本质其实就是与困境周旋"，因此"他的生命得到了升华"。史铁生是这样，写作者能看出史铁生是这样对待生命，又何尝不是参透了生命的本质呢？第④段既有宕开一笔，也略有"转"的特点——我们不求事事参透，但在"事业、学业"等关键领域应"不为现象所惑，修炼把握本质的能力"，如此才能发出"掷地有声的声音"。第⑤段用一组比喻，把现象比作"纱""云""尘"，再次回扣文题，重申论点。

二、追因溯果

透过现象深入本质是解决"是什么"的问题，而揭示事物内在的因果关系则是解决"为什么"的问题。

任何事物的产生、发展、消亡都互为因果。因果关系是事物发展的根本关系。我们对事物的认识不能停留在表面，要善于以问引论，追根求源，把隐藏在事物内部的本质揭示出来。这里包含两个方面：一是"追因"，即由某现象深入分析产生这种现象的原因；二是"溯果"，即沿着现象产生的来路，继续推导可能的结果。写作中常见的是，"追因"偏多，"溯果"偏少。

例 7-16

忘本者，必败

1644年3月18日，一个农家子弟登临大明帝国的宫殿。大明已死，大顺当立。

然而，入城出城仅四十天。山海关一战，之前攻无不克、战无不胜的大顺军竟然溃不成军。闯王李自成也被迫自刎于九宫山。

为何当初一呼百应的英雄会落得如此下场呢？原来，那些当初被人们高唱欢呼"闯王来了不纳粮"的英雄和他的军队到达北京城之后，烧杀抢掠无所不为，奸淫杀戮无所不作。一时间，农民出身的英雄，摇身变成了强盗；李自成亦将当初对千万黎民许下的诺言抛到了九霄云外。

农民出身的起义领袖，为什么会成为屠戮人民的刽子手呢？

有人说，这是农民阶级的局限性；有人说，这是知识的先天缺陷造成的。其实并非如此，正如清茶的味道是苦后又甜，但不品，就永远不会有甜的感觉。

历史上此类事件有之，在周幽王烽火戏诸侯之际，在李后主风花雪月、醉生梦死之际，也在李自成进入大明皇宫、坐享洪福之际，摆在他们面前的那一杯清茶，恐怕早已冷却，再也品不出丝丝苦味之后的余甘了。于是，对于他们来说，苦的延续依旧是苦，就算他们曾经有过一丝甘甜，也很快被全部丢掉了。

阶级的局限性只是导致其失败的其中一个因素，人的忘本亦是重要因素。这里的忘本就是忘却本分的意思。周幽王忘却了自己的本分是一国之君，是一个需要治理好国家从而为人们带来福祉的人，结果他只得出奔，最终被杀；李后主忘却了自己的本分是一个帝王，沉湎于诗词中，结果只能吟着"问君能有几多愁"在亡国之痛中被人毒死；同样，李自成忘却了自己的本分是推翻暴政救万民于水火之中，他的传奇也只能是昙花一现。

诸葛孔明没有忘本，小小的蜀国得以在三分天下的局势中占有一席之地；唐太宗没有忘本，所以成就了"贞观之治"，扬名万世；袁文婷、谭千秋没有忘本，所以他们用自己的身躯托起了一轮轮崭新的太阳。

人啊，只有牢记本分，才能取得成就。任何忘本者，都必败！（郁歧）

例7-16独辟蹊径，写他人未写之事。李自成起义的失败，被无数学者探讨过，也得出了无数的结论。写作者没有沿袭别人，而是抓住失败这个"果"，追问原因。写作者的高明之处还在于其回避了自己的知识弱点，而采用了类比的方式，从周幽王、李后主、李自成的共性中推断原因——忘本，进而得出自己独特而深刻的结论——忘本者，必败。由果溯因，有时正是发现问题和解决问题的一把钥匙。

三、小中见大

"小"，指的是小的题材；"大"指的是重大、深刻的主题。相对于国家大事来说，日常生活中的事情就是小题材；相对于情节复杂的事件来说，片段的、零星的事情就是小题材；相对于浩大的场面来说，人或景物的细枝末节就是小题材。我们要细心观察，透过现象看本质，从小事中挖掘大道理。

> **知识拓展**
>
> **"现象本质"的典型论据**
>
> 1. 冰山理论
>
> 冰山理论由美国心理学家萨提亚提出，指一个人的"自我"就像一座冰山一样，我们能看到的只是表面很少的一部分行为，而更大一部分的内在世界却藏在更深层次，不为人所见，恰如冰山。唯有透过现象看本质，才能更全面了解一个人，真正认识一个人。
>
> 2. 万有引力
>
> 苹果成熟后会从树上掉下来，而不会飞到天上去；一块石头被抛向天空，不久会落到地上；风筝飞得再高，也迟早会掉回地面。表面上看是这些物体都有重量，实质并非如此。牛顿经过艰苦的研究，发现这类现象的实质是万有引力。
>
> 3. 耳闻目睹
>
> 人们往往根据先见闪电后闻雷声，得出先闪电后打雷的错误结论。实际上，闪电和打雷是同时发生的，只是由于光速快于声速，所以先见闪电后闻雷声。可见，耳闻目睹的事物，也不一定完全是事实。不认真分析本质，就有可能会被表象迷惑。
>
> 4. 幸存者偏差
>
> 第二次世界大战时期，美国空军发现幸存的轰炸机中，机翼中弹的数量很多，而机身中弹的数量却很少。因此，有人认为应该加固机翼。其实不然，因为机翼中弹的飞机大多还能飞回来，而机身中弹的飞机大多坠毁，无法返航了。因此，透过现象看本质，就能得出应该加固的是机身而不是机翼的正确结论。

第五节　量变质变，注意"度量衡"

任何事物的变化都是量变和质变的统一。量变是质变的前提和必要准备，一切事物的发展变化都首先从量变开始；质变是量变的必然结果，事物的量变积累到一定程度，又必然引起质变。事物的发展最终是通过质变实现的，没有质变就没有发展。当我们需要保持事物性质的稳定时，必须把量变控制在一定的限度内，即坚持适度的原则；若超越了事物原有的"度"，事物将会发生质的变化。真理再多向前走一步，就容易成为谬误。日常看待问题及写作，不要说没有限制条件的话，要将自己的观点限定在一定的范围内。形象地说，应时时保有"度量衡"意识。

一、量变与质变的哲学内涵

（一）量变与质变是事物发展的两种状态

量变和质变的形态不同。量变是指事物量的规定性的变化，表现为不显著的变化，体现了事物的连续性。质变是指事物由一种质态向另一种质态的转变，表现为稳定、平衡的破坏，体现了事物的非连续性，是事物连续性的中断。

量变和质变在事物发展中的地位与作用是不同的。从内容上看，量变是原事物的延续或维持；质变是旧事物的灭亡、新事物的产生，是事物根本性质的改变。量变没有改变事物的根本性质，质变使事物发生由一事物向他事物的转变，它改变了事物的根本性质。量变和质变都是由事物内部矛盾双方力量的变化引起的，当矛盾双方力量的对比还没有达到主次地位的改变时，事物呈现出量变状态；当矛盾双方地位发生改变，原有统一体破裂时，事物呈现出质变状态。

（二）量变与质变是辩证统一的

量变和质变相互依赖。一方面，质变依赖量变，量变是质变的必要准备，因为质变不是凭空出现的，它需要以一定的量变为基础。这说明了事物的变化总是从量变开始的，只有量变达到一定程度，才能发生质变，没有量变就没有质变。另一方面，量变也依赖质变。质变体现和巩固量变的成果，只有质变才能使量变得以完成。质变还引起和促进新的量变，为新的量变开辟道路，即新的量变必须以新的质变为基础，没有质变产生的新质，就没有新事物的量变。

量变和质变相互转化。事物的发展总是由量变到质变和质变到新的量变的变化过程。事物的变化首先是从量变开始的，若量变在一定范围内不突破"度"，则不会引起质变。若量变突破"度"的极限，则事物必然发生质变。

（三）量变引起质变有两种形式

一是事物在数量上增减，即事物在大小、速度、程度等方面的变化达到一定程度时，能够引起质变。二是事物在总体上数量不变，只是构成事物的成分在结构和排列次序上发生变化，也能引起质变。这是量变引起质变的另一种形式，只不过这种量变属于"内涵的量"的变化。事物由于内部排列组合的变化而引起质变的现象，普遍存在于各个领域。如学生学习，如果能把学过的知识排列组合起来，做到融会贯通，就会使自己的知识水平有质的飞跃。同时，用新知识的学习来指导自己今后的学习与工作，也会收到事半功倍的效果。

二、议论文中的"量变质变"

（一）量变是质变的必要准备

量变是事物在数量上的增减或场所的变更，表现为一种逐渐的、不显著的变化。通过量变，事物逐渐积累起新的因素和力量，为质变的发生创造条件。质变是事物由一种质态向另一种质态的飞跃，然而，这种飞跃并不是凭空产生的，而是建立在量变的基础之上的。只有当量变达到一定程度，即达到"关节点"时，才会引起质变。因此，量变是质变的必要准备，水滴石穿、铁杵成针等成语都形象地描述了通过长期的、不懈的努力（量变），最终实现目标（质变）的过程。

（二）质变是量变的必然趋势和结果

量变不会永远持续下去，当量的积累达到"关节点"时，就必然会引起质变，使事物发生根本性的变化。"沉默呵，沉默呵！不在沉默中爆发，就在沉默中灭亡。""爆发"到"灭亡"是一种质变。引起这种质变的就是沉默的量变。"其实地上本没有路，走的人多了，也便成了路。""成了路"，这是质变，在此之前，则是一个漫长的量变的过程。"为山九仞，功亏一篑。"如果停止量变，哪怕只剩下最后一筐土，那么也达不到"九仞山"这一质变。生活中有一个遗憾的现象，就是我们很多时候都是失败在接近成功的那一瞬。

（三）"度"是事物质与量的统一

"度"是事物质与量最佳的结合点。无论是"过"还是"不及"，都是没有达到最佳状态，譬如做饭，水放多了，饭就太稀，水放少了，饭又太干，甚至夹生；火候也是，太猛不行，太温也不行；水适度，火候适度，饭做出来才能恰到好处。儒家的中庸哲学讲究不偏不倚，其实就是在寻找事物的一个"度"。黑格尔曾说："凡一切人间的事物、财富、荣誉、权力甚至快乐、痛苦等，皆有其确定的限度，超越这限度，就会招致毁灭。"这话真可谓深刻！当然，寻求"度"，也不等于折中主义、和稀泥，求得一团和气；"度"，不是两者相加除以二那么简单。下面2021年太原模考佳作《厚积方能薄发》的写作中就运用了"量变质变"的哲学原理，值得借鉴。

例 7-17

厚积方能薄发

各位同学：

大家好！

① 很荣幸能参与"中学生教育论坛"并作为学生代表发言。我今天发言的题目是"厚积方能薄发"。

② 庄子花费十年画成完美无缺、前所未见的螃蟹，其间，他定是经过多次反复的练习，才在挥毫之间尽展风采；而鲁侯没有给鸟一个接受和转变的过程，结果海鸟三天就死了。两则材料告诉我们，凡事不能急，有一定量的积累才有质的变化，正所谓"厚积方能薄发"。

③ 毛竹最初几年一直深深扎根土壤，根系延伸数百平方米。几年之后，便开始破土而出，疯狂生长，甚至可以长到15米左右之高。蝉的幼虫，在黑暗潮湿的土壤里，在漫长的无光生活中，可以坚持17年之久。时机一到，它们便破土而出，爬上高树，叫响整个夏天。

④ 没有"厚积"，必然不会"薄发"；没有"沉潜"，必然不会"飞跃"。物如此，人亦然。勾践受尽屈辱卧薪尝胆数载，终成一代霸主；左思耗时十年，造就《三都赋》，一时间洛阳纸贵；李时珍跋山涉水，遍尝百草，历时几十年，终于编订《本草纲目》。古今中外，这种因"厚积"而成功的人不胜枚举。

⑤ 各位同学，"十年磨一剑"，磨出一把好剑尚且需要十年之久，更何况一个人的成功，凡事不能急于求成。成功是从量变到质变的过程，需要脚踏实地的积累，正所谓"积跬步"才能"至千里"。

⑥ 现实中，总有一些人觊觎成功的无限"风光"，却不愿脚踏实地地付出；有的终日急功近利，好高骛远，却从不看一看自己有几把"刷子"；有的这山望着那山高，心猿意马，凳子没坐热，就急于转场……凡此种种，不愿踏实付出，不肯埋头奋斗，结果往往事与愿违，一无所获、一事无成。

⑦ 我们的领路人说："要沉下心来干工作，心无旁骛钻业务，干一行、爱一行、精一行。"我们既要仰望星空，又要脚踏实地。把理想和目标定得高一些，把事业和责任看得重一些，把名利和享受看得淡一些，不计较一时得失、一事成败。只有扎根沃土，苦干实干，多经历热锅的煎熬、实战的摔打，在艰苦环境中砥砺品质，才能积蓄足够迸发的能量。

⑧ 同学们，厚积方能薄发。身处新时代，总会面临很多诱惑，这就需要我们沉下心来，苦心修炼，积蓄力量，为实现"两个一百年"奋斗目标的宏

伟蓝图而不懈奋斗。

我的发言到此结束，谢谢大家！（2021年太原模考佳作）

例7-17是一篇演讲稿，但全文主体部分的八段重在说理，故而还是议论文。本文是基于"庄子花费十年"最终画出"完美无缺，前所未见的螃蟹"的命题材料，运用"量变质变"哲学原理分析问题，而确定采用"厚积方能薄发"这一论点的。文题凝练，具有思辨性。开篇第①段提出中心论点；第②段回扣命题材料并点扣论点（文题）；第③段以毛竹为例，阐述"长期厚积，一朝薄发"；第④段由前一段自然之物"毛竹"领起，用"物如此，人亦然"过渡到人——这是第一次"转"；第⑥段用对比方式，列举当下一些不好的表现，这是第二次"转"；第⑦⑧段是"结"，劝告同学"沉下心来，积蓄力量"，再次强化中心论点，具有很强的时代感。全文思路清晰，逻辑严密，逐层深入地论证了"厚积"与"薄发"的辩证关系。

知识拓展

"量变质变"的典型论据

1. 冰冻三尺，非一日之寒

水在结冰以后，体积约增加十分之一，因此，冰总是结在水的表面。随着气温的不断下降，冰层也就逐渐增厚。

不过，冰层增厚的速度是非常缓慢的，原因是冰不易传热。在冰层下面的水，由于有冰层的保护，很难继续受冷结冰。冰冻厚度与"负积温"有关。所谓"负积温"，指冬日平均气温在0℃以下的累积总和。天气越冷，负积温就越高，冰冻也就越厚。实验证明，"冰冻三尺"，大约需要-780℃。如果某地区冬日平均气温为-10.3℃，那么780除以10.3，大约需要76天。也就是"冰冻三尺"在这个地方需要两个半月以上的时间。

2. 田忌赛马

战国时，齐威王与大臣田忌赛马，两人各出上、中、下三匹马，上马与上马赛，中马与中马赛，下马与下马赛，结果田忌三战三败。后来，军事家孙膑给田忌出了个主意，以下马对上马，以上马对中马，以中马对下马，比赛结果为一败两胜。由败到胜，是一个质变，但这一质变并不是由增加马的数量来实现的，而是由上、中、下三匹马排列组合方式的不同带来的。这是一种特殊方式、特殊视角的量变。

3. 千里长堤，溃于蚁穴

战国时，魏国人白圭因善于修堤筑坝、水利经验丰富而成为魏王手下专管治水的大臣。魏国的都城大梁城距离黄河很近，而黄河时常泛滥，城中常遭水灾。因此，白圭就在城外修筑了高高的河堤和拦水坝，之后，他要求手下的人整天沿着堤坝巡查，只要见了蚂蚁的洞穴就必须清除掉。很多人不解，就问他："这么长的堤坝，住几只蚂蚁能怎样呢？为什么非要把蚁穴都清理干净呢？"白圭回答说："别小看了那些小小的蚁穴，它们虽然微小，但聚少成多时就会使长堤崩塌。"

4. 达·芬奇画蛋

达·芬奇从小就爱好绘画，并拜名画家佛罗基俄为师。佛罗基俄要他从画蛋入手，并对他说，不要以为画蛋容易，要知道，一千个蛋中从来没有两个是形状完全相同的；即使是同一个蛋，只要变换一个角度去看，形状也是不同的。反复地练习画蛋，就是严格训练用眼睛细致地观察形象，用手准确地描绘形象；做到手眼一致，不论画什么就都能得心应手。达·芬奇用心学习素描，经过长期的艰苦的艺术实践，终于成为文艺复兴时期意大利卓越的画家，成为一代宗师。

第六节 内因外因，杜绝"单打一"

内因，指事物自身内部的一切因素，以及这些因素所具有的内在能量。外因，指某事物以外的一切因素，以及这些因素所具有的外在能量。内因是事物发展变化的内部原因，属于第一位，决定着事物发展变化的性质和方向，是人们认识事物的主要依据。外因是事物发展变化的必要条件，也是重要条件，可以加速或延缓事物发展的进程，有时能引起事物性质的变化。

内因与外因也是相对而言的。对于这个事物是内因，对于其他事物就可能是外因。对于某个事物是外因，对于更大的事物就可能成为内因。在一定历史阶段是内因，在另一个历史阶段就可能变为外因。反之亦如此。

事物的发展变化是内因与外因共同作用的结果，割裂两者的关系、片面夸大一方面而否认另一方面的作用，就会犯形而上学的错误。因此，观察事物、研究事理时，应从内因与外因角度综合考虑，杜绝"单打一"。

一、内因起着决定性作用

内因是事物发展变化的基础，是根据，因此在事物发展中起着决定性作用。鸡蛋孵化不出雏鹰，这是内因的作用。尊重内因，是尊重事物的本质及规律，也是一种理智与清醒的表现。

发挥内因的主导作用，可以体现人的意志的坚定。民族英雄林则徐任两广总督时，广东一带烟馆遍地，他挺身而出虎门销烟，唤醒国人。后来被贬到西北，他仍然没有因环境的恶劣而停下为民造福的脚步。他不顾风沙，徒步勘测地形、规划设计，因地制宜，大力发展坎儿井，清流泽被世人。林则徐正是充分发挥了他自身的主观能动性，为国为民奔走奉献。

高考作文对此也有突出的考查。如 2016 年上海卷，命题材料为"风可以吹走/一张/无助的/纸片/却吹不走/一只/会飞的蝴蝶"材料中的三个意象为"风""无助的纸片""会飞的蝴蝶"，三个意象间的内在关系为"风是施动者，纸片和蝴蝶是受动者"。纸片与蝴蝶的区别在于：纸片单薄、苍白、脆弱、没有生命力，只能无助地被风吹走，成为被风随意摆布的对象；蝴蝶虽同样单薄、弱小，但具有生命活力，拥有翅膀，能够在风中把持住自己，摆脱风的控制。结合现实，联想三个意象背后的某种象征义或隐喻义："风"，是一种改变他物的"外因"（有正面和负面之分，正面可用来喻指各种顺境，有利条件，好的社会风尚、风气，等等；负面可用来喻指各种逆境、不良的社会思潮、歪风邪气等）；"无助的纸片"，喻指一种无生命、无思想的物件或缺少主观内驱力的人，只能在外力的作用下，孤立无助、被动地任外在的"风"摆布；"会飞的蝴蝶"，喻指一种有生命，有活力，有主观能动性，即内因起到很强作用的人与物。这则思辨类材料作文，就重在谈内因的主观作用。当年的考场佳作《任尔东西南北风》就是从内因起着决定作用的角度来写作的。

例 7-18

任尔东西南北风

① 风吹大地，时而掀起层层麦浪，时而卷动条条柳枝。但任凭风吹雨打，总有一些傲立的身影，以千锤万凿的坚韧，任尔风云际会，唯我屹立不倒。

② 纸片能被风吹起，只因其为环境所迫，少了坚持自我的决心；蝴蝶不随风飘零，只因那柔弱的身躯包裹着一颗坚守自我的内心。人亦如此，那些将身影镌刻在光阴里而杰出的人，总是任凭风云变幻，始终坚守自我、勇往直前，不因环境而动摇，最终走向成功。

③ 望着那风中起舞的蝴蝶，我的思绪穿越到南宋主战派。没有皇帝的赞

许，没有光明的前景，不随奸臣的疾风摇摆，只凭着内心对故国河山的眷恋，他们始终坚守自我，才成就了旷世美名：辛弃疾，豪情满怀，"金戈铁马，气吞万里如虎"；岳飞，冲天呐喊，"壮志饥餐胡虏肉，笑谈渴饮匈奴血"；陆游，爱国至上，"僵卧孤村不自哀，尚思为国戍轮台"。

④哲学家塞涅卡曾说："如果一个人不知道他要驶向何处，那么任何方向都不是顺风。"的确，历史的选择，上帝的眷顾，总是会垂青那些不受环境左右，始终坚定地扼住命运咽喉的人，正如航行的舵手，前进的方向便是顺风。

⑤我又一次回望一艘百年前的巨轮。其经典传奇被一位青年导演演绎着。甲板上海风猎猎，落日洒下余晖，一对青年男女相搦起舞……电影《泰坦尼克号》首映便轰动全球。金钱、荣誉和鲜花一齐涌向了这位青年导演，人们纷纷劝他多拍些商业片，这种怂恿不乏诱惑，但他的心中只有一个梦想：那里有个奇幻的星球，上面住着猫脸蓝肤的巨人。蛰伏十年，《阿凡达》横空出世。如果卡梅隆被四周的诱惑左右，人类电影史上必将丧失一位天才，一位巨人！

⑥我望向四周，成长的道路似花团锦簇，但未来的掌控者，不会被路上的鲜花吸引，不会被疾风吹走，应是始终沿着自己内心的方向前进。

⑦你我，该做那只蝴蝶！

例7-18扣住材料引用诗文，立意准确、富有哲理，可谓一箭双雕。第①段由"自然现象"巧妙过渡到"人类社会"。第②段紧扣命题材料，把"纸片"与"蝴蝶"对比着写，揭示了它们背后的外因、内因的作用；③至⑤段以"蝴蝶"为参照，联想到辛弃疾、岳飞、陆游，联想到《泰坦尼克号》成功后蛰伏十年而有《阿凡达》横空出世的青年导演卡梅隆，深刻揭示"内因"即"始终坚守自我"的强大作用。第⑥段用进一步思考做总结，有呼告与自省的特点。第⑦段以"你我，该做那只蝴蝶"结束全文，把坚守本心、发挥内因的主导作用蕴含其中，言简意赅，意蕴深刻。

二、外因的作用不可忽视

事物的内部因素发展到一定程度，就无法再发展了，这时，就必须集中力量去发展外部因素，只有这样，内部因素才能获得再发展的动力和条件。当然，当外部因素发展到一定程度时，也就不能再发展了，这时，又必须集中力量去发展内部因素。这样，就造成了事物的内因与外因的矛盾主要方面的地位的不断转化。如下面一则作文命题材料：

> 古人观察生活中的一些自然现象，总结出令人警醒、可资借鉴的生活道理，例如先秦的荀况在《劝学》中说："蓬生麻中，不扶而

直；白沙在涅（涅：黑土），与之俱黑。"晋代傅玄在《太子少傅箴》中言："故近朱者赤，近墨者黑；声和则响清，形正则影直。"宋代周敦颐在《爱莲说》中称誉："予独爱莲之出淤泥而不染，濯清涟而不妖。"这些名言警语对当今时代的我们也应该还有启示作用。请综合材料的内容及含义写一篇不少于800字的文章。

这是一道引语式材料作文题。材料列举的三句话，从不同角度写出了环境对人的影响。荀况的名句写出了外在环境对个体的巨大影响；傅玄的名言肯定了环境对人的影响，也强调了个体的主观意识对个体在外在环境中是否受到影响的作用；周敦颐对莲的赞誉突出了个体若强大则可以不受外在环境的影响。

综合分析，该材料与内因和外因相关的立意有：环境影响的大小与个体有直接的紧密关系；个体也可以凭借强大的定力而不受环境影响；等等。下面这篇模考佳作《鸟随鸾凤飞腾远，人伴贤良品自高》，就是从外因的作用不可忽视的角度来写作的。

例 7-19

鸟随鸾凤飞腾远，人伴贤良品自高

① 析天地之美，判万物之理。鱼翔浅底，漫山遍野，乳虎啸谷，空谷击石。自然万物之中，蕴含着生命的哲理。良璞相杂于瓦石，难成传世之玉玺；凡鸟相随于鸾凤，亦是志远之鸿鹄。

② 所以，我认为，鸟随鸾凤飞腾远，人伴贤良品自高。

③ 近朱者赤，近墨者黑；白沙在涅，与之俱黑。书香门第，难出肖恶之徒；酒池与邻，多是浪荡之辈。一个良好的环境会影响一个人的品德，君不见，孟母三迁，为染相序之墨香，终成孟子之亚圣；杨家七将，谨教报国之功业，终成满门之忠烈。古往今来，这样的人不胜枚举。梁启超家学渊源，培养出梁思成这样的大家；钱家忠心为国，钱学森、钱三强、钱伟长……不一而足。

④ 仙在山而谷有灵，珠生涯而源不枯。一个良好的环境会影响一群人的梦想。

⑤ 春秋争霸，战国称雄。言论高度自由，思想高度开放，才得诸子舌战，百家争鸣，开中华思想之奇葩，留中华文化之薪火。仁宗、英宗，仁爱治国，宽以待人，方有范仲淹、欧阳修、韩琦、梅尧臣等庆历君子大刀阔斧，为国除弊，为民兴利。时间如丝绸般流过，历史在清河中沉浮。只有新文化运动解放思想，五四运动点燃热情，才有中共一大的开天辟地，焕然一新，最终才有红旗翻卷于蓝天，红歌唱响于九州。

⑥虽然林清玄曾说"心随境转是凡夫，境随心转是圣贤"，诚然有"莲之出淤泥而不染""蓬生麻中，不扶而直"。虽然普希金点亮俄国黑暗，驱散沙皇之阴霾。虽然有……

⑦但是，普天之下，圣贤又有几人呐？我们为什么要用圣贤的追求来博弈自己人生的命运呐？

⑧值此巨龙抬头、民族复兴的伟大时代。老牛亦知光阴短，不必扬鞭自奋蹄，吾辈青年更当弄潮向涛头立，手把红旗旗不湿，紧跟伟人步伐，不负时代机遇，传承红色基因，把握时代脉搏。

⑨君志所向，一往无前，愈挫愈勇，再接再厉。（2023年福建模考佳作）

例7-19 这篇佳作，别的暂且不谈，首先文章题目就特别抢眼：表达凝练，观点明确，语言优美。深究文题，即看出蕴含着外因起重要作用的认识，"鸟"与"人"或许原本就是普通的"鸟"与"人"，但一旦有重要的、优秀的外物"鸾凤""贤良"的伴随，受到外因的引导与影响，就可"飞腾远""品自高"。

首段承接文题，用由头引入正文。第②段简洁明确地提出论点，呼应文题。第③段引用名言作为段首观点句，然后用系列论据证明之，且论据句的语言表达整齐而富有韵味，似有《滕王阁序》之骈赋美感。第④段承前并推进一步，提出"一个良好的环境会影响一群人的梦想"的观点，并在第⑤段列举论据加以证明。⑥⑦两段是"转"，也是该文的一大"亮点"：用补充性、辩证式的语言，列举"出淤泥而不染"的圣贤们毕竟很少，意在强调我们普通人还是要关注外部环境的影响。⑧⑨两段总结全文，联系当下，发出呼告与建议。全文运用内因与外因的哲学观点写作，分析精准入微，但无一哲学术语，难能可贵！

三、内因与外因辩证统一

外因与内因相互依存、相互影响，但在事物发展过程中起决定性作用的是内因。当内因具备一定的发展基础时，外因就能促进或帮助内因转化。外因是助推器，是催化剂，如果内部没有发动机，没有燃油，外部力量再强大，也无法让机器产生动力。

懂得内因是关键的道理，对于我们的人生有重要意义。我们只能做好可能做的事，而不能做完全不可能的事。如有些孩子没有某种兴趣爱好、资质天赋等，家长却一厢情愿地做出安排，违反了内因与外因的哲学原理。下面这篇《重视环境，正身弘道》就是从内外因结合的角度写作的。

例 7-20

重视环境，正身弘道

荀况名言"蓬生麻中，不扶而直；白沙在涅，与之俱黑"揭示了环境对人的重要作用；可荀况有所不知，比环境更重要的是人坚守于内心的正道光明、身正影直，所谓"出淤泥而不染，濯清涟而不妖"者也。在重视环境的同时，更应坚守自我，创造理想环境。

不可否认，环境确实在人的个性发展中扮演重要角色。环境决定论认为，每个人生来都是一张白纸，而其所处的环境则为其涂上五彩的底色。出身于书香门第的钱瑗，在父亲钱锺书和母亲杨绛的指引下，自幼酷爱读书，手不释卷，终成文学家；艾芙·居里自幼受父母孜孜不倦的探索精神感染，写下《居里夫人传》，流芳后世。可叹《呼啸山庄》中小哈里顿受其堕落的父亲的污染，垂髫之年便满口脏话，仇视世界。这样看来，环境对人格的塑造、才学的深造确实有着重要作用。

但是，正当环境决定论者大肆鼓吹其胜利之时，可别忘了哲学家们公认的真理：人起决定性作用。比屈从于环境更重要的，是坚守内心的正义之道，洁身自好，于淤泥中固守本心。屈原独"纫秋兰以为佩"，呐喊着"谁又能以身之察察而受世俗之温蠖"，洗刷千年来一代代中国人的灵魂；谭嗣同面对内忧外患，山河破碎，呐喊着"有心杀贼，无力回天；死得其所，快哉快哉"，撼动晚清的统治根基；文天祥有感于兵戈寥落，身世浮沉，呐喊着"人生自古谁无死，留取丹心照汗青"，令外族侵略者汗颜。他们不惧险恶的社会环境，直面流血牺牲，于淤泥中谱写了一首首人格赞歌，活成了当之无愧的中国脊梁。

坚守内心，并不取决于环境是否合适，说到底是心的写照。王阳明说："此心光明，亦复何言。"只要心中有光，光便无处不在。与其远望别人的光亮，不如点燃自己的心灯。家境贫寒，寒不了朱自清拒绝美国救济粮的热血；白色恐怖，吓不住演讲时坚毅的闻一多；威逼利诱，压不倒赵一曼一心向党的热忱。心中有光，纵是泥泞，也会笑看。

可叹当今社会泥沙俱下，拜金主义大行其道，纵使生逢这大有可为的新时代，仍有不少青年精神缺钙，甘愿躺平，退缩啃老。试问：真的是疫情背景下的经济疲软决定了他们的碌碌无为吗？是不够坚定的信念、不够明亮的精神辜负了自己宝贵的年华。"疾风知劲草，烈火见真金"，环境不如意，正是砥砺自我、逆风扬帆的良机。没有哪个时代的青年是容易的，社会的理想蓝图有赖于你我的共同创造。

环境固然重要，但无论环境如何，坚守内心、固守己道、进取弘道才是扬

帆远航的不二法门。我辈青年，生于环境，更当身正影直，影响环境，创造理想环境。（2023年福建模考佳作）

例7-20这篇文章的命题材料，即例7-19所对应的引语式命题材料。例7-20与例7-19写作的最大不同是，写作者是把外因与内因结合起来，先肯定外因的作用，接着用"但是"一转，从内因角度做深度分析。结尾处再次辩证分析，从外因、内因角度进行总结，照应观点。

知识拓展

"内因外因"的典型论据

1. 孟母三迁

孟母为了给孩子选择、创造一个良好的成长环境，三次搬家，最后搬到一家学堂的对面。孟子每天都能听见学堂里传出的读书声，后来，他就入了学堂。经过孟母的开导，孟子的学业日进，他终成一代哲人。孟子的成功体现出内在潜能发挥的作用，更体现出外部环境的重要影响。

2. 苏武牧羊

苏武在天汉元年（前100）奉命以中郎将身份持汉朝符节出使匈奴，被扣留。匈奴贵族多次威逼利诱，欲使其投降；后将苏武迁到北海（今贝加尔湖）边牧羊，扬言要公羊生子方释放他。苏武历尽艰辛，留居匈奴十九年持节不屈。至始元六年（前81），苏武获释回汉。苏武去世后，汉宣帝将其列为麒麟阁十一功臣之一，彰显其节操。"苏武牧羊"的故事，说明了苏武不畏强权、忠贞不屈的内因起了决定性作用。

3. 鸡蛋孵化

鸡蛋孵小鸡，内因是受了精的鸡蛋，外因是适当的温度，只有两者相结合，才能孵出小鸡。

4. 中国发展

改革开放40多年来，我们国家发生了翻天覆地的变化，人民生活水平不断提高，民主法治更加健全，全面建成小康社会，实现这个目标的关键在于全体中华儿女勠力同心，团结奋斗，而不是靠外援。

语言修养：行之有格且言之有物

任何体裁的文章，都有与之相应的外在形式。语言是内容的载体、思维的载体，因此，不同文体，其语言的外在形式特点也有明显不同：新闻报道的语言，简洁明了，客观公正，准确具体，有时代感，等等。散文的语言自由随性，形象生动，叙述性或抒情性强，等等。议论文的语言除具有常说的严谨准确、条理清晰、逻辑性强的特点以外，在外在的词语使用、句子形式、句子结构，内在的表意性、表现力等方面，还有一些重要特征，需要我们去深入探究。

第一节　外部表现：文体特有的语言规范

写作中有个说法，"形式为内容服务"，这里的"形式"常指文章体裁，即不同的内容表达，往往需要选择不同的文体。其实，具体到某种体裁的文章写作，不同的内容表达，往往也需要不同形式的语言。比如，记叙文是叙述性、描写性语言突出，而议论文是分析性、说理性语言突出。进一步说，记叙文的叙述性、描写性语言，可为长句、可为短句，可口语化、可书面化，可平实、可艺术，等等。议论文的分析说理语言，虽不绝对排斥记叙文的语言风格，但显然不能像记叙文的语言那样多姿多彩，而是在句型、句子结构、用词等方面有其特有的表达规范。

一、句子形式

（一）句型：多判断句、陈述句，少描写句

议论文中，判断句和陈述句数量多，而叙述句和描写句数量少。因为议论文重在说理，说理就需要分析、判定是非取舍，这样就需要大量的判断句来表现。议论文说理必须有充分的论据作为依托，而事实论据在诸种论据中是最得

力、最常使用的，常言道"事实胜于雄辩"。表达事实要用陈述的方法，即使用陈述句。请看表 8-1 中的句型统计数据。

表 8-1 句型统计

文体	文章篇名	文章字数	文章句数	判断句、陈述句数/句（占比）	叙述句数/句（占比）	描写句数/句（占比）	备注
议论文	《中国人民站起来了》（高中语文选择性必修上册）	2303	51	45（88.2%）	4（7.8%）	2（3.9%）	个别描写句也可视为叙述句
	《拿来主义》（高中语文必修上册）	1283	37	29（78.4%）	5（13.5%）	3（8.1%）	典型议论文
记叙文	《未名社始末记》（《艺谭》1984 年第四期）	6700	161	16（9.9%）	138（85.7%）	7（4.3%）	未包括文内大段引文句子
	《大战中的插曲》（高中语文选择性必修上册）	3247	88	38（43.2%）	43（48.9%）	7（8.0%）	
	《背影》（八年级语文上册）	1318	56	5（8.9%）	45（80.4%）	6（10.7%）	记叙性散文

注：文章句数，统计的是以句末符号为标志的大句子。

从表 8-1 可以看出，议论文中，判断句、陈述句占比特别高，叙述句、描写句非常少。而记叙文中的叙述句占大多数，在比例上远远超过议论文中的叙述句；记叙文中的判断句为数不多，在每篇文章总句数中所占的比例，远远小于议论文。这些差异清楚地展现了不同文体的语言特点。

表 8-1 虽就相关例文给出统计数据，但须注意，即便是同一种文体，比如同为议论文，写作目的不同、写作风格不同等，也都可能导致不同句型的占比不一，如表格中的《中国人民站起来了》，虽然有围绕"中国人民站起来了"的论点说理的特点，但这是毛泽东在中国人民政治协商会议第一届全体会议上的开幕词，而开幕词的语言需要兼顾正式性、亲切感、简洁性、热情度、鼓舞性及适应性等多个方面，相对来说记叙描写的句子就偏少。假如让中学生写成考场作文，显然要分角度列举事例并阐释分析，以证明"中国人民站起来了"，这样，涉及事例的叙述性、描写性语句占比就会显著提高。

（二）结构：多主谓句，少非主谓句

主谓句，即由主谓短语构成的句子。根据谓语的性质和特点，可以把主谓句分成三种：动词性谓语句，如"他已经同意了"；形容词性谓语句，如"风景优美极了"；名词性谓语句，如"这孩子山里人"。

非主谓句，即由单个词或主谓短语以外的其他短语构成的单句。非主谓句

可分成四类：名词性非谓语句，如"多好的孩子！"；动词性非谓语句，如"开窗户通风"；形容词性非谓语句，如"好极了！"；特殊非主谓句，如"哎哟！"。

一般来说，非主谓句在文本中的作用，主要有五个：一是描述某些现象，如"下雨了""砰""多好的孩子！"；二是表示祈使，如"开窗户通风""让青春绽放出美丽的光彩""禁止随地吐痰"；三是表示事物、现象的呈现或存在，如"东边开来一辆轿车""屋里坐着一位老人""大街上熙熙攘攘"；四是表示某种情感、情绪或描述某种态度，如"好极了！""哎哟！"；五是在文艺作品中，尤其是在剧本中，用来说明时间、地点、处所，如"北京，裕泰茶馆""陕北农村""一九九八年春天"。

从以上略述可以看出，非主谓句在交际中一般是表达较具体的内容，很少表达抽象的内涵。而且，它表达的内容大致就是上述有限的几个方面，没有常规句表达职能、表达内容上的那种无限性。

议论文重在讲道理，反映逻辑思维（概念、判断、推理）的成果，内容比较抽象、概括，即使对于必要的背景材料和作为论据的事实材料，一般也要求简约、概括。但此种简约、概括，不是因使用具有"不完整性"的非主谓句而形成的，相反，是更多地使用具有比较严密的判断或推理特性的主谓句带来的。此时的简约、概括，主要是落实在主谓句中的词语凝练和概括上。

归纳来说，议论文中，很少使用非主谓句，而在记叙文或散文中，虽然绝大多数也是主谓句，但使用非主谓句的概率显然更高。

例 8-1 <u>当然</u>，能够只是送出去，也不算坏事情，一者见得丰富，二者见得大度。尼采就自诩过他是太阳，光热无穷，只是给与，不想取得。<u>然而</u>尼采究竟不是太阳，他发了疯。中国也不是，<u>虽然</u>有人说，掘起地下的煤来，就足够全世界几百年之用，<u>但是</u>，几百年之后呢？几百年之后，我们当然是化为魂灵，或上天堂，或落了地狱，但我们的子孙是在的，<u>所以</u>还应该给他们留下一点礼品。要不然，<u>则</u>当佳节大典之际，他们拿不出东西来，只好磕头贺喜，讨一点残羹冷炙做奖赏。

....

<u>总之</u>，我们要拿来。我们要或使用，或存放，或毁灭。<u>那么</u>，主人是新主人，宅子也就会成为新宅子。<u>然而</u>首先要这人沉着，勇猛，有辨别，不自私。没有拿来的，人不能自成为新人，没有拿来的，文艺不能自成为新文艺。（鲁迅《拿来主义》）

例 8-2 我说道："爸爸，你走吧。"他往车外看了看说："我买几个橘

子去。你就在此地，不要走动。"我看那边月台的栅栏外有几个卖东西的等着顾客。走到那边月台，须穿过铁道，须跳下去又爬上去。父亲是一个胖子，走过去自然要费事些。我本来要去的，他不肯，只好让他去。我看见他戴着黑布小帽，穿着黑布大马褂，深青布棉袍，蹒跚地走到铁道边，慢慢探身下去，尚不大难。可是他穿过铁道，要爬上那边月台，就不容易了。他用两手攀着上面，两脚再向上缩；他肥胖的身子向左微倾，显出努力的样子，这时我看见他的背影，我的泪很快地流下来了。我赶紧拭干了泪。怕他看见，也怕别人看见。我再向外看时，他已抱了朱红的橘子往回走了。过铁道时，他先将橘子散放在地上，自己慢慢爬下，再抱起橘子走。到这边时，我赶紧去搀他。他和我走到车上，将橘子一股脑儿放在我的皮大衣上。于是扑扑衣上的泥土，心里很轻松似的。过一会儿说："我走了，到那边来信！"我望着他走出去。他走了几步，回过头看见我，说："进去吧，里边没人。"等他的背影混入来来往往的人里，再找不着了，我便进来坐下，我的眼泪又来了。（朱自清《背影》）

　　从《拿来主义》一文中摘录的两个议论性特征突出的语段，有大小句子共36句（除去4个独立存在的关联词），其中主谓句29句、非主谓句7句，占比分别为80.6%、19.4%。节选自《背影》的语段，有大小句子共60句，其中主谓句、非主谓句均为30句，占比分别达50%。

　　通过对比可知，议论说理的文章更倾向于使用主谓句，而侧重记叙性、描写性的记叙文或散文中非主谓句的占比明显偏高。

　　（三）成分：多为长句，主要成分完备，主要成分省略少

　　长句，即词语多或者结构复杂的句子。各类文章都有长句、短句，不过，议论文中的长句一般比其他文章中的长句多得多。

　　表8-1中的几篇议论文和记叙文，各篇字数和句子数的对比表明，议论文的长句多于记叙文。《拿来主义》共1283字，有37个句子，而篇幅相当的《背影》，字数为1318字，竟有56个句子。这有力地说明了议论文中的长句是比较多的。

　　议论文的内容在于分析事理，这就要求在语言表达上做到严密。为了适应这种表达需要，句子的词语自然就多一些，句子的结构自然就复杂一些，于是，长句也就相应地多一些。对于表达事理，长句比短句显得严密紧凑，效果比较好。

　　是不是可以把长句改换成若干短句呢？这种设想未尝不可，但是，改换成的若干短句，不仅它们累计起来的长度比原来的长句更长，而且它们的表达效果也会失去长句的那种严整性，变得松散疏落，损害了长句的那种论辩性的

气势。

通过以上分析可知，在表达比较复杂的交际内容的过程中，长句具有明确、周密、严谨、畅达、有力这样一些优点。议论文中长句比较多，这是基于交际需要产生的一种客观的语言现象，并非个人的主观行为造成的。

人们运用语言进行交际，常常讲求经济的原则，即在一定的语言环境中省略一些不说自明的句子成分，以求表达简洁明快。这种情况下，各种体裁的文章都有，不过，省略句子主要成分的多寡，因文体不同而有差异。拿议论文和记叙文两类文章做比较，议论文省略句子主要成分的情况比较少，记叙文则多一些。如议论文《报告文学小议》，全文880字、56句，省略主语的句子仅16句，占28.6%。茅盾的抒情散文《白杨礼赞》，全文1300字、85句，省略主语的句子为34句，占40%。对比表明，议论文中省略主要成分的句子比较少，句子主要成分比较完备。

这就说明，文裁不同的文章，行文中虽然都有省略句子成分的情况，但是议论文中句子省略主要成分的情况一般是比较少的。议论文的内容和表达，以严密周至为基本要求。记叙文或抒情散文的内容和相关表达，以具体感人为基本要求。这就决定了文章中句子的结构，有的要尽可能完备，有的则允许有比较多的省略。

二、语词特点

相较于记叙文、记叙性散文，议论说理类文章中的复现词、逻辑词、简约词等显著偏多。

（一）复现词多

复现词，顾名思义，就是"再次显现"或"重复出现"的词语。它是语言学和文本分析中的一个重要概念，主要指的是在文章或文本中，表达相同或相近意思的词语在不同地方重复出现的现象。这种复现可以是原词的重复，也可以是通过同义词、上下义词、概括词等方式实现的。复现词在文章中起着多种作用，包括加强语义连贯性、强调重点信息、帮助读者理解和记忆等。

如《拿来主义》，全文1283字，约500个词。复现5次及以上的词语有近20个，复现频率大约如下："的"41次，"是"32次，"不"31次（含"不想"4次、"不要"2次等），"了"17次，"有"14次，"之"12次，"送"11次，"拿来"11次，"也"10次，"我们"9次，"说"9次，"主义"8次，"他"7次，"但"7次，"东西"6次，"就"5次，"还"5次，"一点"5次；等等。

而篇幅相近的记叙性散文《背影》，全文1318字，约4700个词。复现5

次以上的词只有6个，其复现频率大约如下："我（们）"49次，"了"28次，"父亲"11次，"又"7次，"背影"5次。

议论文中复现词多，复现频率高，这主要是因为议论文在表达文章的基本意图过程中，不仅是直言的，而且还要围绕基本意图，从不同方面、不同角度进行多种论证。这样，一些同文章基本意图直接相关的词语，自然就会反复出现。而记叙文在表达文章的基本意图过程中很少直言，常常是通过对具体形象的描述去体现和显现，基本上不使用论证的方法。因此，记叙文中复现词就相对少一些，复现频率就相对低一些。

还要补充说明结构助词"的"的复现频率。《中国人民站起来了》2303字，"的"字出现135次；《拿来主义》1283字，"的"字出现41次；而《大战中的插曲》3247字，"的"字出现107次；《背影》1318字，"的"字出现30次。比较而言，结构助词"的"在议论文中复现频率高，在记叙文、散文中复现频率低。议论文中长句多，即使是不太长的一般句子，它们内部也多会有多层次的修饰性、限制性成分，以求表达明确、严密。这样，在"的"的复现频率方面，议论文势必高于记叙文。

（二）逻辑词多

议论文使用的逻辑词偏多，主要指两种：一种是单个或成组使用的关联词，另一种是表示列举内容的序列词。

关联词的作用是使句子内部某些成分之间的关系，尤其是复句中分句与分句之间内在的种种逻辑关系得以外化，从而增强交际效果。议论文的说理，突出逻辑性，因此，在分析过程中，语句间的推进往往要通过关联词对分句的逻辑关联进行。如《拿来主义》一文，逻辑关联词的出现次数如下："但（是）"7次，"因为"3次，"当然"3次，"则"3次，"虽然"2次，"所以"2次，"首先"2次，"总之"2次，"然而"2次，等等，整篇文章不下30个（不是30组）。再如例8-1节选的《拿来主义》的两个段落，共310字、36句中，关联词就有10个（文中画线的词），而在文字更长、句子更多的《背影》选段（例8-2）中，关联词只有2个。

关注关联词，分析各个分句所表达的意思，细心体会论证过程中逻辑的严密性，是提升议论文的语言准确性十分重要的一环。如在教《传统文化与文化传统》一文时，用关联词进行语段练习："即使有时这个民族的某个或某些成员会酿出某些独特的心理，也往往由于禁忌、孤立等社会力量的威慑，不是迅速销声匿迹，便是陷于孤芳自赏，而很难挤进民族的共同圈子里去，除非有了变化着的共同生活做后盾。"假设关联词"即使……也……"后紧跟着条件关联词"除非"，而在假设关联词里套着因果关联词"由于……而……"，在因果关联词里又套着选择关联词"不是……便是……",准确地说明了文化传统的形成必须有共同生活、共同心理做后盾。

要想使整体的分析说理逻辑清晰,使用序列词往往是一个较好的抓手。序列词有很多,可以用"首先,其次,再次",或"第一,第二,第三",也可以用"甲,乙,丙"等。甚至还可以用一些暗含且兼有序列词与关联词特点的词或短语,如"接着""嗣后""在此基础上"等。毛泽东的《改造我们的学习》,在全篇的内容安排上,是使用序列词的典型。该文开头提出"主张将我们全党的学习方法和学习制度改造一下"的论点,随后一句"其理由如次",即知后文在阐述理由——毛泽东是用"一、二、三、四"四个数字序列词阐述的。再具体看:在"二"部分,用"首先""其次"等分条阐述;在"三"部分,用"第一种""第二种"分别阐述;在"四"部分,又用"(一)""(二)""(三)"的序列词分条提出建议。

正因为关联词、序列词在分析说理中最能反映逻辑思维的成果,所以,议论文中的关联词、序列词也就多一些。

(三)简约词多

简约词中的"简约",即简略、不详细、简省之义,因而简约词就是追求简洁明了、去除多余、强调本质和核心价值的词。

议论文的表达手段以论证推理和概括叙述为主,极少有对自然、社会环境、事物外貌和人物形象、心理等方面的具体细节的刻画描写,而记叙文,尤其是文艺类的记叙文、散文等,则主要采用具体形象的叙述和描写的表达方式。议论文的语言表述偏重概括精练,这就决定了议论文语词的色彩一般是比较平实朴素的;记叙文的语言表述则要求具体和适当的渲染铺陈,这就决定了记叙文语词的色彩一般是比较华美多姿的。

此外,议论文因说理重点的需要,复现词的复现频率高,加之议论文中的关联词、序列词,乃至限定性的介宾短语等出现的频率比较高,基于各种因素,议论文中实词的词汇量就显出简约的特点,总的说来不如记叙文中的实词那样丰富。

把握了议论文的语言特点,在遣词造句时,就明确了应该怎样及不应该怎样。比如,议论文在句子的表达类型方面,绝大多数是判断句和陈述句,而描写句极少。明确了这一特点,写文章时,遣词造句,调配语言,就不要也不应该在描摹事物的情状、铺叙环境等方面耗费精力和笔墨,而应着力选择和锤炼大量的判断句和陈述句,以更好地服务内容表达。再如,议论文中连词、介词比较多,在文章中作用突出。明确了这一特点,写文章时,就有必要精心选择恰当的连词、介词,清楚明确地揭示句子成分之间、句子与句子之间种种内在的逻辑关系，以求文章处处有着有落，一笔不苟，条理井然，通明畅达。

第二节 内在品质：表意性与表现力共生

议论文语言的外部表现，即句型、结构、用词等外在特点，一定会形成其特有的内在品质：准确，严谨，深刻；鲜明，形象，生动。比较而言，"准确，严谨，深刻"是议论文对表意的要求，也是议论文语言在外部形式上做到位即可达到的标准；而"鲜明，形象，生动"，则是议论文外部的语言形式所不能决定的，它必须是写作者经过长期的语言锤炼，臻于成熟才具备的表达特点。

一、表意性：准确，严谨，深刻

（一）准确

所有的文章都要求语言表达准确，只是议论文对准确性的要求更为严格。议论文的语言准确，主要表现在以下几个方面。

1. 概念界定准确

应对概念的内涵和外延做明确的界定，以达到使用的概念、判断恰如其分。如马铁丁在《俭以养德》中说："我们谈的'俭以养德'，当然不是诸葛亮时代的封建道德，而是当今的社会主义、共产主义的美德。"这句话用了"不是……而是……"，对核心概念也即文章的观点"俭以养德"做了精准的诠释与界定。再如毛泽东的《改造我们的学习》，对"有的放矢"中的"的""矢"，对"实事求是"中的"实事""求""是"等特定意义都做了明确的解释。

2. 用词有分寸感

分寸感，主要是就词语使用中的语意轻重、范围大小、感情色彩等容易混淆的近义词而言的。如在对"俭以养德"进行内涵界定的句子中，"道德"是中性词，"美德"是褒义词，就是通过"道德"和"美德"这两个意义相近而概念不同的词语，赋予"俭以养德"崭新的意义。再如《俭以养德》中的另一句："另一方面如果相互效尤，形成风气，也就会无形中浪费了本来可以节省下来的国家物质财富。"句中"效尤"一词的意思是"学坏样子"，属于贬义词，作者用这个词一方面表现了自己的爱憎，另一方面十分鲜明地使人看到问题的严重性，用词是很有分寸的。如果此处使用"模仿"，显然表意不准。

3. 修饰成分恰当

议论文使用长句较多，而长句中较多使用修饰限定成分，这就要求定状语使用应谨慎。如《俭以养德》一文开头指出"适当地改善自己的生活，有节制地满足自己合理的物质要求，岂但'你管得着吗'，而且是顺乎天理、合乎人情的。"句中分别用"适当""有节制""合理"限制后面的中心语，恰当地表明了范围，用词准确，是非分明，使读者乐意接受。再如《改造我们的学习》开头提出论点——"我主张将我们全党的学习方法和学习制度改造一下"，其中用"我们全党"做了限定，指明"主张"将"学习方法"和"学习制度"进行"改造"的范围，是"我们全党"而不是"全社会"。正是由于非常重视修饰语的使用，才使得全文的语言准确、周密，恰当地表达了思想，明白无误地阐述了要说的道理。

4. 遣词造句目的的明确

议论说理中的一字一句、一言一语，就像射箭、打靶一样，靶靶都要瞄准靶心，力求一语中的，不能信手拈来、随心所欲。这是议论文以理服人的前提。如鲁迅《南腔北调集·沙》："其所以要升官，只因为要发财，升官不过是一种发财的门径。所以官僚虽然依靠朝廷，却并不忠于朝廷，吏役虽然依靠衙署，却并不爱护衙署，头领下一个清廉的命令，小喽罗是决不听的，对付的方法有'蒙蔽'。……财从何来？是从小民身上刮下来的。"写这几句话的目的在于揭露贪官污吏搜刮百姓的本质。

（二）严谨

对于议论文写作而言，语言表达的准确与严谨是相辅相成的。准确是目的，也是结果；严谨是态度，也是手段。当然，准确、严谨，也应同时是手段与目的。

"严"即紧密，没有空隙；"谨"即慎重，小心。整体即为：一是态度严肃、谨慎，不胡乱说话；二是做事细致、周全，追求完美。具体到议论文写作，严谨主要指两个方面：一是微观方面，词句表意周密；二是宏观方面，篇章推进逻辑无懈可击。

1. 微观：表意周密

无论文章多长，都要在局部片段做精细认真地处理。只有精于微雕，方能让全篇的说理逻辑更严谨。微观层面的表达，当然也应包括上面"准确"里所谈有关"词语"使用的几点，但此处我们更着眼于局部的句子间的逻辑关系。而探讨分句间的逻辑关系，重点则是关注关联词的使用。

如《拿来主义》的第三段（前面 8-1 的第一段）。段首用"当然"，表示语意转折，此转折是基于第二段的"根据了'礼尚往来'的仪节，说道：拿来"而展开的。此处转折，强调"送出去"的好处，但其根本目的不是否定"拿来"，而是通过使用的尼采论据中的"然而"，类比出中国也不能"只是给与，不想取得"。在分析中国现状时，再采用"虽然有人说"树立"假想敌"（未必是"假想敌"，现实生活里确有这样的人），紧接着再用"但是"引出我们应该为"几百年之后"的子孙考虑。这样，文段最后用"所以"进行因果总结，强调我们"应该给他们留下一点礼品"。最后一句"要不然"，则是从反面进行假设，指出若"只是送出去"带来的极大危害与影响。这里用了多组、近10处的关联词，层层推进，使得局部（微观）的说理逻辑极其周密严谨。

2. 宏观：整体篇章的结构牢固

不同体裁的文章，其结构思路不同；同一类文体，内容不同，其结构思路也不同。这既有文章外在的表达限定，也有写作者自身的个性选择。但无论怎样，最终文章确定的结构思路，一定是服务于文章内容表达，并有益于文章内容表达的。整体篇章结构的确立，要让人感觉自然且牢固，是"这一篇"的不二选择。

议论文，核心是说理。文章的整体结构思路，要紧紧围绕怎样把"理"说透来设计：是采取先驳后立，还是驳立结合；是选择横向并列式，还是纵向层进式，抑或是正反对照式；是首尾呼应，还是结尾处延展思维，启人深思；等等。没有最好，只有更好——更好地服务"这一篇"的说理需要。

如《改造我们的学习》，综观全文的论述，始终贯穿"理论和实际统一"这条主线，先肯定成绩——"马克思列宁主义的普遍真理一经和中国革命的具体实践相结合，就使中国革命的面目为之一新"，说明理论和实际统一能把中国革命引向胜利；后指出缺点——"我们学的是马克思主义，但是我们中的许多人，他们学马克思主义的方法是直接违反马克思主义的"，说明理论和实际分离会使革命受到损害；接着把两种对立的态度（主观主义的态度和马克思列宁主义的态度）做比较分析，说明马克思列宁主义的态度之所以正确，就是因为坚持了理论联系实际的原则；最后提出三点建议，具体阐述理论和实际统一的途径。这样，无论是从正面分析，还是从反面论证，都显得逻辑严密，使中心论点的正确性具有无可辩驳的说服力。

（三）深刻

深刻是一种标准，也是写作追求的目标。但这种标准或目标没有绝对的或可量化的尺度，只能是就特定的写作表达来理解。再者，同一篇文章，不同的人阅读，其理解的"深刻"的点，或许也迥异。

但这并非就可以说，"深刻"是不可捉摸的思维盲区，是无法落实的写作盲点。议论文写作中的"深刻"，在以前的高考考纲中主要表现为三个要求：透过现象深入本质；揭示事物内在的因果关系；观点具有启发性。

1. 透过现象深入本质

这要求我们能穿透现象的迷雾做深入思考,对现象进行"去伪存真,去粗取精,由表及里"的加工:别人只看到事物的表象,你却看到了隐藏在深层的本质;别人只能"知其然",你却能"知其所以然"。然后在行文中,剥去一层,讲出至理。范晞文在《对床夜语》中说:"不以虚为虚,而以实为虚,化景物为情思。"就是告诫我们,写作不能只是停留在浅显的层面上,要做到深入发掘和有机生发,透过现象深入本质。如《拿来主义》的中间选段:

例 8-3 但我们被"送来"的东西吓怕了。先有英国的鸦片,德国的废枪炮,后有法国的香粉,美国的电影,日本的印着"完全国货"的各种小东西。于是连清醒的青年们,也对于洋货发生了恐怖。其实,这正是因为那是"送来"的,而不是"拿来"的缘故。

文段首句提出这段的小观点,接下来连续列举来自不同国家的"东西",紧接着用一句"连清醒的青年们,也对于洋货发生了恐怖"总结这些"东西"带来的结果。段落最后"其实"一句,用"正是因为那是……,而不是……"揭示了该现象背后的实质。

2. 揭示事物内在的因果关系

"因",是事物产生的来源;"果",是事物发展的趋向、走向的终点。"因果"二字涵盖了事物产生、发展到结局的整个历程。"因"包括客观原因和主观原因。霍尔巴赫说:"在宇宙中一切事物都是互相关联的,宇宙本身不过是一条原因和结果相互纠缠着的无穷的锁链。"探求因果,需要我们具有发展联系的眼光,既要看到事情发生的原因,又要推出事情会产生的结果;需要我们具有全面辩证的思维,既要看到客观原因和主观原因,又要看到积极意义和消极影响。要想让自己的议论文写得深刻,我们须以全面的眼光、联系的观点和发展的思维来揭示事物内在的因果逻辑。以上所举的《拿来主义》的选段,也恰好是因果论证法的较好例子。

3. 观点具有启发性

"观点",即人们对事物和现象的看法;"启发",即阐明的道理能引起读者思考并使其有所领悟。"观点具有启发性",则指文章中的观点或新颖,或富含哲理,具有思辨性,能引发读者联想,使人看后豁然开朗,加深或拓展对某个问题的认识。仍以《拿来主义》的一个文段为例:

例 8-4 他占有,挑选。看见鱼翅,并不就抛在路上以显其"平民化",只要有养料,也和朋友们像萝卜白菜一样的吃掉,只不用它来宴大宾;看见鸦片，也不当众摔在毛厕里，以见其彻底革命，只送到药房里去，以供治病之用，却不弄"出售存膏，售完即止"的玄虚。只有烟枪和烟灯，虽然形式和印度，波斯，阿剌伯的烟具都不同，确可以算是一种国粹，倘使背着周游世界，一定会有人看，但我想，除了送一点进博物馆之外，其余的是大可以毁掉的了。还有一群姨太太，也大以请她们各自走散为是，要不然，"拿来主义"怕未免有些危机。

面对文化遗产，鲁迅认为不能像前面的"孱头""昏蛋""废物"们那样，他提出了"占有，挑选"的做法，观点新颖。其新颖具体表现在针对不同的文化遗产，采取具体而不同的做法上——这又显示出辩证性思考、区别性对待文化遗产的态度与方法——这显然对我们如何对待我国丰富的历史文化遗产有了启发性与借鉴性。

二、表现力：鲜明，形象，生动

"准确，严谨，深刻"，着眼于对现象的揭示和对内涵的界定，侧重表意性；"鲜明，形象，生动"，是在"准确，严谨，深刻"的表意基础上，更侧重语词的表现力，即语言美感、修辞技巧，以及对读者产生影响和感情的感染等方面。换言之，"准确，严谨，深刻"是为了把"理"说清，而"鲜明，形象，生动"是在说清"理"的基础上，力求把"理"说好。

（一）鲜明

首先指文章所表达的观点、主张要十分明确。如《拿来主义》，鲁迅采用先破后立、破中有立的写作思路，在批判"送去主义"的基础上，于文章中间旗帜鲜明地提出观点："所以我们要运用脑髓，放出眼光，自己来拿！"这个观点，既是对文章论点的凝练概括，也是对"拿来"的具体做法的阐释，显得非常明确。即使如《简笔与繁笔》的作者周先慎反对在文章繁简的问题上偏执一端，认为"简笔与繁笔，各得其宜，各尽其妙"，也明确指出在"现今，创作上有一种长的趋向"的情况下，"提倡简练为文……也许并不算得多余"。

其次指将观点放在显著的位置。古人强调作文要"立片言而居要"，即把一句概括性的话放在重要位置，以统领全文或某些段落，这样能使文章的思路清晰，论点突出、醒目，给人以深刻的印象。记叙文、散文等，其主旨、情感或许可以隐晦含蓄，而对于说理的议论文来说，除去必须旗帜鲜明地表达赞成或反对的观点态度，还应把这种观点态度用精练的语言概括后，放在显著的位置。这种位置，一般来说是文段的开头与结尾，《拿来主义》《反对党八股》

即如此。分论点也常被安排在段落的开头与结尾。

（二）形象

"形象"一词，具有丰富的含义，既可指事物的外貌，也可指文艺作品中创造出来的各种生活画面及人物形象，还可指作品生动具体的表达手段与方式。"形象"这一概念，总是和感受、体验关联在一起，也就是哲学中所说的形象思维（与之相对的是逻辑思维）。议论文写作所谈的"形象"，重点是指"生动具体的表达手段与方式"。

议论文要求摆事实，讲道理，以理服人；要求准确严密，有极强的逻辑力量。但它并不排斥"生动具体的表达手段与方式"，即不排斥形象化说理。加强形象化说理，能使深奥的道理变得浅显，使抽象的说教变得生动；能让形象寓含事理，让干瘪的概念变得血肉丰满，让枯燥的议论变得娓娓动听。

所有的成熟的议论家，其语言风格一定是深刻的，同时又必然是形象的。如马克思、恩格斯在《共产党宣言》中用辛辣、讽刺、嘲笑的语言，批判了打着"社会主义"旗号的法国、英国的封建贵族们："他们用以泄愤的手段是：唱唱诅咒他们的新统治者的歌，并向他们叽叽咕咕地说一些或多或少凶险的预言……为了拉拢人民，贵族们把无产阶级的乞食袋当作旗帜来挥舞。但是，每当人们跟着他们走的时候，都发现他们的臀部带着旧的封建纹章，于是就哈哈大笑，一哄而散。"再如毛泽东《改造我们的学习》中的一个语段，"有一副对子，是替这种人画像的。那对子说：'墙上芦苇，头重脚轻根底浅；山间竹笋，嘴尖皮厚腹空。'对于没有科学态度的人，对于只知背诵马克思、恩格斯、列宁、斯大林著作中的若干词句的人，对于徒有虚名并无实学的人，你们看，像不像？"毛泽东引用对联，把那些"徒有虚名并无实学的人"的表现刻画得惟妙惟肖，语言风格如《共产党宣言》一样形象生动。

议论文进行形象化说理，表达内容有多个方向，落实的途径也有多种，总的来说有两个方面。

1. 内容方向：可把抽象的道理具象化

议论文所阐释的道理，很多显得抽象，而抽象的东西难免会让人感觉枯燥。而一旦融注在形象的语言论述中，就能一扫说理枯燥的情形，给文章带来生动鲜活的气息，使字里行间闪烁着形象的光华，有极强的感召力。

> **例 8-5** 责任感是诸葛孔明"鞠躬尽瘁，死而后已"写就的《出师表》；责任感是孔繁森离家别母、血洒高原树立的公仆丰碑；责任感是贝多芬挑战人生、超越自我谱写的《命运交响曲》；责任感是保尔·柯察金顽强拼搏、热爱生命铸造的烈火金钢。（佳作《须有责任与担当》）

例8-5用极具形象性的文笔对"责任感"的内涵进行了具体阐释。"责任感是一种自觉主动地做好分内分外一切有益事情的精神状态。"定义中的"自觉主动""做好分内分外""一切有益事情的精神状态"都是抽象的,但通过写作者形象的阐释、生动的说解,便能具体可感了。这无疑增强了说理的形象性。

2. 落实途径:修辞手法+说理方法

(1) 借助修辞手法

有人说:"修辞是作文的魔水。"的确如此。灵活运用修辞手法,既有助于阐明道理,又可提升文章的风趣度和吸引力。如果比喻、比拟、反问、排比……源源不断从笔下涌出来,自然会使文章腾挪跌宕,波澜起伏,摇曳多姿,不仅可阅,可诵,而且可品。如下面一例:

例8-6 慈悲是真正的人道主义。慈悲让心不会变得坚硬。慈悲会祈求世界和平,它像美丽的白鸽一样,衔着绿色的橄榄枝在世界的上空飞翔。慈悲同情弱者,它给予人们关怀,教人们懂得宽容,懂得爱。"快乐王子"失明的双眼打动过许多人的心,那便是他种植慈悲的情怀。

我们千万不要把慈悲理解为施舍。因为施舍是一种残忍的蔑视,而慈悲是心与心之间传递温暖的桥梁。慈悲的人把手伸给那些处在痛苦中的人们,拉他们一把,给他们一个拥抱,告诉他们应该怎样走出阴影,并且鼓励他们,帮助他们。施舍的人却只会把吃剩的面包向饥饿的人们劈头砸去,而后不再理睬他们。(尹东篱《慈悲的眼睛》)

例8-6是苏教版选修教材《写作》中列举的一篇学生作文中的段落。两段文字,时而比喻,时而拟人,时而对比,时而借代,字里行间充满了灵秀之气。阅读这样的议论文,不会感觉枯燥乏味。

(2) 运用多种说理方法

多种说理方法中,除前面修辞中运用比喻修辞而形成的比喻论证法以外,典型的还有类比论证法、对比论证法等,都能使抽象的道理或深奥的道理变得具体而浅显。有关这些论证方法,已在前面的论证方法一讲中分类具体详谈,不再赘述。

议论文的语言,是绝不缺少鲜明、生动、准确、犀利、诙谐等形象特点的,相反,为了增强"以理服人"的效果,往往还要加大形象化说理的力度。平时的作文中缺少说理的形象性,过错绝不在议论文本身,而在于我们缺少了驾驭语言的技巧,缺少了感悟语言的能力。

（三）生动

生动的含义有多个方面：一是有活力；二是灵活而有变化；三是能使人感动，起积极作用。

长期以来，对于议论文，所言的生动，更多的是附着在"形象"上理解的，即如上面所谈，当我们从上述"形象"的各个角度着手，使说理文字变得"形象"，自然也就"生动"了。这种理解没有问题，但这不是议论文"生动"的全部。议论文中的"生动"，除"形象"中所谈的几个着眼点以外，还应努力做到以下几点。

1. 篇章整体的语言表达应有变化

生动，就语言表达而言，应该是时而庄重，时而诙谐；或时而典雅，时而平实；或时而整句有气势，时而短散很灵活。这样的文字，读起来会让人在不知不觉中被文中的"理"感化。如毛泽东的《改造我们的学习》，这是一篇政论文，政论文原本给人的感觉就是政治报告，就应该是充斥政治术语，是板起面孔说教。但《改造我们的学习》一文不是这样，除运用举例、引用、对比等多种论证方法以外，口语、俗语和富有表现力的成语随处可见，让人读起来亲切易懂，晦涩难懂的词句在文中丝毫不见踪影。再如鲁迅的《拿来主义》，除运用典型的比喻论证法，将抽象的道理化为具体的形象，深入浅出地论证道理以外，还有一些诸如"一路挂过去""发扬国光"等嬉笑怒骂、妙趣横生的语言，来抨击时政、洞悉现状。

2. 篇章整体的结构思路应有变化

无论什么体裁的文章，都有其内在的结构安排规则，有了规则，也就有了规律。如议论文的结构思路，往往是先提出问题，再到分析问题，最后到解决问题。但这是一般规则，也是总体原则，不同的写作者在具体的写作安排上是不同的。就像《拿来主义》，鲁迅就没有按照这样的常规思路来写，而是采用先破后立的方式，先写"送去主义""闭关主义"的缺点与危害，在此基础上，再用因果思维，提出"拿来主义"。在针对"拿来主义"的分析中，鲁迅再次采用破立结合的方式，先写对待文化遗产的错误态度，再提出正确态度。这样的文章思路既具有极大的变化，也与众不同，加上作者特殊的语言功力，自然就成了经典。

3. 若晓之以理，须动之以情

议论文强调以理服人，这里的"理"，无论是常人所讲的"大道理"，还是发他人所未发的"一家之言"，最后能形成文字，目的只有一个，那就是让别人接受。能让别人接受"我"的观点，除"我"的观点本身有一定道理以外，若晓之以理，也往往须动之以情。当然，动之以情的"情"，既指内心的真情，也指实情，而非虚假、矫揉造作之情。

《触龙说赵太后》一文中，触龙要劝说赵太后，原本是该有一番说教。既然赵太后撂下了"有复言令长安君为质者，老妇必唾其面"的狠话，触龙若向赵太后直言，不仅会自取其辱，而且达不到规劝赵太后的目的。于是，触龙就从自己为小儿子谋职入手，慢慢设置情感陷阱，最终让赵太后接受了自己的说教。这篇文章是一个欲"晓之以理"必"动之以情"的典型。

例 8-7 从快递员雷海为在诗词世界中遨游，到打工人吴桂春在东莞图书馆借阅 12 年，再到陈直打工研读哲学，这些故事说明：每个你和我，都有追求内心精神世界的权利。无论逆袭与否，知识本身就是目的，身份与职业不是阻碍充实心灵的绳索。哪怕打工生活还得继续，但自作主宰的人总能活出自己的精彩。正如罗曼·罗兰所说："世界上只有一种真正的英雄主义，那就是看清生活的真相之后，依然热爱生活。"

例 8-7 这段文字，在列举快递员雷海为、打工人吴桂春等事例之后，没有用虚夸煽情的语言，而是用富有真情的语言——"每个你和我，都有追求内心精神世界的权利""无论逆袭与否，知识本身就是目的""哪怕打工生活还得继续，但自作主宰的人总能活出自己的精彩"——来平实说理。娓娓道来的文字，讲的是真话，说的是实情，这样的真话、实情，就是真实的生活。

第三节　千锤百炼：词语修辞句式的蝶变

没有哪类文章不讲究遣词造句。诗歌润色，"苦吟派"诗人贾岛有"推敲"佳话；小说创作，《红楼梦》作者"批阅十载，增删五次"；科学著作，物理学家玻尔对《光与生命》反复修改九遍。同样，议论文写作中也追求反复锤炼词句。

议论文的审题立意、结构安排、论据选取等这些大板块的内容，当然也需要修改，一则这些内容在别的章节我们另有详谈，二则这些大板块的内容经过多次写作基本上可以整体把握。语言则需要精雕细琢，而精雕细琢需要角度与技巧。

一、锤炼词语：增强表意的准确性

议论文的核心目的是说理，在基于议论文说理语言特点的前提下，表意是否准确，往往就落实在一个句子甚至一个短语或词语上。

任何文本的构建,最小的单元都是词语。对于文艺类的文本而言,其中有更多的情景与场面描写的内容,容易给读者带来视觉乃至思维冲击,给人新奇感。而议论文,相对来说,缺少这方面的先天优势,因此,要想带给读者视觉以至思维冲击,大多要从词语开始。这就要求我们在议论说理过程中,对文句尤其是词语的选用,做到精心锤炼。锤炼的核心目的,即让议论文的语言具备准确、严谨、深刻、鲜明、形象、生动等品质。这里,我们重点探讨词语锤炼的角度与方式。

(一)众里寻他:在近义词中选择最恰切者

一个词语,在不同语境里会有不同意思;而一种意思,往往也会有多个词语可以表达。文艺性作品里的叙述性、描写性内容,往往是相对客观的、具体的,因而在词语推敲选择时,依据的原则是看哪一个词语最能表现真实的场景或情境。而议论文中的表情达意,更多的则是作者的主观认知和情绪表达,所以在某种确定的语境里,推敲选择词语所依据的原则,往往还是要回到写作者自身表情达意的需要上来,在若干近义词中,选择最有表现力的那一个。

例 8-8 身临其境,用心感受,自然使人得到精神上的升华。苏轼被贬黄州时发出"哀吾生之须臾,羡长江之无穷"的感慨,是自然的雄浑壮丽使他认识到人生短暂,不必为难自己,才会有他积极乐观豁达的生活态度;嵇康喜爱竹林,喜爱竹林中悠闲的雅士生活,是自然的清高秀丽,使他拥有竹子般正直的性格,不愿同流合污。(2015年广东卷满分作文《用心感受,自然近在咫尺》)

例 8-8 语段,整体表达流畅,但有两个词语值得推敲。一个是"清高秀丽"中的"清高"。描写"自然",用"秀丽"可以,用"清高"则不当,"清高"多用来写人。按照写作者的意图,此处"清高"对应的词语大概有"清雅""清新""洁净"等。这些词语,虽近义,但意义差别很大。比较而言,"清新"更合乎此处的语境。另一个是"正直的性格"中的"性格"。"性格"是指人对现实的态度和相应的行为方式中的比较稳定的、具有核心意义的个性心理特征。"品格"指一个人的人品和做事风格。"性格"属于心理学范畴,"品格"属于行为操守方面,二者有极大的不同。根据语境,选择"品格"更符合写作者的表达需要。

对近义词的比较与选择,有时也可根据词语的语体色彩、感情色彩做出决断。如下面某生模考作文的升格语段:

例 8-9 当下社会,欲望膨胀,道德式微(滑坡),我们不禁叩问:人的尊严从哪里来？阳光被云翳遮蔽，尊严被慵懒侵蚀。人活着，必须用劳动高扬（体现）尊严，用生命捍卫（保卫）自由。

例 8-9 语段中，写作者选用了"式微""高扬""捍卫"三个词语。就语体色彩看，"式微"等处三个括号外的词语，相较于"滑坡"等三个括号内的，是更高规格的书面语。此外，就感情色彩看，"高扬""捍卫"是褒义词，"体现""保卫"是中性词。而就后两句语境看，最好用褒义词。

议论文中，选用书面语，往往是锤炼语词而达恰切的首要做法。看表 8-2：

表 8-2　书面语、半书面语与口语的对比

甲组		乙组		丙组（短语或句子类）	
书面语	半书面语	书面语	口语	书面语	口语
赓续	继续	聒噪	闹腾	任重道远	需要很长时间
收官	结束	深谙	知道	揆诸当下	放眼当下
镌刻	记录	遑论	不用说	风暴中心	最危险的地方
逼仄	狭窄	湖畔	湖边	口体之奉	吃的穿的
筚路蓝缕	创业	恻隐之心	同情心	行百里者半九十	越到最后难度越大
勠力同心	齐心协力	闯关夺隘	过关斩将	一言以蔽之	总之
焚膏继晷	夜以继日	奉为圭臬	坚信不疑	光风霁月	开阔的胸襟
……	……	……	……	……	……

表 8-2 列举了甲、乙、丙三组书面语、半书面语与口语的对比。甲、乙两组为词语类，其中甲组前后两栏，都可称为书面语，只是相较而言，每组前一栏更凝练，更新颖，更书面化；乙组后一栏多为常见的典型口语。丙组前后两栏侧重常见短语与句子的列举。显然，在日常议论文写作中，使用甲、乙、丙三组对应的前一栏中的某词，常能让文章语词更凝练，给人以更有文采之感。

（二）钩深索隐：在同义词中选择内涵丰富深刻者

议论文的说理语言，虽然就风格看，有浅近直白、幽默形象、辛辣嘲讽、典雅凝练等多种，但就表意来说，因为其是说理，其目的是"以理服人"，所以，所有议论文在分析说理过程中，都追求语词意蕴丰富，都追求语句内涵深刻，从而实现说理一语中的。采用"钩深索隐"之法，在同义词中选择内涵丰富深刻者，常常能收到较好的效果。

钩深索隐，本指钻研深奥的学问，探索隐秘的事情，此处借指在有同义词或近义词可供选择的语境中，选择那些内涵丰富、隐秘深奥的词语来表达。当然，"钩深索隐"的前提是，选用的词语或短语，应该恰切。在此基础上，用

"钩深索隐"之思想选择某个词语进行表达，其好处是：一是表达新鲜凝练，二是给人话里有话的感觉。

就现实的写作看，"钩深索隐"的常见入手方向主要有两个：一是使用典故语（这当然也是书面语的一种），二是使用当下的学理词。这两种"钩深索隐"之法，能使表达信息量大，语意丰富，富有张力，如表8-3中的示例：

表8-3 "钩深索隐"用词示例

典故语（举例）	好处	学理词（举例）	好处
负米养亲	典雅蕴藉，言简意赅，内涵丰富，文采斐然，等等	罗生门	阅读积累广，学理钻研深，言简义丰，说理深刻，等等
一饭千金		工具理性	
中流击楫		道德律令	
一诺千金		晕轮效应	
割席断交		信息茧房	
曳尾涂中		单向度的人	
毛遂自荐		"黑天鹅"事件	
涸辙之鲋		社会原子化	
……		……	

总的来看，典故语，出自古代典籍文献，每个典故背后都有生动的故事与鲜明的主题，用一个短语来概括丰富的信息，显然收到典雅蕴藉、言简义丰、文采斐然之效。学理词，是针对当下社会中的某种现象，用某些具有比喻性、指代性等特点的概括性词语进行概括提炼，使得该词语串联起丰富的信息，因此，使用学理词的好处是，体现出写作者关心当下社会，阅读积累广博，同时也会产生言简义丰、说理深刻的效果。在某种意义上，学理词是现当代的典故。

用典故语或学理词，让说理表达话中有话，可在"钩深索隐"中求得议论文说理语言的深刻蕴藉。当然，前提是，我们必须对"钩深索隐"的语词及其内涵有全面而深入的了解，确保选用准确，切不可望文生义、牵强附会，以免弄巧成拙。

二、精心修辞：增强语言的表现力

现代修辞学鼻祖陈望道先生，把修辞分为积极修辞和消极修辞两大类。积极修辞注重生动、有力地表达情趣及情感体验，目的在于表现；消极修辞注重真实地记述客观事物，目的在于记述。曾任中国修辞学会副会长的骆小所先生，把语言划分为艺术语言和科学语言两大类。艺术语言的功能在于"生动地表现生活的体验",其中浸透着发话人的情感体验和审美判断;科学语言的功能在于"平实地记述事物的条理",应尽可能避免掺入情感的因素。

综合两位前辈的理论,结合写作表达的实际,下面把议论文的修辞语言分成两类,即显性修辞和隐性修辞。

(一) 显性修辞

显性修辞是一种在语言表达中直接用修辞手法来增强语言的表现力、感染力和艺术效果的方法。显性修辞的使用,是建立在句子内部两个事物(词语)之间的关系上的,即如比喻,把甲物(甲词)比作乙物(乙词),甲词或乙词本身是不具有比喻性质的,只是在句子的表达上,使用了标志性的喻词(借喻例外),故谓之显性。

修辞手法种类繁多,就中学生学习与写作而言,常见的大致有比喻、比拟(拟人、拟物)、借代、夸张、双关、顶真、通感、对偶、排比、设问、反问、引用、对比、反复等十余种。修辞不同,效果也就不同。比喻、比拟,形象生动;借代,简练含蓄;夸张,突出特征,有感染力;对偶、排比,形式整齐,富有气势;等等。

上述修辞手法,在各类文体中都比较常见,议论文当然也不例外。但这些修辞,若从表达方式看,大致能分为两类:比喻、比拟(拟人、拟物)、借代、夸张、双关、顶真、通感等,侧重描写性修辞;对偶、排比、设问、反问、引用、对比、反复等,侧重议论性修辞。议论文重在分析说理,因而诸如比喻、夸张、比拟、借代等描写性、夸饰性、指代性的修辞,相对来说用得较少;那些能带来说理依据、说理思路、说理气势的,诸如引用、对偶、排比、设问、反问等,则使用较多。下面即择其一二做具体的使用分析。

1. 描写性修辞

描写性修辞即用本质不同而又有相似点的事物描绘事物或说明道理的辞格,如比喻。比喻的目的与效果:一是能将要表达的内容说明得生动、形象、具体、逼真;二是能给人以深刻鲜明的印象,使说理更透彻。在议论文中,比喻语言,可在拟题、场景描绘、分析说理等很多地方用到。

一是比喻拟题。如《生如夏花》,用明喻拟题;《永不停息的河流》《构建命运共同体,上合扬帆再起航》《让互联网之光照亮人类共同家园》《咀嚼生活的墨雅书香》,这些都用了借喻拟写了文题,其中,"河流"比喻"时间","上合"比喻"航船","人类共同家园"比喻"地球","墨雅书香"比喻"生活中有品位的细节"。

二是比喻描绘。议论文中也不排除偶有场景描绘。如由中国首次提出的共建"一带一路"倡议,遵循共商、共建、共享的原则,在倡议提出早期,由于地理位置、经贸往来、历史渊源等因素，有些国家对这个中国方案有几分生疏。可以依托实物来比喻倡议，如用"茶酒之喻""地瓜之喻""百花园之喻"呈现出一份"接地气"的中国方案，拉近中国与世界其他各国的距离。如取材于拉美当地农作物的"地瓜之喻"：地瓜的藤蔓向四面八方延伸，但它的块茎始终长在根基位置。同样的道理，无论发展到什么程度，中国都将扎根亚太、建设亚太、造福亚太。这个比喻宣告了中国一贯秉持的共建原则。

三是比喻说理。抽象的道理、生疏的理论，难以理解，采用恰当的比喻，能够以最快的速度消除他人对事理理解的隔膜。如某考生佳作《双赢，你我共辉煌》中的语段："自私利己，愚者之见；打造双赢，智者之举。双赢，那是信心的基点，那是力量的源泉，那是开启人生之路的探照灯，那是打开成功之门的金钥匙。双赢，使你我共辉煌。"

其他的侧重描写类的修辞如比拟、借代、夸张等，议论文写作中也常有运用，大致如比喻一样，可在文章的不同位置使用，不一一举例。

2. 议论性修辞

相较于描写性修辞，议论性修辞侧重议论性的引用、对比、对偶、排比、设问、反问等修辞，在议论文写作中较为常见。若对这些修辞进行推敲，则引用、对比，侧重分析说理的方法；对偶、排比、设问等，侧重分析说理的逻辑气势。对于排比、引用、对比等，在论据使用及分析说理方法章节有详细的分析；对于对偶、设问、反问等，在本节后面句式使用内容中，略做讲解；反复，在议论文写作中，典型的表现是点题扣题语句经常出现。总的来说，议论性修辞主要在说理过程中具体地表现出来，本章的第四节将对此进行具体例析。

例8-10 需要是实现人生追求的理想风帆，被需要是彰显人生价值的动力引擎。没有需要就失去了人生远航的风向标，不能被需要便失去了生命长路的指南针。村上春树说过："哪有人喜欢孤独，只不过是害怕失望罢了。"可所有孤独的源头，不过是不被需要。因为真正被需要，就不会孤独，就有了寄托，有了期望。茫茫人海芸芸众生，我们都是普通人，我们需要存在感，所以渴望被需要。赠人玫瑰，手有余香，付出者的快乐和成就感都来源于此。（考场佳作《被需要，我重要》）

该语段用词贴切、生动。"理想风帆""动力引擎""风向标""指南针"等词语的运用，形象地描述出"需要"与"被需要"的关系，语言含蓄，新鲜、别致。

例 8-11 华夏长卷逶迤五千年，日月浩瀚，俯仰河山。历史的长河浩浩汤汤，曾经翻腾出龙飞于天的鼎盛，也曾回旋出积弱闭塞的尴尬，然后激荡出柳暗花明的改革开放，接着奔腾至我们的脚下。她热情地欢腾着，喷薄出一枚烈烈的火炬，照亮我们新的征程。我们，是的，我们也必须承其血脉，将时代的心声诉于天下，最终浮舟沧海，立马昆仑。（2010年全国Ⅲ卷佳作《心声灼烫，敢诉天下》）

该语段用"翻腾""回旋""激荡""奔腾"等词语描绘着历史长河的演变，演绎着不同的历史阶段，形象而生动。

（二）隐性修辞

与显性修辞相比，隐性修辞不是表现在语句内部两个词语间的关系上，而是建立在词语自身的内部语义中，具有使用某种修辞的特点，使得该词语在分析说理、表情达意时，显得或生动活泼，或新颖别致，或深刻蕴藉，或义丰旨远。使用富有隐性修辞的词语或短语，主要是从选用多义词、文言词、活用词等角度入手。

1. 运用词语的比喻义、象征义

比喻义，指一个词或短语，基于与原义的相似性，通过比喻手法引申出的被社会广泛接受并固定下来的新含义。很多多义词，其义项中常有比喻义。象征，指借助于某一具体事物的外在特征，寄寓某种深邃的思想，或者表达某种富有特殊意义的事理的艺术手法。有些词语，在使用中可以赋予其象征义，如红色象征喜庆，白色象征哀悼，喜鹊象征吉祥，乌鸦象征厄运，鸽子象征和平，鸳鸯象征爱情，等等。词语的象征义有两个特点：一是用生动具体、可以感知的事物象征抽象的意义；二是用客观事物象征主观心理和情绪。

象征不同于比喻，它比一般比喻所概括的内容更为深广。象征义也不同于比喻义，比喻义是词语的固定义项，而象征义则具有临时性；有些语境中的词语，既可以被看作使用了词语的比喻义，同时也具有象征义。如文题《必须跨过这道坎》《为他人亮一盏灯》，其中，"坎"，用其比喻义"困难"；"灯"，用其象征义"光明"。再如某高考佳作《提篮春光看母亲》，既可以理解"春光"用了其比喻义"青春""和悦的神情、态度"，也可以理解其用了更为抽象的象征义"温暖"。

运用词语的比喻义、象征义，丰富了内容，创造了意境，而恰当地运用词语的比喻义、象征义，可使语言意蕴深厚，文章富有哲理。

2. 善用成语、文言词

成语是一种简练精美的固定短语，有丰富的文化内涵，体现了民族文化的底蕴。文言词典雅庄重而又言简义丰，咀嚼有味，适当选用文言词，既能寓繁于简，表意精练，又能展现写作者良好的语言功底和文化素养。如下面的佳作片段：

例 8-12 自强不息是一种意志，奋进努力亦是一种意志。古往今来，沧海桑田，山河变换乃自然之规律。然世界之根本却从未动摇。坚守，是天道之根本，也是君子之意志。任世间风云变幻，我自清风朗月；任风尘花开花落，我亦不忘初心。君子仗剑天涯，漫游江湖，虽颠沛流离，却自强不息，奋进努力。纵逆水行舟，也不惧其艰；纵遭受磨难，也不惧其苦。君子之志，在于奋进，在于努力。(2017全国Ⅱ卷佳作《高山仰止，景行行止》)

从节选的片段看，写作者驾驭语言的能力很强，从标题到文段，善用成语和文言句法，既做到了句式整齐，又收获了言简义丰之效，不仅论证说理有力，还给人以阅读享受。

清代桐城派古文要求"文贵雅洁"。所谓"雅"就是"典雅"，当然是书面语。所谓"洁"就是简洁，"无取乎冗长"。成语和文言句法，是指向"雅洁"很好的路径，值得我们在写作训练中适度使用。当然，要注意"适度"，尤其不要陷入文白夹杂的泥沼。

3. 打破词语使用边界，活用词语

活用词语，不同于文言文的词类活用。文言词类活用，指在古代汉语里，按一定的语言习惯，在语境中临时改变有些词的词性和语法功能，从而改变其使用意义的现象。我们这里所说的"活用词语"，既包括类似文言词类活用的现象，也涵盖那些在写作过程中，写作者根据个人的表达习惯或表达需要，对某些词语做出的某种变式表达。

（1）时空错位

一是时间错位。词语是有生命征象的，很多词语表现出鲜明的时代特色。如根据文章内容和表达风格允许，写作中可以让某些词语穿越"时空隧道"，这种词语使用，往往能使文句表达或轻松幽默，或辛辣嘲讽。如以前有篇杂文说，西门庆从一个开中药铺的破落财主到成为清河县首富，继而又"纱帽玉带"，走的是一条由商而官、官商合一的颇具"中国特色"的道路。只要是京官途经清河县，他都要亲临拜谒，设法请到家中盛宴款待，实行"三陪"。这"中国特色""三陪"都是新词，用来评说西门庆，颇具讽刺效果，令人忍俊不禁。

二是空间错位。有些语言，往往是用在某个领域的，而写作者却把它临时跨领域使用。如一篇关于惩治腐败的时评文。文中说："反腐败需要'标本兼治'，不然，犹如按了葫芦冒出瓢，没准'胡汉三又回来了'。"胡汉三回来，普通百姓遭殃，这是电影《闪闪的红星》中的一幕，令人目不忍视。如今说反腐败如果不能治本，还会有胡汉三回来，这一妙喻，不仅让读者扑哧一笑，还有叩击人心的力量。

（2）活用与移用

词语的活用，如"春风又绿江南岸"中将形容词"绿"活用为动词，使语句具有画面感和动态美。词语的移用，指用修饰甲事物的词来修饰乙事物，产生新颖鲜活的艺术效果。如"这辽阔的海，这辽阔的悲哀"中移用"辽阔"来修饰心理感受，使语言更富有诗意，更为深沉。

（3）词语别用

"别用"即"别解之用"，不同于前面的"错位之用"。"错位之用"的词语，其意思没用错，而"别用"近乎"望文生义"，即对词语故意进行"错误"理解以达到某种表达效果。如词语"三心二意"，原意是形容犹豫不决或意志不坚定，有学生这样用："学习要做到'三心二意'，所谓'三心'：一要专心，集中精力；二要虚心，不骄不躁；三要有恒心，坚持不懈。'二意'是：一是课堂注意听讲；二是课外留意观察。"词语别用，开创新意，可以激发读者的兴趣。

（4）参照已有，创新使用

"创新使用"，不是生造词语，事实上，生造词语是表达中的大忌。此处所说的"创新使用"，强调"参照已有"，即在原先某词语或句子的基础上，临时进行适当的变式处理，从而产生新的表达。一是仿词。如鲁迅的"拿来主义"，就是在"闭关主义"基础上仿用而来的。再如剧本《创业》中有这样一段文字："龙二井又有油和水的矛盾，这是它的特殊性。周队长说，要促使矛盾转化，就要捞水，把水捞干。我们想一不做、二不休，搞它个水落油出。"文中的"水落油出"无非是仿用"水落石出"一词而来。巧换一字，推陈出新。二是缩用。如将"投之以桃，报之以李"缩写成"投桃报李"；将"仁者见仁，智者见智"缩写成"见仁见智"；等等。三是拆并。如将"排忧解难"拆成"排……之忧，解……之难"；将"马到成功""旗开得胜"合并同类项，写成"……现已马到旗开，这就预示着……成功得胜"。

三、活用句式：多变句式体现说理气势

锤炼词语，追求表意的准；精心修辞，追求表达的美。句式虽是句子表达的外部形式，但绝不是徒有其表的外壳，而是能较好地助力语意表达。尤其说理类文章，追求表达的气势和说理的力度，因此，往往就更加关注句式的选择

与使用。

常规的句式分类，相应的成组分类主要有整句与散句、长句与短句、常式句与变式句、疑问句与感叹句、肯定句与否定句等。句式不同，表达效果当然也不同。其实，各种文体写作都会涉及句式的选择与使用问题，但由于议论文立足说理，其更强调说理逻辑的清晰性、论证思维的严谨性和语言表达的气势性等，因此，议论文写作对句式选用关注度更高，尤其在疑问句、整句、否定句、变式句等句式的选用上，较其他文体更为突出。下面重点对这几种句式在议论说理文中的使用情况进行举例分析。

（一）问句

议论说理中，观点不仅仅是一般的告知式呈现，很多时候，以攻代防，往往能收到很好的说理效果，而使用问句则能很好地体现这一效果。

问句，可分为设问、反问、疑问三类。设问，即自问自答，先问后答，前半部分疑问起引人思考的作用；反问，即用问句表达肯定某种观点，起强调的作用；疑问就是纯粹向别人提问题，需要别人解答。在议论说理中，要讲的道理已意在笔先，"胸有成竹"，所以，疑问式问句较少见，而设问与反问，在议论说理中不仅常见，而且能收到较好的说理效果。

1. 反问

反问，修辞手法中的一种，表面看来是疑问的形式，但实际上表达的是肯定的意思，答案就在问句之中。反问句比一般的陈述句语气更强烈，更能引起人们的深思与反思。

例 8-13 庄子曰："鹪鹩巢于深林，不过一枝；偃鼠饮河，不过满腹。"语文素养的提升又何尝不是如此？没有行千里路的跋山涉水，何来处事之满腹经纶？没有咀嚼生活的墨雅书香，又怎会有力透纸背的深思熟虑？（2016年重庆卷佳作《咀嚼生活的墨雅书香》）

例 8-13 中连用三个反问句，虽是"问"，但"问"中已答：只有有行千里路的跋山涉水，才能有处事之满腹经纶；只有咀嚼生活的墨雅书香，才会有力透纸背的深思熟虑。从逻辑及语气看，三个反问句层层递进，且后两个反问句兼有整句的特点，使得说理气势恢宏，酣畅淋漓。

例 8-14 如果每宗学问的弘扬都要以生命的枯萎为代价，那么世间学问的最终目的又是什么呢？如果辉煌的知识文明总是给人们带来如此沉重的身心负担，那么再过千百年，人类不就要被自己创造的精神成果压得喘不过气来？如果精神和体魄总是矛盾，深邃和青春总是无缘，学识和游戏总是对立，那么

何时才能问津人类自古至今一直苦苦企盼的自身健全？（余秋雨《文化苦旅·自序》）

此片段连用三个反问句，加强论述语气，强化感情，从而使文章观点不容置疑，也让文章充满激情。

2. 设问

设问，或谓明知故问。设问的总体目的是突出所要议论的主题，使线索清晰。具体而言，用设问作标题或开篇，能吸引读者，启发读者思考；中间设问，可承上启下；结尾设问，能深化主题。

例 8-15 汪国真有一首很著名的小诗："假若生活欺骗了你，不要悲伤，不要绝望。"在生活中，我们大多如梵高一样满怀信心去构筑梦想，但往往最后才发现与现实格格不入，我们究竟该何去何从？

…………

生活与梦想相抵触，心中的那抹亮光被遮掩，但我们要坚定自己的信念：终有一天我们心中的色彩将会为生活所容纳，我们的梦想终因不向现实妥协而高贵！（2022 年江苏学生习作《假若生活欺骗了你》）

此处节选了佳作的开头与结尾两个段落。首段用名言引入话题，段末用设问的方式抛出问题——如何应对理想与现实的反差。问题抛出，易于引发读者思考，也暗示读者接下来写作者即在回答此问题的基础上行文。全文结尾段，写作者明确地对开篇的设问进行回答——"坚定信念""梦想终因不向现实妥协而高贵"。

（二）整句

整句与散句是一组相对的概念。散句是指结构不一、形式参差的句子，其表达自由活泼，语气舒缓，因此，日常说话或写文章用得最多。整句则是指结构相同或相似、字数大体相等、排列整齐的一组句子。整句形式上整齐，甚至有时音韵上也很和谐，因而在表达上具有节奏协调、气势贯通的效果，往往能加强语气、突出语义，有利于表达鲜明的观点和强烈的情感。议论文，其说理的明确性和情感的强烈性，决定着整句在议论说理中备受青睐。

排比句、对偶句、反复句等都属于整句范畴。议论文写作中，可借助整句列举现象或事例，也可借助整句分析说理。

1. 借助整句列举现象或事例

用整句列举现象或事例，一方面能收到论据丰富、论证有力之效，另一方面可以促使写作者对现象或事例的叙述、描写力求简洁，避免冗长拖拉。

例 8-16 你是否在斑马线前，对隔岸望眼欲穿，而不由自主地迈出了一步，继而数步？你是否不耐烦于红灯刺目，无所谓地跟着身边的人横穿斑马线？你是否"从容"地在红灯亮起时跑过斑马线，冲着刚变绿灯的交通灯露出胜利的微笑？很不幸，你的行为已被贴上了"中国式"标签——"无视规则"。（2019年江苏学生习作《论"中国式"》）

例 8-16 对"中国式过马路"用排比句兼设问句的形式来描绘，刻画出了"中国式过马路"者的动作、心理与神态，既可以引发读者的深入思考，也可以在形式上避免用冗长繁复的文字来叙述或描写，因此语言简洁明了。

2. 借助整句分析说理

整句是一组句子，这一组句子在分析说理的角度上显然可不同，因此，用整句分析说理，不仅能收到语言简洁、语势强烈的效果，还便于多角度说理，有利于把道理讲得透彻。

例 8-17 当下，世界上的任何一个国家都不是一座孤岛，我们共同面对的是全球气候变暖，是AI发展中的科技与人伦的矛盾，是世界百年未有之大变局，深刻变化前所未有，世界各国只有坚持对话协商，才能推动建设一个持久和平的世界；坚持共建共享，才能推动建设一个普遍安全的世界；坚持合作共赢，才能建设一个共同繁荣的世界；坚持交流互鉴，才能推动建设一个开放包容的世界；坚持绿色低碳，才能推动建设一个清洁美丽的世界。

"君子和而不同"，不论是人与人之间还是国与国之间，交流与争辩是无法避免的，也是不可或缺的。同时，包容才是重中之重，唯有在交流时包容对方的差异，方能互融贯通或共存协同，方能以君子的方式解决个人问题、时代问题，并组成君子的共同体，一同走向人类的光辉明天。（2021年南京模考佳作《争辩诚可贵，包容价更高》）

第一段开头，化用约翰·多恩的名言提出观点，接着用三个"是"领起一组整句，描述当下时代的特点；然后再用一组"只有……才能"的整句，从"交流"的角度，分析建设"持久和平""普遍安全""共同繁荣""开放包容""清洁美丽"的世界的必要前提。第二段用"唯有……方能"的整句，强调"包容"是解决当下时代问题、构建共同体的必要前提。就选段的整体分析说理看，整句的使用是其突出的特点。

例 8-18 同学们，鲍叔的慧眼慧心让我们敬慕，但也应引发我们的反思。现在不乏谬掌权柄者，任人唯亲，目无贤明，动辄大言炎炎，推诿搪塞；更有甚者，嫉妒在心，打压人才，曰：此辈清流，可投浊流。时代激荡，惊心动魄。在时代的风口浪尖弄潮，虽有狂飙巨澜，却更见英雄本色。乱象虽不乏市场，但正义的平台总有空间。大家将来或如齐桓公治国理政，或如管仲才学满腹，而社会不可缺失的鲍叔，也应是大家在夜宿晓行中，永远凝固在脑中的神圣塑像。鲍叔不朽，人才无绝。（2020年全国Ⅰ卷满分作文《鲍叔不朽清流长》）

例8-18大量使用四字短语成句，既列举现象，又阐释说理，文字优美，节奏铿锵，读之，赏心悦目。

（三）长短句

长句、短句都是单句，内部只有一套"主谓宾"。长句之所以长，是因为用了很多修饰成分；短句之所以短，是因为修饰成分少。用长句表达，语意丰满，逻辑严密；用短句表达，干净利落，掷地有声。对于议论文而言，或许问句、整句的使用较其他文体略显突出，而语句的长短并没有因是议论文就有什么特别的要求，但是，相较于一般的对句式的无意识使用，若能在议论说理中，根据语意表达与情感抒发的需要，有意识且灵活地选择长句或短句，则能更好地助力说理。

例8-19 执手卷，沉醉于那一缕墨香，亦是让疲惫后的我们放松休息的心灵小憩。中华上下五千年，从殷商时代写在甲骨与青铜器上的银钩铁画，到西周丝帛上的温婉缠绵，到西汉竹简上的汗青相照，最终，那灵动的文字以纸张为载体凝固了几千年的古国文明。于书中，我们可以细细品味庄子的汪洋恣意、老子的凝练沉稳、墨子的严密周全、韩非子的肃穆苛责。透过卷纸，与大家们进行深入心灵的交谈。于是，青春的躁动中便多了一份思想的深沉。轻捧一本书，心灵便获得暂时的宁静。问渠那得清如许，唯有书中可探寻到心灵的净土、知识的源泉。（2016年天津卷满分作文《问渠那得清如许》）

该语段中，"执手卷，沉醉于……心灵小憩"的句子结构是"……是……"，是一个长句；"中华上下五千年，……那灵动的文字以纸张为载体凝固了几千年的古国文明"也是一个长句，句子的主干是"文字凝固了文明"；"于书中，我们可以细细品味……"也是一个长句，后面"庄子的汪洋恣意"等连续四个短语都是"品味"的宾语。此语段多处使用长句，使得内容丰富，表意丰厚；短句间杂使用（如语段的最后几句），也让表达厚实而不失灵动。

例8-20 静坐书屋，盘膝而坐。握一本古书，捧一杯新茶，茶香，书香，满目满嘴，不亦乐乎？……读书也是一种味道，一种真真切切的味道，纯净得让你不会有一丝杂念。……读《三国演义》，读一个朝代的兴衰存亡，激烈处，拳头紧握；和平处，心尤澎湃；苍凉处，潸然泪下。不是丝丝缕缕的儿女情长，而是战鼓紧响的壮怀激烈，是一代代英豪战前洒血的壮举，是会让你心灵落泪的味道，品一品，那是一种淡淡的，苍凉的味道。

　　读书，品味，犹如品人生，品世界，品心灵，品自己，不会如网络一般迷失，只会让你找回更真实的自我；不会让你在屏风前悸动不安，只会让你心境平和，如一池静水。（2006年甘肃卷满分作文《读书是一种味道》）

　　这个语段中，短句的使用更为突出（当然，整体看，整句也很突出），诵读起来，觉得语意转换快，节奏感强。

　　以上主要是从议论说理的气势角度，重点选择问句、整句、长短句等进行示例分析。其他句式，诸如散句、感叹句、肯定句与否定句等，在各类文体写作中都常使用，议论文写作中也不见有特别的使用偏好，故而不再逐一示例讲解。

第九讲

彩石玉屑：深度说理的拾遗补阙

前面我们已就议论文写作的主体板块，对深度说理做了多个维度的探究。还有一些处于写作的神经末梢的点位，如自我意识、时代站位及说理境界等，如彩石玉屑，对议论文的深度说理能起到有益的补充甚至坚实的夯筑作用，因此，也必须对其加以关注。

第一节　自我意识："我在场"的四个维度

"自我意识"是人对自己身心状态及对自己同客观世界的关系的意识。"自我意识"可分为三个层面：生理自我、心理自我、社会自我。生理自我，即对个体的身体、生理等特征的认识。心理自我，即对自身心理特征如气质、性格、兴趣、情感、意志、理想等的认识和体验；心理自我是多层次的：既有高大上的"优我"，也有优劣交织的"中我"，亦有狭隘庸俗的"劣我"。社会自我，即对自己在社会关系、人际关系中的角色、作用、地位和权力等的认识。

当前考场写作中强调的"自我意识"，显然一般不谈"生理自我"，而是在"心理自我"与"社会自我"中展开。具体而言，写作中强调的"自我意识"，其中的"我"应具备以下三个维度的价值取向：

一是真我。新课标对作文表达情感方面的要求之一是"感情真实健康"。真实，即具体而不空泛，真实而不虚假，自然而不做作；健康，指思想健康，即作文的内容应反映当代社会的本质和主流，体现符合时代精神、积极向上的进步思想。

二是新我。"新我"与"旧我"相对，"旧我"是曾经的"我"，"新我"是此时的"我"。"旧我"是过去偏狭、浅薄、落后的"我"，"新我"是通过社会磨砺、生活淬炼、文化熏陶后的正确、冷静、全面的"我"。

三是大我。"大我"有两层含义：一就"量"而言，"我"不再仅指个体的"我"，还可是齐心协力、并肩偕行的群体"我"，即"我们"；二就"质"来看，"我"不是汲汲于功名与安乐，计较个人得失的"小我"，而是心怀家国、勇于担当、甘于奉献的格局宏阔之"我"。

从概念阐释和写作表达角度理解了"自我意识"后，在具体写作中，可从四个维度体现"自我意识"。

一、"我"的身份确定

考题设置了写作情境和任务指令，考生可谓"戴着镣铐跳舞"。"镣铐"之一，就是要求考生在写作中对"我"的身份予以重新确定。这时的"自我意识"中有两个"我"——现实的"本我"与文中的"他我"，"他我"是"本我"的化身，"他我"是一个贴了"他"名分的"本我"。看下面两则命题：

> 2020年全国Ⅱ卷的指令任务："世界青年与社会发展论坛"邀请你作为中国青年代表参会，发表以"携手同一世界，青年共创未来"为主题的中文演讲。请完成一篇演讲稿。
>
> 某模拟卷的指令任务：教育部面向社会公开征求意见，请你在家长、老师、学生、专家中选择一类身份，给教育部官网写一封邮件，提出反馈意见。

2020年全国Ⅱ卷命题作文指定写作身份，这是较为常见的写作角色设定类考题；某模拟卷提供了多种可选择的身份，要求考生"在家长、老师、学生、专家中选择一类身份"。无论是2020年全国Ⅱ卷指定写作身份，还是模拟卷提供多种可选择的身份，考生一旦确定以某种身份去写作，文中出现的就应是指令任务中的那个临时性的"他我"。"他我"的背后，应有其职业操守、社会阅历、文化修养、价值观念等，故而考生写作时应尽最大努力转化"自我"，借"他我"立言。当然，表面上是"他我"，实质上还是体现"自我"对事理的认知与判断。如2020年全国Ⅱ卷一佳作片段：

例9-1 "我习于冷，志于成冰。"我也曾是少年，曾爱上一剪闲云一溪月，可碎石乍起，惊涛拍岸，我所拥有的必然不是一腔孤勇，而是一样斗志澎湃的同伴，是与大国力量相称的坚定情怀。积土成山，风雨兴焉；积水成渊，蛟龙生焉。万万颗凝练的水滴，同住一片土地，共爱一颗星球，共创一个未来。

"提灯映山河,灯火曾映泰山。"中国青年,与世界同生,与时舒卷,与天不老,与世无疆。何惧荆棘载途,抬首见月光。万里纵横国魂在,今朝不负盛世情。吾辈青年正值二九岁月,定能搭起坚实臂膀,迈向世界前列,扛上猎猎战旗,博得未来盛世!(2020年新课标全国Ⅱ卷佳作《惊涛拍岸无所惧,青年同心共山河》)

"我"是以指令任务中"中国青年代表"的身份参加"世界青年与社会发展论坛"演讲的,所以,开篇有对身份的直接介绍,但仅有这介绍肯定不行。演讲中,应该在文字的运用上,表达出与角色身份相一致的语言风格。上面节选的文段中,"我"具有"与大国力量相称的坚定情怀",又因为论坛主题是"携手同一世界,青年共创未来",所以在演讲中坚定地表达"中国青年,与世界同生",字里行间透露出"我"作为大国青年代表的身份信息。

二、"我"在场交流

"在场"或"在场性"原是西方哲学中的重要概念。"在场"即显现的存在,或者存在意义的显现。翻译过来,相当于汉语"在—不在"中的"在"和"有—无"中的"有"。更具体地说,"在场"就是直接面向事物,就是指交流的直接性和敞开性。

哲学上对"在场"的理解,其核心精神是介入。具体到写作,则"在场"主要体现在两个方面:一是写作情境此时客观地呈现在"我"的面前,"我"也在客观地面向着事物;二是"我"和现场有直接的、敞开性的交流,"我"是融入现场的,而不只是一个冷眼旁观的局外人。"在场"是"交流"的前提,"交流"是"在场"的目的和有力表现。落实"在场交流",能有效地拉近"交流"双方的情感距离,便于思想的沟通与问题的解决。

若作文设置写作情境,要求考生按照写作指令进入特定的写作时空,则该写作时空对于此刻的考生来说,多是虚拟的,考生只有在"我"的"身份确定"的前提下,把自己放置到指定的时空,才能达成"在场交流"。如2019年全国Ⅱ卷,若考生选择指令任务一"1919年5月4日,在学生集会上的演讲稿"并体现"在场性",就必须把"我"放置到100年前学生集会的那个特定的历史时空,并与那个时代产生同频共振的情感认知,语言风格及表达习惯也要契合时代特点,如此方能写出优秀的文章。

例9-2 就在三天前,从遥远的西方传来了一个噩耗。巴黎和会上,帝国主义列强不顾我国民众的强烈呼声,执意将德国在山东侵占的权益转让给日本。我们每一位中华儿女都不愿相信,也无法接受这个事实。中国是协约国的一员，也是战胜国之一，可我们遭受的却是如战败国般任人宰割的命运。

这就是今天我们在这里聚会的原因，也是此刻我站在这里的原因。

我想问一问，以胜利者姿态宣扬"公理战胜权利"的列强们，你们所说的"公理"到底在哪里？我想问一问，去参加胜利庆典的政府官员们，我们国家的尊严在哪里？我想问一问，山东的父老乡亲、兄弟姐妹们，你们能接受美好的家园沦丧吗？我更想问一问，在这里集会的同胞们，你们能接受一个国土沦丧、山河破碎的华夏神州吗？

亲爱的同胞们、朋友们，今天，我站在这里，就是为了表明我们的态度：面对列强带着讥笑与嘲讽递过来的合约，我们有权说"不"！为了维护民族的尊严，不签字！为了维护世界的公理与公正，绝不签字！（2019年全国Ⅱ卷吉林考生佳作《我为什么站在这里》）

例9-2把"本我"转换成"他我"，然后将"他我"放进演讲现场——这还不是对"'我'在场"的全部理解，全部理解应是："我"走进了1919年外丧国权、内贼当道，民族处于危亡之际，举国上下人心激荡的特定历史年代（时间）；"我"走进了伟大的爱国革命运动的集会现场（空间）；"我"是青年学生中的一员，"我"在现场演讲，义愤填膺，同与会者有深入的思想交流与情感共鸣。

演讲稿、发言稿、辩论稿、书信等，一般都强调"在场"感，写出"'我'在场"一般不成问题，关键是要把握好表达角度和言语分寸，只有这样才能体现出切合身份的认知。

三、"我"个性表达

人们在面对客观事物时，往往有从众的心理，但"我"之所以是"我"而非"他"，就是因为在面对具体事物时，又常有"个性表达"。"个性表达"强调真实、独特、另类，拥有自己的特质，是一种独具慧眼、别开生面的表达。这种表达，能体现一个人的学识才华、心理状态、价值取向、思想境界等。也正是这种"个性表达"，让同题写作的考生凸显棱角，而不至于千人一面。

当下的作文命题，任务指令往往明确，如"写出你的感受与思考"。如2019年全国Ⅰ卷倡议大家"热爱劳动，从我做起"，任务指令是"体现你的认识与思考，并提出希望与建议"；2020年全国Ⅰ卷的"齐桓公、管仲和鲍叔三人，你对哪个感触最深？请结合你的感受和思考写一篇发言稿"；2021年，新高考全国Ⅰ卷对"体育之效"有"体现你的感悟与思考"之要求，全国乙卷

第九讲　彩石玉屑：深度说理的拾遗补阙

提出"请结合你对自身发展的思考写一篇文章";等等。这类任务指令比比皆是。

尽管"你"的思考必须符合主流价值观,很多观点可能与其他考生相近甚至相同,但这并非排斥"你"表达"自我";相反,越是人云亦云时,就越要有"自我意识",越要有个性表达。如下面2021年全国乙卷的佳作片段:

例 9-3　付诸行动,理想之火焰才能被点亮!

诗人艾青曾这样告诫追梦青年:"梦里走了千万里,醒来还是在床上。"的确,没有行动,梦想就只是空中楼阁,永远落不了地。"说一千,道一万,不如两横一竖一个干",要行动,就要撸起袖子加油干。辽宁凤城大梨树村的"干字碑",贵州遵义草王坝村的"大发渠",重庆巫山下庄村的"绝壁天路",都是明证。大道至简,实干为要。追梦路上,实干如同园丁的锄头,砸向大地就能花香袭人;也似农人的犁铧,深入泥土就有春华秋实。(2021年全国乙卷教师下水作文《让理想之光照进现实》)

在"理想与现实"这个话题中,谁都知道"现实"中"实干"的重要性。但该文写作者不这样谈,他说"付诸行动,理想之火焰才能被点亮!",意在表明,只有"付诸行动"(实干),"理想"才能在前方闪亮地引领着人,才能变得真正有意义。文段最后,"实干如同园丁的锄头,砸向大地就能花香袭人"等两句,内部隐藏着充分必要条件关系,不仅阐释了只要付出就有回报的道理,而且文辞优美,独抒己见,富有个性。

对于"个性表达",写作中有几点应注意:第一,不能为了追求个性认知而违背主流价值观、世界观、公序良俗等正确观念和道德规范。第二,在观念正确规范的前提下,只要有自己的独特思考和点滴认知,皆可算作"个性表达"。如某生在文中写"活着不一定要鲜艳,但一定要有自己的颜色",虽然只有一个句子,但颇具理性的力量。第三,个性认知要切合"我"的身份,切合"我"的思想经历,若风华正茂的青年写出八十老叟的顿悟,则显然很假。

四、"我"的时代担当

"自我意识"的最高层次是"社会自我"。一个被丢在荒岛上的人,跟谁谈"自我意识"?生活在社会里的每一个人,既然在社会关系、人际关系中获得一定的认可,那相应地,也就应有一定的付出。由于当下的作文命题往往着眼于社会性材料,甚至是宏大主题的材料,而"我"又处在当下大的时代环境里,因此,对于处在时代变革和社会发展洪流中的青年学子来说,谈"自我意识"，最高的境界就是谈青春奉献、民族复兴、家国情怀等，即应写出"大我"。如2021年全国甲卷的佳作片段：

例9-4　一百年前中国共产党诞生，谓之开天辟地。七十二年前新中国诞生，谓之改天换地。四十三年前改革开放开启，谓之惊天动地。今天，新时代里一路追梦的中国，因为你我的奋发有为，终于与过去遥相呼应，顶天立地！

《人民日报》在写给青年的八封信中讲："青年、国家、时代，是形影相随的铁三角、彼此助推的浪涛。"诚哉斯言！有为之人铸就了可为时代，可为时代又何尝不正孕育着有为之人？虽然"内卷""躺平"等戏谑之言时有出现，但不可忽略的依旧是青年生命中奋斗的底色！我们咬紧牙关负重前行，恰恰因为我们正是这被历史选中的一代。亲爱的朋友，互道一句：前景可待，未来可期！行进中的中国，给了你我最大的底气。

做一颗火种，纵一灯如豆，也可累积成阳；乘一叶扁舟，纵一波三折，也可断绝江河。唯愿我辈以实现中华民族伟大复兴的中国梦为己任，指点江山，激扬文字，继先辈烽火，露我辈锋芒。不坠可为鸿鹄志，争做有为青年人！
（2021年西藏考生佳作《不坠可为鸿鹄志，且做有为青年人》）

这篇文章中"自我意识"的体现是：把"我"放在时代大幕里，写"我"应具有的使命担当，写出了"大我"，写出了"我"在这个时代应该具有的情怀。

谈"我"的使命担当、青春奉献等，不是让我们每个人都丢下手中课本，去扛枪杀敌或救死扶伤，而是要我们在学有所成之后，站好自己的青春之岗；谈"使命担当"，就是在国家和民族危难时，有为国奉献、为民谋福利的决心。当然，写作中应切合"我"的自身实际，把"使命担当"等放到小而具体的切入点来谈，这样才显得真实而生动。大国工匠高凤林，18岁学习焊接手艺，40多年来一直坚守在大国伟业的第一线——焊接火箭"心脏"，这就是最好的"青春站岗"。

"自我意识"的四个维度，在具体的写作中可能是独立的，但更多时候，几个维度可能重叠。比如，前面以"老师"身份给教育部写信，写得好，则"身份确定""在场交流""个性表达"等皆可同时具有，包括第四个维度的"时代担当"，也该在写作中有所表达。需要注意的是，因写作情境和指令任务各不相同，"自我意识"体现的维度及侧重点也就有别，这就需要写作者在具体写作时，能做出精准的判断与取舍，如此才能让"自我意识"为深度写作加分赋能。

第九讲 彩石玉屑：深度说理的拾遗补阙

第二节 时代站位：文章应合为时而著

"文章合为时而著"中的"时"，即时代之意。对于读书人而言，"为时而著"，意味着对当前时代的特别关注，对现实社会的主动关切。具体到青年学子的写作，"文章合为时而著"就是强调文章要有价值，有生命力，对当下某种现象或社会问题有一定的关注与思考。

当前高中日常写作及高考作文命题，无论是情境材料，还是写作任务，很多都紧扣时代热点，具有很强的导向性，其目的就是引导广大学生关注社会。即便命题材料或写作任务中没有明显的紧扣热点的内容，写作中如能适切地联系现实而发表自己的有针对性、有见解、有深度的观点，亦能将文章向深度说理推进一步。

一、时代站位：关注当下

关注现实生活，思考社会问题，既能避免有只会引用古人事例的衰朽之气，又能体现写作者的公民意识、使命意识，然而，不少学生在关注现实时，往往是一味地埋怨，语词中充满戾气，其负面影响显而易见。"联系现实"，理性看待社会，既要关注，也要给出一定的解决问题的办法或建议。

（一）重大的社会热点

社会热点具有时效性强、聚焦准、涉及范围广等特点。无论是获得诺贝尔文学奖的莫言，还是中国首位"国际安徒生奖"获得者曹文轩，或是在《中国诗词大会》崭露头角的武亦姝，或是发出"世界那么大，我想去看看"感言的女教师顾少强，或是"脑瘫诗人"余秀华，或是郎平带领下力挽狂澜再次夺魁的中国女排，抑或是日本排放核废水入海等，这些都可以成为写作的热点素材。

中学生作文毕竟还要多一些文学气息，多一些文化特质。如果学生能够多投注一些目光在文坛、艺术等领域，则更能凸显作文的"语文味"。如关注春晚上的华阴老腔艺人、表现传统文化式微主题的文艺片《百鸟朝凤》、创新传统曲艺谱写青春版《牡丹亭》的白先勇等，更能弘扬正能量，为优秀传统文化的发扬光大发出呐喊。对当代中国热点的描述词语列举如下：

新引擎	教育减负	守正创新	乡村振兴	工匠精神	开放型经济	人口老龄化
区块链	情绪价值	首发经济	一带一路	民族精神	教育生态观	养老服务圈
微公益	垃圾分类	低空经济	人工智能	中国智慧	共和国勋章	螺旋式发展
公信力	生态扶贫	符号经济	立德树人	道路自信	新质生产力	新发展理念
新常态	蚂蚁森林	电商经济	女排精神	大国担当	精细化管理	中国式现代化
碳排放	跨界营销	光盘行动	直播带货	民族复兴	公益图书馆	讲好中国故事
夜文化	城市森林	未来产业	天使投资	多边主义	社会再分配	人类命运共同体

（二）常见的社会心理

社会心理有别于一般的个体心理，它是指在周围社会情境下，在他人或人群影响下，会造成社会成员心理上的主观感觉与变化的心理。社会心理具有普遍性，比如鲁迅笔下的阿Q心理就具有典范性，大多数中国人身上都有这样的心理印记。关注社会心理，也是关注现实的具体表现。挖掘社会心理产生的原因，有助于我们对社会现实进行深度思考与剖析。表达社会心理的词语列举如下：

霸凌	斜杠青年	甘于平庸	理性匮乏	缺乏仪式感
躺平	破窗效应	价值错位	精神荒芜	关系碎片化
断舍离	看客心态	病态苛求	漠视常识	帕金森定律
内卷化	标签时代	晕轮效应	解构一切	炫耀性消费
凡尔赛	霍桑效应	工具理性	见利忘信	科技依赖症
荒原狼	犬儒主义	虚无主义	审丑心理	精致利己主义
套中人	狂热分子	怀疑一切	信仰坍塌	缺乏悲悯情怀

在作文中，关涉社会心理的思考往往基于对一些社会现象的解剖。需要透过现象看本质，突破特殊现象、偶然事件寻觅到背后的一般规律和必然根源。如人们对"脑瘫诗人"余秀华的热捧，既有对余秀华在逆境中笔耕不辍的欣赏，也有对弱者境遇的同情与怜悯；人们对《我在故宫修文物》的推崇，既有对工匠们专注与执着的工匠精神的礼赞，又有对当今浮躁功利现状的躬省；人们对揶揄英雄、搞怪经典行为的反感，也正体现了捍卫历史、维护信仰、坚守正道的社会心理。

（三）典型的社会问题

社会问题，即一些暂时得不到解决的、具有负面影响的社会弊病。它造成社会关系的失调，影响人们的日常生活，妨碍社会的向前发展。当下存在的社会弊病种类繁多，列举如下：

人口问题	快餐社会	零和思维	强权政治
政治腐败	德不配位	零和博弈	教育不均衡
食品安全	信息茧房	网络谣言	商品拜物教
诚信问题	家庭暴力	青少年犯罪	信息碎片化
网络诈骗	就业问题	生育率下降	学术道德丧失
平庸之恶	娱乐至死	缺乏仪式感	缺乏独立人格

这些社会问题具有普遍性和尖锐性，易受人们关注。然而，关注这些社会弊病，并非不加择取地全都写进作文中。特别是中学生，如果没有独到的视角、理性的分析、深入的思考，往往会让自己的文辞显得苍白无力，陷入一味埋怨之中。因此，如何切入社会热点现象和问题，有选择地写一些既能凸显思想深度，又能体现社会观照的话题，需要用心权衡和掂量。譬如，反思当下社会的浮躁之风，反思同质化的社会，批判众人缺少独立思考的精神，批判集体无意识带来的盲从。在具体写作时，也可以给予亮光的指引，如赞美王小波笔下的那只勇于突破体制的"特立独行的猪"，肯定电影《肖申克的救赎》中突破牢笼、拒绝被体制化的安迪，赞美自称是像"堂吉诃德"一样屡败屡战却勇往直前地呼吁教育改革的钱理群。

（四）特定的社会群体

社会群体的产生受到个体需要和社会需要的影响。同一群体往往有着一致的意识和行动方向，他们具有鲜明的时代性、民族性、区域性，往往能够折射出一个时代的发展印迹。如当下网络时代产物："慢活族"，即崇尚慢节奏工作、运动、阅读，关注内心成长，拒绝喧嚣急躁，拒绝快节奏生活方式；"月光族"，即将每个月赚的钱都花光，只追求个人吃得开心，穿得漂亮，玩得舒畅，不在乎钱财的积累。诸如此类的还有"蚁族""草莓族""守望者""老戏骨"等，列举如下：

拍客	雅皮士	觉醒一代	广场舞大妈
公知	啃老族	吃瓜群众	单向度的人
愤青	吹哨人	乌合之众	上海名媛
群氓	打工人	贵族作家	最美逆行者
网红	老黄牛	虎妈猫爸	最美读书人
社恐	局外人	犬儒主义	网络边缘人
宅男	空心人	看客心态	网络"大V"

作文中，关注这些特定社会群体的价值取向、精神追求，挖掘其身上的闪光点或劣根性，可为一些重大社会议题指明方向或引发思考。如关注"蚁族"

的生存状况，可以帮助人们反思如何在平庸中实现振翅高飞；关注"垮掉的一代"，可以通过中西方比较，提醒社会避免重蹈西方文明在发展征途上因精神危机而出现的青少年群体人生迷茫的覆辙；关注普通市民，可以思考他们企求折中的生活态度是否一无是处，可以阐述虽然他们缺少对信仰的狂热，不愿做殉道者，但他们也绝不会沉溺于欲望，自我堕落，成为纵欲者。

二、"合为时著"的写法

议论说理过程中的"联系现实"，多指列举"现实"中的一些事实、现象，这种事实或现象，要么与前面内容形成对比，要么与前面内容形成印证，总之，"关注当下"侧重"事实"，具体有以下几种视角。

（一）正面视角

从现实中举实例作论据印证论点，既证明了论点的正确性，也体现了论点具有当下意义。

例9-5 纳多元文化，须培育文化自信，以开放胸怀海纳百川，于世界舞台上讲好中国故事。《三体》与《北京折叠》摘得世界科幻顶尖奖项，离不开译者刘宇昆精妙传神的英文翻译，语言的转换之间是文化差异与思维方式的碰撞升华；在澳大学生在姓名标牌被恶意涂改后摄制短视频，用轻松幽默的方式揭示中式姓名背后的历史元素和文化底蕴。TED演讲，有华人发出温和而坚定的声音，让含蓄内敛、优雅温柔成为美式"领导力"之外的别样风景；时代广场，中国路、中国桥的震撼影像消除了中国贫穷落后的刻板印象；柏林电影节，从《小武》到《盲井》，来自中国的叙述语境与文化内核释放出独特的光芒……我们不仅要"引进来"，更要"走出去"，在吸纳外来优秀文化的同时积极展现与表达自我的美好。（考场佳作《纳多元文化，赢天下大同》）

这个语段富有极强的时代气息，不仅仅是段首的观点着眼于当下，更突出的是，写作者从现实中列举了大量鲜活的富有时代感的热点事件，诸如《三体》与《北京折叠》、TED演讲、时代广场、柏林电影节等，论证了段首的论点。

（二）反面视角

列举反面现实，或与前文提出的观点形成反向证明，或与前文正面列举的材料形成对比，既论证了观点，也体现了思维的缜密。如2015年上海考生佳作《软硬兼施，处世大道》中的片段：

例9-6 "该硬则硬，该软则软"，"软硬"兼施，区别对待人心中的软

第九讲 彩石玉屑：深度说理的拾遗补阙

硬，方能造就和谐自我。然而，当我们内心的情感与理智冲突、"柔软"与"坚硬"矛盾时，还需要审视客观事实，理性与感性并举，做到"硬不失软，软不忘硬"。

<u>反观当下</u>，人们对待心中的"柔软"与"坚硬"的态度似乎有些动摇。面对老人该不该扶，许多人因对被勒索的恐惧而止步不前，无视道德良知，将"硬""软化"。而我们对待家人常常十分苛刻，"我的事不用你管"常挂嘴边，甚至连对待陌生人的客气都没有。是因为太亲密了吗？在我看来却是"软"在"硬化"。究竟何时软何时硬，如何避免偏执，造就和谐自我，或许我们该反思了！

节选的例9-6这两段文字，前一段承接上文，提出观点"'软硬'兼施，方能造就和谐自我"，然后用"然而"引出自己的补充论点，即应该审视客观，思考理性，做到"硬不失软，软不忘硬"。后一段的"反观当下"，列举"老人该不该扶""对待家人常常十分苛刻"等生活现象，作为反面实例来证明观点。

用反面视角联系现实时，"反观当下"用得特别多，会让读者产生审美疲劳。其实，并非只有"反观当下"可用，像"揆诸现实""烛照当下""如今的中国""时代的洪流泥沙俱下""再来省察一下我们的周围""打开现实之窗"等，都可以领起"反面"——说白了，领起的是"反面"的内容。

需要特别强调的是，这里所说的"反面视角"，即以"反观当下"领起的反面现象，只是以前面的观点或论据为参照，并非专指错误的或不好的现象。因为"反观"只是指反过来看，有反面比较、反向对照的意思。因此，若前文是批判（批评）某种观点，列举某种错误做法，则其后"反面视角"中"反观当下"的内容，就应该是当下一些较好的人与事。如：

例9-7 某些西方发达国家发生重大自然灾害需要救灾时，有时因费时走程序，会错过最佳救援时机，致使受灾群众的生命和财产遭受不可挽回的损失。<u>反观我国</u>，可以第一时间发出号令，可在最关键时刻调动军队奔赴灾区，无论是抗洪排涝，还是抗震抢险，抑或是抗疫防毒，哪里有需要，哪里就有我们人民子弟兵第一时间逆行在视线的最前沿。（2024年江苏模考佳作《事成志得 赢在先机》）

这里的"反观我国"，显然是把"我国"作为正面典型来反照西方某些发达国家。内容上的对比，有力地论证了"事成志得，赢在先机"的观点。

（三）身份视角

可以联系当下青年，或者写作者自身，用"现身说法"来观照社会现实，以论证观点。

前面的正面视角、反面视角，主要是针对社会现象或社会问题来联系现实的，还有一种"联系"，特别强调写作者具有明确的"身份意识"，此处把它独立称为"身份视角"。

当前的一些写作命题，尤其是一些考场作文，命题者在命制考卷时，往往会在写作材料或写作任务中明确设计一些写作要求，如2021年全国乙卷关于"追求理想"的话题，写作任务有"上述材料能给追求理想的当代青年以启示，请结合你对自身发展的思考写一篇文章"的字样；2023年新课标全国Ⅱ卷作文命题材料为"本试卷语言文字运用Ⅱ提到的'安静一下不被打扰'的想法，在当代青少年中也不鲜见。青少年在学习、生活中，有时希望有一个自己的空间，放松，沉淀，成长"。显然，这两则命题材料已明确要求考生，要以"当代青（少）年"的身份进行写作思考。

对于增强写作者的身份意识，联系现实，在具体写作中若细分，还可有以下两个小类。

1. 辅助式

所谓辅助式，即写作中联系"当下青年"或者"我"的材料，在全篇中一般只占很小的篇幅——很多佳作甚至只是至文章接近收尾时才出现很少的一点文字。这种"联系"，对前文的论证分析只是近似起到辅助作用。

例9-8 再见后拥抱新的开始，奋力前行。每一次再见，都是新的开始，每一个终点亦是新的起点，若不奋力前行而只满足于一阶段的所成，终止步不前，落后于他人。须知，世间因少年奋力前行而更加灿烂。

我辈新时代之青年，生于繁荣昌盛之中国，立于瞬息万变之社会。更应勇敢与过去再见，奋力向未来前行。乘风骨亦有锋芒，有梦则刚，前往皓月星辰，初心不忘。

未来如何登场，由我担当，定是你只能叫好的那种辉光，护在祖国身旁，为远方而战，有我于再见中奋力前行。（2021年哈尔滨模考佳作《于再见中前行》）

此处节选的语段，立足"当代青年"与"我"的联系视角。这种联系，总体看来，其实不是突出列举论据材料，而是借助"当代青年"或者"我"的观察视角或认知心理来表达对前文观点的某种相近认知，既增强了说理的直观感，也便于进一步论证观点。就文字比重与所占篇幅来看，此种有关"当代青年"或者"我"的材料，对前文起到了"辅助性"论证的作用。

2. 独立式

"自身视角"里还有一种比较特殊的写作视角，不像例9-8的"辅助式"，而是在写作构思时，写作者即以"我"的视角打开全文的突破口，写作中也大多以"我"的观察思考建构全篇。这类文章，暂不论"记叙文"，单就"议论文"而言，因"我"的存在感特别突出，常有议论性散文的特点。请看一篇2016年天津高考佳作：

例9-9

纸中方知书滋味

在某个阳光明媚的午后，手捧一卷书，卧在沙发上细细品读，感悟蕴含在只言片语中的情真意切，一字一句皆带有作者特有的情意。将如醉如梦的词句放在口中反复咀嚼品味，仿佛那份别样的情感便冲破时空光阴透过薄薄纸页萦绕于心间。

关于阅读，每个人都留有自己独特的感情，在科技不断进步的今天，新的媒介横空出世，各种讯息层出不穷，将人们渐渐包裹。为了得到及时信息，越来越多的人不得不选择电子阅读，似乎纸质阅读将会渐渐衰落，最终淡出人们的视野。

对于我们的阅读经历，不得不承认电子阅读在其中所占多数，但相比于传统的书籍阅读，我却更加迷恋后者，只因其中深藏的那种质感与别样情怀，远非电子阅读可比拟。

第一本睡前读物，第一个童话故事，第一篇属于自己的习作……纸质阅读承载了我心中太多太多的回忆，变得重重的，甜蜜地压在心窝，伴随着整段青春年华。墨印文字或轻或重，勾勒交织出独属青春阅读的风采，唯有一本本古朴的纸质书才能见证岁月的流逝，伴随着温馨和将它捧在手心里的人一起成长、变老。

纸质阅读不曾衰落，即使是在物欲横流的今天，纸质书本仍是我乃至千万人心中从未改变的挚爱。我一度固执地认为，即便是同样的内容，阅读纸质书籍更加容易唤起人灵魂深处的共鸣。清新温暖的白底，清晰沉静的黑字，在纸张的温室里相互触碰、交融、发酵，酿出迸发的才思，酿出深刻的感悟，那每一声纸张翻动发出的脆响，都仿佛是读者与作者的一次亲密交流，于是那一段段文字不再是文字，那书也不仅仅是书了。

相反，用电子产品阅读，常会让我产生浮躁之感，窄小的屏幕，刺眼的亮光，往往一章还未读完，便觉劳累，还不及细细咀嚼作者在其间蕴藏的深意，便匆匆掠过，作家几月甚至几年反复斟酌删改留给读者的精髓，全部在这粗劣的阅读下化为浮光掠影。这种"快餐式阅读",虽说迅速便捷,但精彩过后,却徒留乏味罢了。思及此,真叫人扼腕叹息。

午后阳光正好,不如手捧一卷纸质书细细品读;青春路上昂扬,不如让阅读填满坑坑洼洼,让文字于纸中鲜活并浸润心灵。一卷纸书,一段故事,一场青春。

此文非常有感染力,文字飞扬灵动,为什么?一个至关重要的原因就是:文章没有虚情假意,没有矫揉造作,完完全全是写自己,写自己的切身感受。写作者以"我"的阅读经历为生发点,以自我经历为主体内容来结构文章。文章起笔于设想中的一个明媚的午后自己读书的感受,中间叙写阅读纸质书带来的精神愉悦,结尾紧扣青春阅读,整篇文章的内容异常充实而丰富。其间,写作者为了突出,与电子阅读带给人的浮躁作对比,用正反事例,正反论证,正反分析,更是突出了主旨,深化了文章的内蕴,使文章亲切而深刻感人。写作者联系自己,现身说法,情真理深,让人不得不信服。

第三节　三重境界:不断超越的表达追求

议论文写作重在说理。开篇亮出论点,但这个论点仅是"你的",应采取怎样的措施来说服读者,让"你的"转变成"他的"呢?显然,借助论据,在充分论证分析的基础上,把道理、观点说清楚是基本的说理方法。形如劝架,第一种是仅把人劝散了,第二种是把人劝和了,还有一种能把人劝乐了。议论文说理也有三重境界:第一、第二重境界,可分别做到"有'据'可查"和"'据''理'力争",而上好的议论文则是在第三重境界——"情"动于衷。

一、第一重境界:"有'据'可查"

"有'据'可查"与常规所言的"摆事实"不同。"摆事实"仅强调把事实"摆"出来,"事实"只是事实,未必凸显和论点的一致性,更没有体现与论点的紧密联系。而"有'据'可查","据"是论据,强调为证明论点服务;"可查"强调的是事实。"有'据'可查"即强调议论说理,要有和文章论点方向一致并能很好地证明论点可靠性的客观事理。

议论文写作做到"有'据'可查",是其说理的第一重境界。对于议论文,我们不能容忍通篇讲空洞的"大道理",不能容忍言之无物,但能接受

"有'据'可查"的说理方法。

例9-10 换个角度看世界，可以改变"世界"。//在20世纪90年代，互联网刚进入中国时，还是新兴事物，并不被很多人看好、接受，大家更没想到能从互联网里赚大钱，而丁磊却认为正是新兴的东西，才有更多的机会。于是他没有和其他人一样排斥互联网，而是创立网易，最终成为中国互联网巨头。/牛顿被苹果砸中后深思，进而发现万有引力定律。/孔子不甘心只做一个隐士，而是周游列国，最终，他形成影响千千万万中国人的儒家思想，成为"万世师表"。//只是换了一个角度，便足以改变世界。一只蝴蝶在<u>南非</u>扇动了一下翅膀就足以在<u>大西洋</u>引起一阵龙卷风。这便是一点小小的改变引起的大大的不同。（2020年江苏学生习作《换个角度看世界》）

选段有三个层次（见文中的"//"）。第一层，提出"换个角度看世界，可以改变'世界'"的论点；第二层，分别选取网易创始人丁磊、科学家牛顿、"万世师表"孔子三个论据；第三层，对三个事实论据所带来的效果进行分析总结。这是日常习作中一种较为常见的说理形式，尤其是论据使用颇具代表性，我们先来分析一下该文段中的几个论据的使用情况。

三个论据，篇幅长短不一，我们试着对其进行压缩：丁磊接受互联网，所以成为互联网巨头；牛顿对被苹果砸中进行思考，进而发现万有引力定律；孔子周游列国，成为"万世师表"。丁磊、牛顿和孔子，都是没有沿袭传统，都是站在生活的另一端，才有各自的成就、发现或影响。显然，几则可查之"据"，可以为其后的归纳"小小的改变引起的大大的不同"奠定基础，也证明了文段的论点。

这种"用事实说话"的说理方式，是议论文写作中的一种浅层次，多为初学议论文写作者使用的说理境界，我们称之为议论文说理的"第一重境界"：只围绕论点述论据，而没有对论据做"切中肯綮"的析理。如上面选段：写作者在"摆"丁磊、牛顿、孔子的论据时，没有分析这些人是如何"换个角度看世界"的——尽管论据中蕴藏这个理，但仍应在"摆事实"之中或之后，把这个"理"明白地讲出来。借用一句时髦的台词，"爱要大声说出来"。

不要小看这第一重境界。相较于那些所选论据和论点不相符、言不由衷的习作，初学议论文写作者能做到根据论点选择恰当的论据，已属难能可贵。

二、第二重境界："'据''理'力争"

"'据''理'力争"是议论文说理的第二重境界。所谓"'据''理'力争"，就是议论文写作中，在"有'据'可查"的基础上，用深入浅出、条分缕析的语言，对"据"进行必要且精准的分析，把"据"中的"理"揭示出来，即所列举的这些"据"，它们和论点之间的关联点在哪里，为什么能证明论点。优秀的议论文，不仅能围绕论点列出翔实恰当的"据"，做到"有'据'可查"，还能做到"'据''理'力争"。

例 9-11 自知者明，不仅明在用人之道，更明在一朝望尽天涯路。//勃朗特三姐妹初踏文学之路并不是一帆风顺的，她们选择了诗歌创作，倾注了大量心血，诗稿终于得以出版，可问津之人却寥寥。她们伤心难过，却最终能够冷静下来分析自己，而后知晓自己的长处不在诗歌而在小说创作，最终在文学领域占据一席之地。/马云，阿里巴巴创始人，一代商业大亨，最初的梦想却是当个戏子，梦想虽热却屡屡碰壁，这残酷的现实让马云最终自知，唱戏不是他的天赋，于是他选择向商界进军，从而造就了一个商界传奇。//自知者明，明晓眼前宽广大路后，终得在灯火阑珊处见她。（2016 年江苏学生习作《自知者明》）

该语段首句是分论点。分论点后分别列举著名作家勃朗特三姐妹、商业大亨马云论据。论据翔实、精准自不待言，可谓"有'据'可查"，下面我们主要看看其是如何做到"'据''理'力争"的。

首句"自知者明……更明在一朝望尽天涯路"是该语段的分论点，其核心意思是自知者能够根据自身条件理性地规划未来。后面的勃朗特三姐妹成为著名作家、马云成为商业大亨，毫无疑问乃"有'据'可查"。但问题是，写作者并没有表述成"勃朗特三姐妹通过努力成为著名作家，马云通过努力成为商业大亨"，否则，既不能表现其"自知"，也不能证明他们"一朝望尽天涯路"的人生规划。写作者是在"有'据'可查"的基础上，深入辨析"据"中之"理"：勃朗特三姐妹，在"诗稿终于得以出版，可问津之人却寥寥"之后，"最终能够冷静下来分析自己"；马云，"梦想虽热却屡屡碰壁，这残酷的现实让马云最终自知"，"于是他选择向商界进军"。写作者的目的不仅仅在于告知读者一个个"据"，更为重要的是不忘"力争"这些"据"中之"理"：这些"自知者"正是因为善于洞察时势，最终才有了自己"灯火阑珊处"的站立。

上述这种说理式，是议论文说理的典型的第二重境界，即"'据''理'力争"。引经据典自不可少，但引经据典只是过程或手段，说理才是目的；而"理"若没有"据"作基础又显得空洞。因此，所谓"'据''理'力争"，一言以蔽之：在列"据"的同时把"理"析出来。

当然，就"据"和"理"的关系而言，我们强调"'据''理'力争"，若就"说理"的方法来论，则有很多。除本书重点列出的"例证法"外，还有比喻论证、对比论证、归谬论证等，此是另一话题，不再赘述。

三、第三重境界："'情'动于衷"

我们来回顾一下议论文的写作目的。议论文的写作目的是什么？说理。说理的目的又是什么？当然是让别人（读者）接受"我"的"理"，即"我的观点"。

说理的第一重境界为"有'据'可查"，但"据"中的"理"藏得太深，"'据'人千里之外"，"理"未说明，不够好。第二重境界为"'据''理'力争"，这"理"或乃人云亦云之"理"，往往生冷而鲜有个性，诸如"为有源头活水来""无限风光在险峰""失败是成功之母"等，我们虽能从大量的历史过往和当下现实中，检索出万千实例来证明这种"理"，即便在行文论证中条分缕析，纵横驰骋，但不要忘了，我们可能大多在人云亦云——好比把勾股定理再证明一遍，我们的作图与推演，证明的还是别人的结论——说到底，这第二重境界的说理，缺少属于"我的"观点和声音，尚没做到"惟陈言之务去"，因此，"'据''理'力争"的说理境界也不完美。（当然，这并不等于说，第二重境界的文章不能写，如前分析，前两重境界的文章当然也是好文章。）

对于议论文的说理，我们最欣赏和推崇第三重境界：以第一重的"有'据'可查"为事理基础，以第二重的"'据''理'力争"为理性思辨，然后注重"'情'动于衷"之个性表达。毛荣富老师说："写作之难，就难在它是一个唤醒自我、完善自我和超越自我的过程，而这正是写作魅力之所在。"

从孔子的"三人行必有我师"，老子的"上善若水"，到韩愈的"闻道有先后，术业有专攻"，再到鲁迅的"拿来主义"，无数的大师之所以被历史铭记，不是因为其等身的著作，而是因为其发前人所未发的个性认知和脱俗创见。

当今大量的考场佳作，之所以能在万千考卷中脱颖而出，毫无疑问也多是富有个性的认知与表达。如2015年江苏卷考生佳作《布拉格不说话》一文，写作者从命题材料中的核心词语"智慧"出发，选材却落在"布拉格"的城市建设这一切点上——视角本身已具个性，不仅如此，文章还有"故乡在建造'宋城'"的事实依据，有尼采、《基度山伯爵》的观点支撑，显然做到了"有'据'可查"之言之有物和"'据''理'力争"之条分缕析。但写作者并没有满足于停留在这两个层面，而是进一步提出了独到见解："智慧使她等待，坚韧，充满希望。""拒绝每个时代的粗鲁，独自美妙。"无须多言，这样的思考极富个性。

例9-12 我总觉得，很多情况下，比喻论证是最无力的论证方法：凭啥你说像就像？告子的比喻被孟子驳倒，若两人交换一下发言顺序，孟子同样会无话可说。因此我认为，两人都仅仅是在表达自己的观点，并未进行有效的论述，结果只能是谁都说服不了谁。这样的对话，无异于鸡同鸭讲。

……

无他，一个"痴"字也就足够解释了："痴"得鸡同鸭讲，"痴"得一往无前，"痴"得百折不回，"痴"得像孟子那样，不厌其烦地表达自己，都顾不上注意逻辑，"痴"得使自己焕发出耀眼的光芒，照亮了人类文明的万古长夜。或许正如萧伯纳所言，一切的进步都仰仗那些不理智的人。某种程度上来说，孔子是不理智的，孟子更是不理智的，正是由于他们的"不理智"，中华文明才得以熠熠生辉。我并不喜欢厚古薄今，但必须承认的是，今人在某些方面，有必要向先贤学学。当然不是学习他们鸡同鸭讲的对话方式，而是学习他们鸡同鸭讲的精神：哪怕无法说服别人，哪怕自己与别人是两路人，哪怕别人根本无法也不愿理解自己，也要挺身而出，表达出自己的思想。

（第四届扬子晚报杯中小学生作文大赛高中组特等奖作品《鸡同鸭讲》）

此文的亮点是什么？是"有'据'可查"的"据"之丰，还是"'据''理'力争"之"理"之切？都有！但文章最大的亮点是，写作者对亘古以来视为"雄辩""善喻"的孟子，发出独到评判：孟子根本不会辩论，其辩论充其量只是"鸡同鸭讲"！其间，"过度丰沛的情感淹没了孟子，使他难以冷静地论述"，"不厌其烦地表达自己，都顾不上注意逻辑，'痴'得使自己焕发出耀眼的光芒，照亮了人类文明的万古长夜"等，睿智之语与个性见解通贯全篇，无须多言，令人拍案叫绝。担任大赛评委的江苏省写作学会会长、南京师范大学文学院教授、博士生导师骆冬青给予的评语是："此文从逻辑讲起，孟子文章表现的某些'不讲理'，却蕴藏着'痴'心的'情理'；由此上升到精神层面的沟通，具有非言语沟通所及的深挚情怀。"——这就是"'情'动于衷"的魅力与效果。

议论文素材积累与写作训练是一个序列性工程。初学者能迅速达到第一重境界当值得肯定；稍后，若摸索进入第二重境界，亦不失为一种较成熟的说理。在达到第二重境界之后（或过程中），就应力求进入第三重境界：写作时，要深入事理的背后，多写一点独抒己见、富有个性的文字。当然，这不是说我们要违背常理，故意反其道而张扬"自我"，而是说我们要适时准确地表达个性认知。即便不能通篇"个性"，哪怕有一句"'情'动于衷"的独到思考，也不枉此"论"，唯此，文字才有生命力。

参考文献

著作类

[1] 李建钊，王克喜．形式逻辑教程［M］．徐州：中国矿业大学出版社，1993．

[2] 江苏省中小学教学研究室．创造性思维初步［M］．南京：南京师范大学出版社，2001．

[3] 李建生．高中作文：哲学思辨与议论文写作20课［M］．上海：上海科学技术文献出版社，2016．

[4] 欧阳林．批判性思维与中学语文学习［M］．北京：中国人民大学出版社，2017．

[5] 白丽．高中议论文难点突破：基于高阶思维培养的"问题解决型专题写作"微型课程［M］．上海：华东师范大学出版社，2018．

[6] 蔡容．高考作文问题与解决全新设计［M］．南京：南京出版社，2020．

期刊类

[1] 罗世洪．关于议论文语言特点的辨异［J］．辽宁师范大学学报（社会科学版），1986（1）：67-72．

[2] 汤翠芳．试谈说理文论证方式的分类［J］．宁夏大学学报（社会科学版），1989（4）：58-64．

[3] 王克章．锤炼作文语言的几种方法［J］．中学语文教学，2004（3）：48-49．

[4] 陈岗林．也谈议论文的语言［J］．语文教学与研究：综合天地，2004（9）：98-99．

［5］潘新和．"议论文三要素"的重构［J］．语文建设（上半月），2012（6）：15-19．

［6］刘锋．高中议论文写作与批判性思维能力培养［J］．语文建设，2017（7）：7-8．

［7］陈进佳．批判性思维写作教学的实践与思考［J］．语文教学与研究，2017（22）：112-114．

［8］朱明坤．以批判性思维推进高中议论文写作［J］．语文教学与研究，2017（9）：107-109．

［9］徐林．论证是一门学问：例说议论文的论证方法［J］．语文教学与研究，2019（2）：128-132．

［10］方少达．抽一根丝　取一瓢饮：议论文论点提炼之"口子要小"［J］．考试与招生，2023（5）：24-26．

［11］王召强．如何写好议论文［J］．新读写，2023（Z1）：118-128．

［12］周峰．让高中议论文写作回归逻辑真实［J］．语文教学通讯，2024（1）：73-76．